SCÈNES

DE

LA VIE PARISIENNE.

Bibliothèque-Charpentier.

A MEILLEUR MARCHÉ QUE LES CONTREFAÇONS BELGES

COLLECTION DES MEILLEURS OUVRAGES

Français et Étrangers, Anciens et Modernes,

publiée dans le format anglais, par CHARPENTIER, éditeur

MADAME DE STAEL. CORINNE, avec une préface de M. Sainte-Beuve, 1 vol. 3 50
— DELPHINE, avec une préface de M. Sainte-Beuve, 1 vol. 3 50
— DE L'ALLEMAGNE, avec une préface de M. X. Marmier. 1 vol. 3 50

XAVIER DE MAISTRE. ŒUVRES COMPLÈTES, Voyage autour de ma Chambre. — Expédition nocturne. — Le Lépreux. — Les Prisonniers du Caucase. — La Jeune Sybérienne, 1 vol. 3 50

GOETHE. THÉATRE, traduction nouvelle, avec une préface et des notes, par M. X. Marmier, 1 vol. 3 50
— WERTHER, traduction de M. P. Leroux; suivi de Hermann et Dorothée, traduction de M. X. Marmier, avec des préfaces de ces deux écrivains, 1 vol. 3 50

M. DE BALZAC. EUGÉNIE GRANDET, 1 vol. 3 50
— PHYSIOLOGIE DU MARIAGE, 1 vol. 3 50
— LE MÉDECIN DE CAMPAGNE, 1 vol. 3 50
— SCÈNES DE LA VIE PRIVÉE, première série, 1 vol. 3 50
— — LES MÊMES, deuxième série, 1 vol. 3 50
— SCÈNES DE LA VIE DE PROVINCE, première série, 1 vol. 3 50
— — LES MÊMES, deuxième série, 1 vol. 3 50
— SCÈNES DE LA VIE PARISIENNE, première série, 1 vol. 3 50
— — LES MÊMES, deuxième série, 1 vol. 3 50
— LA RECHERCHE DE L'ABSOLU, 1 vol. 3 50
— LE PÈRE GORIOT, 1 vol. 3 50
— LA PEAU DE CHAGRIN, 1 vol. 3 50
— LE LYS DANS LA VALLÉE, 1 vol. 3 50
— CÉSAR BIROTTEAU, 1 vol. 3 50
— HISTOIRE DES TREIZE, 1 vol. 3 50

BRILLAT-SAVARIN. PHYSIOLOGIE DU GOUT, nouvelle édition, précédée d'une notice sur l'auteur, par M. le baron Richerand; suivie d'un appendice, par M. de Balzac, 1 vol. 3 50

L'ABBÉ PRÉVOST. MANON LESCAUT, nouvelle édition, précédée d'un travail sur Prévost, par M. Sainte-Beuve, et suivie d'un Essai sur Manon Lescaut, par M. Gustave Planche, 1 vol. 3 50

ALFIERI. SES MÉMOIRES, écrits par lui-même, traduction de M. A. de Latour, 1 vol. 3 50

BENJAMIN CONSTANT. ADOLPHE, suivi de deux autres ouvrages du même écrivain, et d'un Essai sur Adolphe, par M. Gustave Planche, 1 vol. 3 50

GOLDSMITH. LE VICAIRE DE WAKEFIELD, traduction nouvelle, par madame Louise Belloc; précédée d'une notice sur la vie et les ouvrages de Goldsmith, par sir Walter Scott, 1 vol. 3 50

Chaque ouvrage en un seul volume.

Chaque volume : 3 fr. 50 c.

Imprimé par BÉTHUNE et PLON.

SCÈNES

DE LA

VIE PARISIENNE,

PAR M. DE BALZAC.

Nouvelle édition, revue et corrigée.

DEUXIÈME SERIE.

— **La Femme vertueuse.** —
— **Profil de Marquise.** —
— **L'Interdiction.** —
— **Les Marana.** —

PARIS,
CHARPENTIER, LIBRAIRE-ÉDITEUR,
29, RUE DE SEINE.

1839.

SCÈNES

DE

LA VIE PARISIENNE.

LA FEMME VERTUEUSE.

PREMIÈRE PARTIE.

La rue du Tourniquet-Saint-Jean était naguère une des rues les plus tortueuses et les plus obscures du vieux quartier qui entoure l'Hôtel-de-Ville, à Paris; elle serpentait le long des petits jardins de la Préfecture et venait aboutir dans la rue du Martroi, précisément à l'angle d'un vieux mur maintenant abattu. En cet endroit était situé le tourniquet auquel cette rue a dû son nom, et qui ne fut détruit qu'en 1823, lorsque la ville de Paris fit construire, sur l'emplacement d'un jardinet dépendant de l'hôtel-de-ville, une salle de bal pour la fête donnée au duc d'Angoulême à son retour d'Espagne. La partie la plus large de la rue du Tourniquet était à son débouché dans la rue de la Tixeranderie, où elle n'avait que cinq pieds de largeur. Aussi, par les temps pluvieux, des eaux noirâtres baignaient-elles promptement les murs des vieilles maisons qui bordaient cette rue, en entraînant les ordures déposées par chaque ménage au coin des bornes. Les tombereaux ne pouvant point passer par-là, les habitans se fiaient sur les orages pour nettoyer leur rue toujours boueuse. Comment aurait-elle été propre? Lorsqu'en été le soleil dardait en aplomb ses rayons sur Paris, une nappe d'or, aussi tranchante que la lame d'un sabre, illuminait momentanément les ténèbres de cette rue sans pouvoir sécher l'humidité permanente qui régnait depuis le rez-de-chaussée jusqu'au premier étage de ses maisons noires et silencieuses. Les habitans qui, au mois de juin, allumaient leurs lampes à cinq heures du soir, ne les éteignaient jamais en hiver. Encore aujourd'hui, si quelque courageux piéton voulait aller du Marais sur les quais, en prenant au bout de la rue du Chaume, les rues de l'Homme-Armé, des Billettes, et des Deux-Portes qui mènent à celle du Tourniquet-Saint-Jean, il lui semblerait n'avoir marché que sous des caves. Presque toutes les rues de l'ancien Paris, dont les chroniques ont tant vanté la splendeur, ressemblaient à ce dédale humide et sombre où les antiquaires peuvent encore admirer quelques singularités historiques. Ainsi, quand la maison qui occupait le coin formé par les rues du Tourniquet et de la Tixeranderie subsistait encore, les observateurs y remarquaient les vestiges de deux gros anneaux de fer scellés dans le mur, dernier reste de ces chaînes que le quartenier faisait jadis tendre tous les soirs pour la sûreté publique. Cette maison, remarquable par son antiquité, avait été bâtie avec des précautions qui attestaient l'insalubrité de ces anciens logis. Afin d'assainir le rez-de-chaussée, les berceaux de la cave s'élevaient à deux pieds environ au-dessus du sol, en sorte qu'il fallait monter trois marches pour entrer dans la maison. Le chambranle de sa porte bâtarde décrivait un cintre plein, dont la clef était ornée d'une tête de femme et d'arabesques rongées par le temps. Trois fenêtres, dont l'appui se trouvait à hauteur d'homme, appartenaient à un petit appartement situé au rez-de-chaussée, et qui ne tirait son jour que de la rue. Ces croisées dégradées étaient défendues par de gros barreaux en fer très-espacés, qui formaient en bas une saillie ronde semblable à celle par laquelle sont terminées les grilles des boulangers. Si pendant le jour quelque passant curieux jetait les yeux sur les deux chambres dont cet appartement se composait, il lui était impossible d'y rien voir ; car pour découvrir, dans la seconde chambre, deux lits en serge verte réunis sous la boiserie d'une vieille alcôve, il fallait le soleil du mois de juillet. Mais le soir, vers les trois heures, quand la chandelle était allumée, on pouvait apercevoir à travers la fenêtre de la première pièce, une vieille femme assise sur une escabelle au coin d'une cheminée où elle attisait un réchaud sur lequel mijotait un de ces ragoûts semblables à ceux que savent faire les portières. Quelques rares ustensiles de cuisine ou de ménage accrochés au fond de cette salle se dessinaient dans le clair-obscur. A cette heure, une vieille table posée sur un X, mais dénuée de linge, était garnie de quelques couverts d'étain et de l'unique mets surveillé par la vieille. Trois méchantes chaises meublaient cette pièce qui servait à la fois de cuisine et de salle à manger. Au-dessus de la cheminée s'élevait un fragment de miroir, un briquet, trois verres, des allumettes et un grand pot blanc tout ébréché. Le carreau de la chambre, les ustensiles, la cheminée, tout plaisait néanmoins par l'esprit d'ordre et d'économie que respirait cet asile sombre et froid. Le visage pâle et ridé de la vieille femme était en harmonie avec l'obscurité de la rue et la rouille de la maison. A la voir au repos, sur sa chaise, on eût dit qu'elle tenait à cette maison comme un limaçon tient à sa coquille brune. Sa figure, où je ne sais quelle vague expression de malice se faisait jour à travers une bonhomie affectée, était couronnée par un bonnet de tulle rond et plat qui cachait assez mal des cheveux blancs. Ses grands yeux gris étaient aussi calmes que la rue, et les rides nombreuses de son visage pouvaient se comparer aux crevasses des murs. Soit qu'elle fût née dans la misère, soit qu'elle fût déchue d'une splendeur passée, elle paraissait résignée depuis long-temps à sa triste existence. Depuis le lever du soleil jusqu'au soir, excepté les momens où elle préparait les repas et ceux où, chargée d'un panier, elle s'absentait pour aller chercher les provisions, cette vieille femme se tenait dans l'autre chambre devant la dernière croisée, en face d'une jeune fille. A toute heure du jour les passans apercevaient cette jeune ouvrière assise dans un vieux fauteuil de velours rouge, le cou penché sur un métier à broder, travaillant avec ardeur. Sa mère avait un tambour vert sur les genoux et s'occupait à faire du tulle; mais ses doigts remuaient péniblement les bobines; sa vue était affaiblie, car son nez sexagénaire portait une paire de ces antiques lunettes qui se tiennent d'elles-mêmes sur le bout des narines par la force avec laquelle elles les compriment. Quand venait le soir, ces deux laborieuses créatures plaçaient entre elles une lampe, dont la lumière passant à travers deux globes de verre remplis d'eau jetait sur leur ouvrage une forte lueur qui permettait à l'une de voir les fils les plus déliés fournis par les bobines de son tambour, et à l'autre les dessins les plus délicats tracés sur l'étoffe qu'elle brodait. La courbure des barreaux avait permis à la jeune fille de mettre sur l'appui de la fenêtre une longue caisse en bois pleine de terre, où végétaient des pois de senteur, des capucines, un petit chèvrefeuille malingre et des volubilis dont les tiges débiles grimpaient autour des barreaux. Ces plantes presque étiolées donnaient de pâles fleurs, harmonie de plus qui mêlait je ne sais quoi de triste et de doux dans le tableau que présentait cette croisée dont la baie encadrait bien ces deux figures. A l'aspect fortuit de cet intérieur, le passant le plus égoïste emportait une image complète de la vie que mène à Paris la classe ouvrière, car la brodeuse ne paraissait vivre que de son aiguille. Bien des gens n'atteignaient pas le tourniquet sans s'être demandé comment une jeune fille pouvait conserver des couleurs en vivant dans cette cave. Un étudiant passait-il par là pour gagner le pays latin, sa vive imagination lui faisait déplorer cette vie obscure et végétative, semblable à celle du lierre qui tapisse de froides murailles, ou à celle de ces paysans voués au travail, qui naissent, labourent et meurent ignorés du monde qu'ils ont nourri. Un rentier se disait, après avoir examiné la maison avec l'œil d'un propriétaire : — Que deviendront ces deux femmes si la broderie vient à n'être plus de mode? Parmi les gens qu'une place à l'Hôtel-de-Ville, ou au Palais, forçait à passer par cette rue à des heures fixes, soit pour se rendre à leurs affaires, soit pour retourner dans leurs quartiers respectifs, peut-être se trouvait-il quelque cœur charitable. Peut-être un homme veuf ou un Adonis de quarante ans, à force de sonder les replis de cette vie malheureuse, comptait-il sur la détresse de la mère et de la fille pour posséder à bon marché l'innocente ouvrière dont il admirait périodiquement les mains agiles et potelées, le cou frais et la peau blanche, attrait dû sans doute à l'habitation de cette rue sans soleil. Peut-être aussi quelque honnête employé à douze cents francs d'appointemens, témoin journalier de l'ardeur que cette jeune fille portait au travail, admirateur de ses mœurs pures, attendait-il de l'avancement pour unir une vie obscure à une vie obscure, un labeur obstiné à un autre, apportant au moins et un bras d'homme pour soutenir cette existence, et un paisible amour, décoloré comme les fleurs de la croisée. Ces vagues espérances animaient les yeux ternes et gris de la vieille mère. Le matin, après le plus modeste de tous les déjeûners, elle revenait prendre son tambour, plutôt par maintien que par obligation, car elle posait ses lunettes sur une petite travailleuse de bois rougi, aussi vieille qu'elle, et passait en revue, de huit heures et demie à dix heures environ, les gens habitués à traverser la rue. Elle recueillait leurs regards, faisait des observations sur leurs démarches, sur leurs toilettes, sur leurs physionomies, et semblait leur marchander sa fille, tant ses yeux babillards essayaient d'établir entre elle et eux de sympathiques affections par un manége digne des coulisses. On devinait facilement que cette revue était pour elle un spectacle, et peut-être son seul plaisir. Sa fille levait rarement la tête. La pudeur, ou peut-être le sentiment pénible de sa détresse, semblait retenir sa figure attachée sur le métier. Aussi, pour qu'elle montrât aux passans sa mine chiffonnée, sa mère devait-elle avoir poussé quelque exclamation de surprise. Alors l'employé qui avait mis une redingote neuve, ou l'habitué qui s'était montré donnant le bras à une femme, pouvaient voir le nez légèrement retroussé de l'ouvrière, sa petite bouche rose, et ses yeux gris toujours pétillans de vie, malgré la fatigue dont elle était accablée. Ses laborieuses insomnies ne se trahissaient guère que par un cercle moins blanc, dessiné sous chacun de ses yeux sur la peau fraîche de ses pommettes. La pauvre enfant semblait être née pour l'amour et la gaieté: pour l'amour, qui avait peint au-dessus de ses paupières bridées deux arcs parfaits, et qui lui avait donné une si ample forêt de cheveux châtains qu'elle aurait pu se trouver, sous sa chevelure, comme sous un pavillon impénétrable à l'œil d'un amant; pour la gaieté, qui agitait ses deux narines mobiles, qui formait deux fossettes dans ses joues fraîches et lui faisait si vite oublier ses peines; pour la gaieté, cette fleur de l'espérance, qui lui donnait la force d'apercevoir sans frémir l'aride chemin de sa vie. La tête de la jeune fille était toujours soigneusement peignée. Suivant l'habitude des ouvrières de Paris, sa toilette semblait faite quand elle avait lissé ses cheveux et retroussé en deux arcs le petit bouquet qui se jouait de chaque côté des tempes et tranchait sur la blancheur de sa peau. La naissance de sa chevelure avait tant de grâce, la ligne de bistre nettement dessinée sur son cou donnait une si charmante idée de sa jeunesse et de ses attraits, que l'observateur, en la voyant penchée sur son ouvrage, sans que le bruit lui fit relever la tête, pouvait l'accuser de coquetterie. D'aussi séduisantes promesses excitaient la curiosité de plus d'un jeune homme, qui se retournait en vain dans l'espérance de voir ce modeste visage.

— Caroline, nous avons un habitué de plus, et aucun de nos anciens ne le vaut!

Ces paroles, prononcées à voix basse par la mère, dans une matinée du mois d'août 1815, avaient vaincu l'indifférence de la jeune ouvrière, qui regarda vainement dans la rue. L'inconnu était déjà passé.

— Par où s'est-il envolé? demanda-t-elle.

— Il reviendra sans doute à quatre heures, je le verrai venir, et t'avertirai en te poussant le pied. Je suis sûre qu'il repassera, car voici trois jours qu'il prend par notre rue; mais il est inexact dans ses heures. Le premier jour il est arrivé à six heures; avant-hier à quatre et hier à trois. Je me souviens de l'avoir vu autrefois de temps à autre. C'est quelque employé de la préfecture qui aura changé d'appartement dans le Marais. — Tiens! ajouta-t-elle, après avoir jeté un coup d'œil dans la rue, notre monsieur à l'habit marron a pris perruque! Comme cela le change!

Le monsieur à l'habit marron était sans doute celui des habitués qui fermait la procession quotidienne, car la vieille mère remit ses lunettes, reprit son ouvrage, en poussant un soupir et jetant sur sa fille un si singulier regard, qu'il eût été difficile à Lavater lui-même de l'analyser. L'admiration, la reconnaissance, une sorte d'espérance pour un meilleur avenir, se mêlaient à l'orgueil de posséder une fille aussi jolie. Le soir, sur les quatre heures, la vieille poussa le pied de Caroline qui leva le nez assez à temps pour voir le nouvel acteur dont la présence devait animer la rue. Homme grand, mince, pâle et vêtu de noir, l'inconnu paraissait avoir trente-cinq ans environ. Sa démarche avait quelque chose de solennel. Quand son œil fauve et perçant rencontra le regard terni de la vieille, il la fit trembler, elle crut s'apercevoir qu'il savait lire au fond des cœurs. Son abord devait être aussi glacial que l'était l'air de cette rue. Il se tenait très-droit. Le teint terreux et verdâtre de son visage était-il le résultat de travaux excessifs, ou produit par une santé frêle et maladive? Ce fut un problème résolu par la vieille mère de vingt manières différentes matin et soir; mais Caroline devina sur ce visage abattu les traces d'une longue souffrance d'âme. Ce front facile à se rider, ces joues légèrement creusées, gardaient l'empreinte du sceau dont le malheur marque ses sujets, comme pour leur laisser la consolation de se reconnaître d'un œil fraternel et de s'unir pour lui résister. Si le regard de la jeune fille s'anima d'abord d'une curiosité bien innocente, il prit une douce expression de sympathie et de pitié, à mesure que l'inconnu s'éloignait, semblable au dernier parent qui ferme un convoi. La chaleur était en ce moment si forte et la distraction du passant si grande, qu'il n'avait pas remis son chapeau en traversant cette rue malsaine. Caroline put alors remarquer, pendant le moment où elle l'observa, quelle apparence de sévérité ses cheveux relevés en brosse au-dessus de son front large répandaient sur sa figure.

L'impression vive, mais sans charme, ressentie par Caroline à l'aspect de cet homme, ne ressemblait à aucune des sensations que les autres habitués lui avaient fait éprouver. Pour la première fois, sa compassion s'exerçait sur un autre que sur elle-même et sur sa mère. Elle ne répondit rien à toutes les conjectures bizarres qui fournirent un aliment à l'agaçante loquacité de la vieille ; mais, tout en tirant sa longue aiguille dessus et dessous le tulle tendu, elle regrettait de ne pas avoir assez vu l'étranger, et attendit au lendemain pour porter sur lui un jugement définitif. Pour la première fois aussi, l'un des habitués de la rue lui suggérait autant de réflexions. Ordinairement elle n'opposait qu'un sourire triste à toutes les suppositions de sa mère, qui voulait voir dans chaque passant un amant pour sa fille. Si de semblables idées, imprudemment présentées par cette mère à sa fille, n'éveillaient point en elle de mauvaises pensées, il fallait attribuer son insouciance à ce travail obstiné, malheureusement nécessaire, qui consumait les forces de sa précieuse jeunesse, et devait infailliblement altérer un jour la limpidité de ses yeux, ou ravir à ses joues blanches les tendres couleurs dont elles étaient encore nuancées.

Pendant deux grands mois environ, la nouvelle connaissance eut une allure très-capricieuse. L'inconnu ne passait pas toujours par la rue du Tourniquet, et son infidélité était palpable, car la vieille le voyait souvent le soir sans l'avoir aperçu le matin. Il ne revenait pas à des heures aussi fixes que les autres employés qui servaient de pendule à madame Crochard. Enfin, excepté la première rencontre où son regard avait inspiré une sorte de crainte à la vieille mère, jamais ses yeux ne parurent faire attention à l'aspect pittoresque que présentaient ces deux gnomes femelles. A l'exception de deux grandes portes et de la boutique obscure d'un ferrailleur, il n'existait à cette époque dans la rue du Tourniquet que des fenêtres grillées qui éclairaient par des jours de souffrance les escaliers de quelques maisons voisines ; le peu de curiosité du passant ne pouvait donc pas se justifier par de dangereuses rivalités. Aussi, madame Crochard était-elle piquée de voir *son monsieur noir*, tel fut le nom qu'elle lui donna, toujours gravement préoccupé, tenir les yeux baissés vers la terre, ou levés en avant comme s'il eût voulu lire l'avenir dans le brouillard du Tourniquet. Néanmoins, un matin, vers la fin du mois de septembre, la tête lutine de Caroline Crochard se détachait si brillamment sur le fond obscur de sa chambre, et se montrait si fraîche au milieu des fleurs tardives et des feuillages flétris entrelacés autour des barreaux de la fenêtre ; enfin la scène journalière présentait alors des oppositions d'ombre et de lumière, de blanc et de rose, si bien mariées à la mousseline que festonnait la gentille ouvrière, avec les tons bruns et rouges des fauteuils, que l'inconnu contempla fort attentivement les effets de ce vivant tableau. Fatiguée de l'indifférence de son monsieur noir, la vieille mère avait, à la vérité, pris le parti de faire un tel cliquetis avec ses bobines, que le passant morne et soucieux fut peut-être contraint par ce bruit insolite à regarder chez elle. L'étranger échangea seulement avec Caroline un regard, rapide il est vrai, mais par lequel leurs âmes eurent un léger contact. Ils conçurent tous deux le pressentiment qu'ils penseraient l'un à l'autre. Quand le soir, à quatre heures, l'inconnu revint, Caroline distingua le bruit de ses pas sur le pavé criard; quand ils s'examinèrent, il y eut de part et d'autre une sorte de préméditation; les yeux du passant furent animés d'un sentiment de bienveillance, qui le fit sourire, et Caroline rougit. La vieille mère les observa tous deux d'un air satisfait. A compter de cette mémorable matinée, le monsieur noir traversa, deux fois par jour, la rue du Tourniquet, à quelques exceptions près, que les deux femmes surent remarquer. Elles jugèrent, d'après l'irrégularité de ses heures de retour, qu'il n'était ni aussi promptement libre ni aussi strictement exact qu'un employé subalterne.

Pendant les trois premiers mois de l'hiver, deux fois par jour Caroline et le passant se virent ainsi pendant le temps qu'il mettait à franchir l'espace de chaussée occupé par la porte et par les trois fenêtres de la maison. De jour en jour cette rapide entrevue eut un caractère d'intimité bienveillante qui finit par contracter quelque chose de fraternel. Leurs âmes parurent d'abord se comprendre; puis, à force d'examiner l'un et l'autre leurs visages, ils en prirent lentement une connaissance approfondie. Ce fut bientôt comme une visite que le passant faisait à Caroline. Si, par hasard, son monsieur noir passait sans lui apporter le sourire à demi formé par sa bouche éloquente ou le regard ami de ses yeux bruns, il lui manquait quelque chose, sa journée était incomplète. Elle ressemblait à ces vieillards pour lesquels la lecture de leur journal est devenue un tel plaisir, que le lendemain d'une fête solennelle ils s'en vont tout déroutés demandant, autant par mégarde que par impatience, la feuille à l'aide de laquelle ils trompent un moment le vide de leur existence. Mais ces fugitives apparitions avaient, autant pour l'inconnu que pour Caroline, l'intérêt d'une causerie familière entre deux amis. La jeune fille ne pouvait pas plus dérober à l'œil intelligent de son silencieux ami une tristesse, une inquiétude, un malaise, que celui-ci ne pouvait cacher à Caroline une préoccupation. — « Il a eu du chagrin hier ! » était une pensée qui naissait souvent au cœur de l'ouvrière quand elle contemplait la figure altérée du monsieur noir. — « Oh ! il a beaucoup travaillé ! » était une exclamation due à d'autres nuances que Caroline savait distinguer. L'inconnu devinait aussi que la jeune fille avait passé son dimanche à finir la robe dont il connaissait le dessin. Il voyait, aux approches des termes de loyer, cette jolie figure assombrie par l'inquiétude, et il savait quand Caroline avait veillé. Mais il avait surtout remarqué comment les pensées tristes qui défloraient les traits gais et délicats de cette jeune tête s'étaient graduellement dissipées à mesure que leur connaissance avait vieilli. Quand l'hiver vint sécher les tiges, les fleurs et les feuillages du jardin parisien qui décorait la fenêtre, et que la fenêtre se ferma, l'inconnu n'avait pas vu sans un sourire doucement malicieux la clarté extraordinaire du carreau qui se trouvait à la hauteur de la tête de Caroline. La parcimonie du feu, quelques traces d'une rougeur qui couperosait la figure des deux femmes, lui dénoncèrent l'indigence du petit ménage; mais si alors une douloureuse compassion se peignait dans ses yeux, Caroline lui opposait une gaieté fière. Cependant les sentimens éclos au fond de leurs cœurs y restaient ensevelis, sans qu'aucun événement leur en apprît l'un à l'autre la force et l'étendue; ils ne connaissaient même pas le son de leurs voix. Ces deux amis muets se gardaient, comme d'un malheur, de s'engager dans une plus intime union; chacun d'eux semblait craindre d'apporter à l'autre une infortune plus pesante que celle qu'il voulait partager. Était-ce cette pudeur d'amitié qui les arrêtait ainsi? Était-ce cette appréhension de l'égoïsme ou cette méfiance atroce qui séparent tous les habitans réunis dans les murs d'une nombreuse cité? La voix secrète de leur conscience les avertissait-elle d'un péril prochain? Il serait impossible d'expliquer le sentiment qui les rendait aussi ennemis qu'amis, aussi indifférens l'un à l'autre qu'ils étaient attachés, aussi unis par l'instinct que séparés par le fait. Peut-être chacun d'eux voulait-il conserver ses illusions. On eût dit parfois que l'inconnu craignait d'entendre sortir quelques paroles grossières de ces lèvres aussi fraîches, aussi pures qu'une fleur, et que Caroline ne se croyait pas digne de cet être mystérieux en qui tout révélait le pouvoir et la fortune. Quant à madame Crochard, cette tendre mère semblait mécontente de l'indécision dans laquelle restait sa fille. Elle montrait une mine boudeuse à son monsieur noir, auquel elle avait jusque-là toujours souri d'un air aussi complaisante que servile. Jamais elle ne s'était plainte si amèrement à sa fille d'être encore à son âge obligée de faire la cuisine ; à aucune époque ses rhumatismes et son catarrhe ne lui avaient arraché autant de gémissemens ; enfin, elle ne sut pas faire, pendant cet hiver, le nombre d'aunes de tulle sur lequel Caroline avait compté jusqu'alors.

Dans ces circonstances et vers la fin du mois de décembre, à l'époque où le pain était le plus cher, et où l'on ressentait déjà le commencement de cette cherté des grains qui rendit l'année 1816 si cruelle aux pauvres gens, le passant remarqua sur le visage de la jeune fille, dont il ignorait encore le nom, les traces affreuses d'une pensée secrète que ses sourires bienveillans ne dissipèrent pas. Bientôt il reconnut, dans les yeux de Caroline, les flétrissans indices d'un travail nocturne. Dans une des dernières nuits de ce mois, l'inconnu revint, contrairement à ses habitudes, vers une heure du matin par la rue du Tourniquet-Saint-Jean. Le silence de la nuit lui permit d'entendre de loin, avant d'arriver à la maison de Caroline, la voix pleurarde de la vieille mère et celle plus douloureuse de la jeune ouvrière, dont les éclats retentissaient mêlés aux sifflemens d'une pluie de neige. Il tâcha d'arriver à pas lents; puis, au risque de se faire arrêter, il se tapit devant la croisée pour écouter la mère et la fille, en les examinant par le plus grand des trous qui découpaient les rideaux de mousseline jaunie, et les rendaient semblables à ces grandes feuilles de chou mangées en rond par des chenilles. Le curieux passant vit un papier timbré sur la table qui separait les deux métiers, et sur laquelle était posée la lampe entre les deux globes pleins d'eau. Il reconnut facilement une assignation. Madame Crochard pleurait, et la voix de Caroline avait un son guttural qui en altérait le timbre doux et caressant.

— Pourquoi tant te désoler, ma chère? monsieur Dupuy ne vendra pas nos meubles et ne nous chassera pas avant que j'aie terminé cette robe! Encore deux nuits, et j'irai la porter chez madame Chignard.

— Et si elle te fait attendre comme toujours? mais le prix de ta robe paiera-t-il aussi le boulanger?

Le spectateur de cette scène possédait une telle habitude de lire sur les visages, qu'il crut entrevoir autant de fausseté dans la douleur de la mère que de vérité dans le chagrin de la fille. Il disparut aussitôt, et revint quelques instans après. Quand il regarda par le trou de la mousseline, la mère était couchée. Penchée sur son métier, la jeune ouvrière travaillait avec une infatigable activité. Sur la table, à côté de l'assignation, se trouvait un morceau de pain triangulairement coupé, posé sans doute là pour la nourrir pendant la nuit, tout en lui rappelant la récompense de son courage. L'inconnu frissonna d'attendrissement et de douleur; il jeta sa bourse à travers un carreau de papier, de manière à la faire tomber aux pieds de la jeune fille; puis, sans jouir de sa surprise, il s'évada le cœur palpitant, les joues en feu. Le lendemain, le triste et sauvage étranger passa en affectant un air préoccupé, mais il ne put échapper à la reconnaissance de Caroline. La brodeuse avait ouvert la fenêtre et s'amusait à bêcher avec un couteau la caisse carrée couverte de neige, prétexte dont la maladresse ingénieuse annonçait à son bienfaiteur qu'elle ne voulait pas, cette fois, le voir à travers les vitres. Elle fit, les yeux pleins de larmes, un signe de tête à son protecteur comme pour lui dire : — Je ne puis vous payer qu'avec le cœur. Mais il parut ne rien comprendre à l'expression de cette reconnaissance vraie. Le soir, quand il repassa, Caroline, qui s'occupait à recoller une feuille de papier sur la vitre brisée, put lui sourire en montrant comme une promesse l'émail de ses dents brillantes. Le monsieur noir prit dès-lors un autre chemin, et ne se montra plus dans la rue du Tourniquet.

Dans les premiers jours du mois de mai suivant, un samedi matin que Caroline apercevait, entre les deux lignes noires des maisons, une faible portion d'un ciel sans nuages, et pendant qu'elle arrosait avec un verre d'eau le pied de son chèvrefeuille, elle dit à sa mère : — Maman, il faut aller demain nous promener à Montmorency. A peine cette phrase était-elle prononcée d'un air joyeux que le monsieur noir vint à passer, plus triste et plus accablé que jamais. Le chaste et caressant regard que Caroline lui jeta pouvait passer pour une invitation. Aussi, le lendemain, quand madame Crochard, vêtue d'une redingote de mérinos brun-rouge, d'un chapeau de soie et d'un châle à grandes raies imitant le cachemire, se présenta pour choisir un coucou au coin de la rue du Faubourg-Saint-Denis et de la rue d'Enghien, y trouva-t-elle son inconnu, planté sur ses pieds comme un homme qui attend sa femme. Un sourire de plaisir dérida la figure de l'étranger quand il aperçut Caroline dont le petit pied était chaussé de guêtres en prunelle couleur puce, dont la robe blanche, emportée par un vent perfide pour les femmes mal faites, dessinait des formes attrayantes, et dont la figure, ombragée par un chapeau de paille de riz doublée en satin rose, était comme illuminée d'un reflet céleste. Sa large ceinture de couleur puce faisait valoir une taille à tenir entre les deux mains. Ses cheveux, partagés en deux bandeaux de bistre sur un front blanc comme de la neige, lui donnaient un air de candeur que rien ne démentait. Le plaisir semblait la rendre aussi légère que la paille de son chapeau ; mais il y eut en elle une espérance qui éclipsa tout à coup sa parure et sa beauté quand elle vit le monsieur noir. Celui-ci, qui semblait irrésolu, fut peut-être décidé à servir de compagnon de voyage à Caroline par la subite révélation du bonheur que causait sa présence. Il loua, pour aller à Saint-Leu-Taverny, un cabriolet dont le cheval paraissait assez bon ; il offrit à madame Crochard et à sa fille d'y prendre place, et la mère accepta sans se faire prier. Au moment où la voiture se trouva sur la route de Saint-Denis, la vieille s'avisa d'avoir des scrupules et de hasarder quelques civilités sur la gêne qu'elles allaient causer à leur compagnon.

— Monsieur voulait peut-être se rendre seul à Saint-Leu? dit-elle avec une fausse bonhomie.

Mais elle ne tarda pas à se plaindre de la chaleur, et surtout de son catarrhe, qui, disait-elle, ne lui avait pas permis de fermer l'œil une seule fois pendant la nuit. Aussi à peine la voiture eut-elle atteint Saint-Denis, que madame Crochard parut endormie. Quelques-uns de ses ronflemens semblèrent suspects à l'inconnu, qui fronça les sourcils en regardant la vieille femme d'un air singulièrement soupçonneux.

— Oh! elle dort, dit naïvement Caroline, elle n'a pas cessé de tousser depuis hier soir. Elle doit être bien fatiguée.

Pour toute réponse, le compagnon de voyage jeta sur la jeune fille un rusé sourire comme pour lui dire : — Innocente créature, tu ne connais pas ta mère! Cependant, malgré sa défiance, et quand la voiture roula sur la terre dans cette longue avenue de peupliers qui conduit à Eaubonne, le monsieur noir crut madame Crochard réellement endormie. Peut-être aussi ne voulait-il plus examiner jusqu'à quel point ce sommeil était feint ou véritable. Soit que la beauté du ciel, l'air pur de la campagne et ces parfums enivrans répandus par les premières pousses des peupliers, par les fleurs du saule, et par celle des épines blanches, eussent disposé son cœur à s'épanouir comme s'épanouissait la nature; soit qu'une plus longue contrainte lui devînt importune, ou que les yeux pétillans de Caroline eussent répondu à l'inquiétude des siens, l'inconnu entreprit avec sa jeune compagne une conversation aussi vague que les balancemens des arbres sous l'effort de la brise, aussi vagabonde que les détours du papillon dans l'air bleu, aussi peu raisonnée que la voix doucement mélodieuse des champs, mais empreinte comme elle d'un mystérieux amour. A cette époque la campagne n'est-elle pas frémissante comme une fiancée qui a revêtu sa robe d'hyménée, et ne convie-t-elle pas au plaisir les âmes les plus obtuses? Quitter les rues froides et ténébreuses du Marais pour la première fois depuis le dernier automne, et se trouver au sein de l'harmonieuse et pittoresque vallée de Montmorency, la traverser au matin, en ayant devant les yeux l'infini de ses horizons, et pouvoir reporter, de là, son regard sur des yeux qui peignent aussi l'infini en exprimant l'amour! quels cœurs resteraient glacés? quelles lèvres garderaient un secret? L'inconnu trouva Caroline plus gaie que spirituelle, plus aimante qu'instruite; mais, si son rire accusait de la folâtrerie, ses paroles promettaient un sentiment vrai. Quant aux interrogations sagaces de son compagnon, la jeune fille répondait par une effusion de cœur dont les classes inférieures sont moins avares que les gens perchés sur le parquet des hauts salons, la figure du monsieur noir s'animait et semblait renaître. Sa physionomie perdait par degrés la tristesse qui en contractait les traits; puis, de teinte en teinte, elle prit un air de jeunesse et un caractère de beauté qui rendirent Caroline heureuse et fière. L'ouvrière devina que son protecteur était un être sevré depuis long-temps de tendresse et d'amour, de plaisir et de caresses, ou que peut-être il ne croyait pas au dévouement d'une femme. Enfin, une saillie inattendue du léger babil de Caroline enleva le dernier voile qui ôtait à la figure de l'inconnu sa jeunesse réelle et son caractère primitif; il sembla faire un éternel divorce avec des idées importunes, et déploya toute la vivacité d'âme que décelait sa figure. La causerie devint insensiblement si familière, qu'au moment où la voiture s'arrêta aux premières maisons du long village de Saint-Leu, Caroline nommait l'inconnu monsieur Roger, et, pour la première fois seulement, la vieille mère se réveilla.

— Caroline, elle aura tout entendu, dit Roger

d'une voix soupçonneuse à l'oreille de la jeune fille.

Caroline répondit par un ravissant sourire d'incrédulité qui dissipa le nuage sombre que la crainte d'un calcul chez la mère avait répandu sur le front de cet homme défiant. Sans s'étonner de rien, madame Crochard approuva tout, suivit sa fille et monsieur Roger dans le parc de Saint-Leu où les deux jeunes gens étaient convenus d'aller, pour visiter les riantes prairies et les bosquets embaumés que le goût de la reine Hortense a rendus si célèbres.

— Mon Dieu, combien cela est beau ! s'écria Caroline lorsque, montée sur la croupe verte où commence la forêt de Montmorency, elle aperçut à ses pieds l'immense vallée qui déroulait ses sinuosités semées de villages, les horizons bleuâtres de ses collines, ses clochers, ses prairies, ses champs, et dont le murmure vint expirer à l'oreille de la jeune fille comme un bruissement de la mer. Les trois voyageurs côtoyèrent le rivage d'une rivière factice, et arrivèrent à cette vallée suisse dont le châlet reçut plus d'une fois la reine Hortense et Napoléon. Quand Caroline se fut assise avec un saint respect sur le banc de bois moussu où s'étaient reposés des rois, des princesses et l'empereur, madame Crochard manifesta le désir d'aller voir de plus près un pont suspendu entre deux rochers qu'elle apercevait au loin, et se dirigea vers cette curiosité champêtre en laissant son enfant sous la garde de monsieur Roger, mais en lui disant qu'elle ne le perdrait pas de vue.

— Eh quoi ! pauvre petite, s'écria Roger, vous

n'avez jamais désiré la fortune et les jouissances du luxe? Vous ne souhaitez pas quelquefois de porter les belles robes que vous brodez?

— Je vous mentirais, monsieur Roger, si je vous disais que je ne pense pas au bonheur dont jouissent les riches. Ah! oui, je songe souvent, quand je m'endors surtout, au plaisir que j'aurais de voir ma pauvre mère ne pas être obligée d'aller par le mauvais temps, chercher nos petites provisions, à son âge! Je voudrais que le matin une femme de ménage lui apportât, pendant qu'elle est encore au lit, son café bien sucré avec du sucre blanc. Elle aime à lire des romans, la pauvre bonne femme! eh bien, je préférerais lui voir user ses yeux à sa lecture favorite, plutôt qu'à remuer des bobines depuis le matin jusqu'au soir. Il lui faudrait aussi un peu de bon vin. Enfin je voudrais la savoir heureuse, elle est si bonne!

— Elle vous a donc bien prouvé sa bonté?

— Oh, oui, répliqua la jeune fille d'un son de voix profond. Puis, après un assez court moment de silence, pendant lequel les deux jeunes gens regardèrent madame Crochard qui, parvenue au milieu du pont rustique, les menaçait du doigt, Caroline reprit: — Oh! oui, elle me l'a prouvé. Combien ne m'a-t-elle pas soignée quand j'étais petite! Elle a vendu ses derniers couverts d'argent pour me mettre en apprentissage chez la vieille fille qui m'a appris à broder. Et mon pauvre père! Combien de mal n'a-t-elle pas eu pour lui faire passer heureusement ses derniers momens! A cette idée, la jeune fille tressaillit et se fit un voile de ses deux mains. — Ah! bah, ne pensons jamais aux malheurs passés, dit-elle en essayant de reprendre un air enjoué. Elle rougit en s'apercevant que monsieur Roger s'était attendri, mais elle n'osa le regarder.

— Que faisait donc votre père? demanda-t-il.

— Mon père était danseur à l'Opéra avant la révolution, dit-elle de l'air le plus naturel du monde, et ma mère chantait dans les chœurs. Mon père, qui commandait les évolutions sur le théâtre, se trouva par hasard à la prise de la Bastille. Il fut reconnu par quelques-uns des assaillans qui lui demandèrent s'il ne dirigerait pas bien une attaque réelle, lui qui en commandait de feintes au théâtre. Mon père était brave, il accepta, conduisit les insurgés, et fut récompensé par le grade de capitaine à l'armée de Sambre-et-Meuse, où il se comporta de manière à monter rapidement en grade. Il devint colonel, mais il fut si grièvement blessé à Lutzen qu'il est revenu mourir à Paris, après un an de maladie. Les Bourbons sont arrivés, ma mère n'a pu obtenir de pension, et nous sommes retombées dans une si grande misère, qu'il a fallu travailler pour vivre. Depuis quelque temps, la bonne femme est devenue maladive; aussi jamais ne l'ai-je vue si peu résignée; elle se plaint, et je le conçois, elle a goûté les douceurs d'une vie heureuse. Quant à moi, qui ne saurais regretter des délices que je n'ai pas connues, je ne demande qu'une seule chose au ciel...

— Quoi ? dit vivement Roger qui semblait rêveur.

— Que les femmes portent toujours des tulles brodés, pour que l'ouvrage ne me manque jamais.

La franchise de ses aveux intéressa le jeune homme, qui regarda d'un œil moins hostile madame Crochard quand elle revint vers eux d'un pas lent.

— Eh bien, mes enfans, avez-vous bien jasé ? leur demanda-t-elle d'un air tout à la fois indulgent et railleur. Quand on pense, monsieur Roger, que le *petit caporal* s'est assis là où vous êtes, reprit-elle après un moment de silence. — Pauvre homme ! ajouta-t-elle, mon mari l'aimait-il ! Ah ! Crochard a aussi bien fait de mourir, car il n'aurait pas enduré de le savoir là où *ils* l'ont mis.

Roger posa un doigt sur ses lèvres, et la bonne vieille, hochant la tête, dit d'un air sérieux : — Suffit, on aura la bouche close et la langue morte. Mais, ajouta-t-elle en ouvrant les deux bords de son corsage et montrant une croix et son ruban rouge suspendus à son cou par une faveur noire, *ils* ne m'empêcheront pas de porter ce que *l'autre* a donné à mon pauvre Crochard, et je me ferai certes enterrer avec...

En entendant des paroles qui passaient alors pour très-séditieuses, Roger interrompit la vieille mère en se levant brusquement, et ils retournèrent au village à travers les allées du parc. Le jeune homme s'absenta pendant quelques instans pour aller commander un repas chez le meilleur traiteur de Taverny ; puis il revint chercher les deux dames, et les y conduisit en les faisant passer par les sentiers de la forêt. Le dîner fut gai. Monsieur Roger n'était déjà plus cette ombre sinistre qui passait naguère rue du Tourniquet. Il ressemblait moins au *monsieur noir* qu'à un jeune homme confiant, prêt à s'abandonner au courant de la vie comme ces deux femmes insouciantes et laborieuses, qui, le lendemain peut-être, manqueraient de pain. Il paraissait être sous l'influence des joies du premier âge, son sourire avait quelque chose de caressant et d'enfantin. Quand, sur les cinq heures, le joyeux dîner fut terminé par quelques verres de vin de Champagne, Roger fut le premier à proposer d'aller sous les châtaigniers au bal du village, où Caroline et son ami dansèrent ensemble. Leurs mains se pressèrent avec intelligence, et leurs cœurs battirent animés d'une même espérance. Sous le ciel bleu, aux rayons obliques et rouges du couchant, leurs regards arrivèrent à un éclat qui, pour eux, faisait pâlir celui du ciel. Étrange puissance d'une idée et d'un désir ! Rien ne leur semblait impossible. Dans ces momens magiques où le plaisir jette ses reflets jusque sur l'avenir, l'âme ne prévoit que du bonheur. Cette jolie journée avait déjà créé pour tous deux des souvenirs auxquels ils ne pouvaient rien comparer dans le passé de leur existence. La source serait-elle donc plus gracieuse que le fleuve? le désir serait-il plus ravissant que la jouissance, et ce qu'on espère plus attrayant que tout ce qu'on possède?

— Voilà donc la journée déjà finie! Cette exclamation échappait à l'inconnu au moment où cessait la danse. Caroline le regarda d'un air compatissant en lui voyant reprendre une légère teinte de tristesse.

— Pourquoi ne seriez-vous pas aussi content à Paris qu'ici? dit-elle. Le bonheur n'est-il qu'à Saint-Leu? Il me semble maintenant que je ne puis être malheureuse nulle part.

L'inconnu tressaillit à ces paroles dictées par ce doux abandon qui entraîne toujours les femmes plus loin qu'elles ne veulent aller, de même que la pruderie leur donne souvent plus de cruauté qu'elles n'en ont. Pour la première fois depuis le regard qui avait en quelque sorte commencé leur amitié, Caroline et Roger eurent une même pensée. S'ils ne l'exprimèrent pas, ils la sentirent au même moment par une mutuelle impression, semblable à celle d'un bienfaisant foyer qui les aurait consolés des atteintes de l'hiver. Alors, comme s'ils eussent craint leur silence, ils se rendirent à l'endroit où leur modeste voiture les attendait; mais, avant d'y monter, ils se prirent fraternellement par la main, et coururent dans une allée sombre devant madame Crochard. Quand ils ne virent plus le blanc bonnet de tulle qui leur indiquait la vieille mère comme un point à travers les feuilles : — Caroline! dit Roger d'une voix troublée et le cœur palpitant. La jeune fille, confuse, recula de quelques pas en comprenant tout ce que cette interrogation révélait; néanmoins, elle tendit une main d'albâtre qui fut baisée avec ardeur et qu'elle retira vivement; car, en se levant sur la pointe des pieds, elle avait aperçu sa mère. Madame Crochard fit semblant de ne rien voir, comme si, par un souvenir de ses anciens rôles, elle eût dû ne figurer là qu'en *a parte*.

L'aventure de ces deux amans ne se continua pas long-temps dans la rue du Tourniquet. Pour retrouver Caroline et Roger, il est nécessaire de se transporter au milieu du quartier de Paris moderne, où il existe, dans les maisons nouvellement bâties, de ces appartemens qui semblent faits exprès pour que de nouveaux mariés y passent leur lune de miel. Les peintures et les papiers y sont jeunes comme les époux, et la décoration en est dans sa fleur comme leur amour. Tout y est en harmonie avec de jeunes idées, avec de bouillans désirs. Or, au milieu de la rue Taitbout, dans une maison dont la pierre de taille était encore blanche, dont les colonnes du vestibule et de la porte n'avaient encore aucune souillure, et dont les murs reluisaient de cette peinture d'un blanc de plomb dont on les couvre aujourd'hui, se trouvait, au second étage, un petit appartement arrangé par l'architecte comme s'il en avait deviné la destination. Une simple et fraîche antichambre, revêtue en stuc à hauteur d'appui, donnait entrée dans un salon et dans une petite salle à manger. Le salon communiquait à une jolie chambre à coucher à laquelle attenait une salle de bain. Les cheminées y étaient toutes garnies de hautes glaces encadrées avec recherche; les portes avaient pour ornemens des arabesques de bon goût, et les corniches étaient d'un style pur. Un amateur aurait reconnu là, mieux qu'ailleurs, cette science de distribution et de décor qui distingue nos architectes modernes. Cet appartement était habité, depuis un mois environ, par Caroline, pour laquelle il avait été meublé par un de ces tapissiers qui sont presque des artistes. La description succincte de la pièce la plus importante suffira pour donner une idée des merveilles que cet appartement avait présentées à celle qui vint s'y installer, amenée par Roger. Des tentures en étoffe grise, égayées par des agrémens en soie verte, décoraient les murs de sa chambre à coucher. Les meubles, couverts en casimir clair, avaient les formes gracieuses et légères ordonnées par le dernier caprice de la mode. Une commode en bois indigène, incrustée de filets bruns, gardait les trésors de sa parure, et le secrétaire pareil lui servait à écrire de doux billets sur un papier parfumé. Le lit, drapé à l'antique, ne pouvait lui inspirer que des idées de volupté par la mollesse de ses mousselines élégamment jetées. Les rideaux de soie grise à franges vertes étaient toujours étendus de manière à intercepter le jour. Une pendule de bronze représentait l'Amour couronnant Psyché. Enfin, un tapis à dessins gothiques imprimés sur un fond rougeâtre faisait ressortir tous les accessoires de ce lieu, pour elle plein de délices. En face d'une psyché se trouvait une petite toilette, devant laquelle l'ouvrière s'impatientait de la science peu expéditive de son coiffeur.

Espérez-vous finir ma coiffure aujourd'hui ? dit-elle.

— Mais madame a les cheveux si longs et si épais! répondit le fameux Plaisir.

Caroline ne put s'empêcher de sourire : la flatterie de l'artiste avait sans doute réveillé dans son cœur le souvenir des louanges passionnées que lui adressait son bien-aimé sur la beauté d'une chevelure dont il était idolâtre. Le coiffeur parti, sa femme de chambre vint tenir conseil avec elle sur la toilette qui plairait le plus à monsieur. On était alors au commencement de septembre 1816, il faisait froid, une robe de grenadine verte garnie en chinchilla fut choisie. Aussitôt sa toilette terminée, Caroline s'élança vers le salon, y ouvrit une croisée qui donnait sur l'élégant balcon dont la façade de la maison était décorée, se croisa les bras en s'appuyant sur une rampe en fer bronzé, puis elle resta là dans une attitude charmante, non pour s'offrir à l'admiration des passans et les voir tourner la tête vers elle, mais pour regarder la petite portion de boulevard qu'elle pouvait apercevoir au bout de la rue Taitbout. Cette échappée de vue, que l'on comparerait volontiers au trou pratiqué pour les acteurs dans un rideau de théâtre, lui permettait de distinguer une multitude de voitures élégantes et une foule de monde emportées avec la rapidité d'ombres chinoises. Ignorant si Roger viendrait à pied ou en voiture, l'ancienne ouvrière de la rue du Tourniquet examinait tour à tour les piétons et les tilburys, voitures légères récemment importées en France par les Anglais. Des expressions de mutinerie et d'amour passaient sur sa jeune figure quand, après un quart-d'heure d'attente, son œil perçant ou son cœur ne lui avaient pas encore montré celui qu'elle savait devoir venir. Que de mépris ou d'insouciance était peint sur son beau visage pour toutes les créatures qui s'agitaient comme des fourmis sous ses pieds! Comme ses yeux gris, pétillans de malice, étincelaient! Elle était là pour elle-même, sans se douter que tous les jeunes gens emportaient mille confus désirs à l'aspect de ses formes attrayantes. Elle évitait même leurs hommages avec autant de soin que les plus fières en mettent à les recueillir pendant leurs promenades à Paris. Elle ne s'inquiétait certes guère si le souvenir de sa blanche figure penchée, de son petit pied qui dépassait le balcon; si la piquante image de ses yeux animés et de son nez voluptueusement retroussé, s'effaceraient ou non, le lendemain, du cœur des passans qui l'avaient admirée. Elle ne voyait qu'une figure et n'avait qu'une idée. Enfin, quand la tête mouchetée d'un certain cheval bai-brun vint à dépasser la haute ligne tracée dans l'espace par les maisons, Caroline tressaillit, et se haussa sur la pointe des pieds pour tâcher de reconnaître les guides blanches et la couleur du tilbury. C'était *lui!* Roger tourne l'angle de la rue, voit le balcon et fouette son cheval; le cheval s'élance et arrive à cette porte bronzée qui lui est aussi connue qu'à son maître. La porte de l'appartement fut ouverte d'avance par la femme de chambre, qui avait entendu le cri de joie jeté par sa maîtresse. Roger se précipita vers le salon, pressa Caroline dans ses bras, et l'embrassa avec cette effusion de sentiment que provoquent toujours les réunions peu fréquentes de deux êtres qui s'aiment. Il l'entraîna, ou plutôt ils marchèrent par une volonté unanime, quoique enlacés dans les bras l'un de l'autre, vers cette chambre discrète et embaumée. Une causeuse les reçut devant le foyer, et ils se contemplèrent un moment en silence, en n'exprimant leur bonheur que par les vives étreintes de leurs mains, en se communiquant leurs pensées par un long regard.

— Oui, c'est lui, dit-elle enfin ; oui, c'est toi. Sais-tu que voici deux grands jours que je ne t'ai vu, deux siècles? Mais qu'as-tu? tu as du chagrin.

— Ma pauvre Caroline!

— Oh! voilà, ma pauvre Caroline!

— Non, ne ris pas, mon ange, nous ne pouvons pas aller ce soir à Feydeau!

Caroline fit une petite mine boudeuse, mais qui se dissipa tout à coup

— Je suis une sotte! Comment puis-je penser au spectacle quand je te vois? Te voir, n'est-ce pas le seul spectacle que j'aime? s'écria-t-elle en passant ses doigts dans les cheveux de Roger.

— Je suis obligé d'aller chez notre chef d'état-major. Nous avons en ce moment une affaire épineuse. Il m'a rencontré dans la grande salle, et comme c'est moi qui porte la parole, il m'a engagé à venir dîner avec lui. Mais, ma chérie, tu peux aller à Feydeau avec ta mère, je vous y rejoindrai si la conférence finit de bonne heure.

— Aller au spectacle sans toi! s'écria-t-elle avec une expression d'étonnement; ressentir un plaisir que tu ne partagerais pas! Oh! mon Roger! vous mériteriez de ne pas être embrassé, ajouta-t-elle en lui sautant au cou par un mouvement aussi naïf que voluptueux.

— Caroline, il faut que je rentre m'habiller. Le Marais est loin, et j'ai encore quelques affaires à terminer.

— Monsieur, reprit Caroline en l'interrompant, prenez garde à ce que vous dites là! Ma mère m'a avertie que quand les hommes commencent à nous parler de leurs affaires, ils ne nous aiment plus.

— Caroline, ne suis-je pas venu? n'ai-je pas dérobé cette heure à mon impitoyable...

— Chut! dit-elle en mettant un doigt sur la bouche de Roger. Chut! ne vois-tu pas que je me moque?

En ce moment, ils étaient revenus tous les deux dans le salon. Roger y aperçut un meuble apporté le matin même par l'ébéniste. C'était le vieux métier en bois de rose dont le produit avait nourri Caroline et sa mère quand elles habitaient la rue du Tourniquet Saint-Jean. Il avait été remis à neuf, et une robe de tulle d'un riche dessin y était déjà tendue.

— Hé bien ! mon bon ami, ce soir je travaillerai. En brodant, je me croirai encore à ces premiers jours où tu passais devant moi sans mot dire, mais non sans me regarder ; à ces jours où le souvenir de tes regards me tenait éveillée pendant la nuit. O mon cher métier, le plus beau meuble de mon salon, quoiqu'il ne me vienne de toi ! — Tu ne sais pas, dit-elle en s'asseyant sur les genoux de Roger, qui, ne pouvant résister à ses émotions, était tombé sur un fauteuil ; écoute-moi donc : je veux donner aux pauvres tout ce que je gagnerai avec ma broderie. Tu m'as faite si riche ! Combien j'aime cette jolie terre de Bellefeuille, moins pour ce qu'elle est que parce que c'est toi qui me l'as donnée ! Mais, dis-moi, mon Roger, je voudrais m'appeler Caroline de Belbfeuille; le puis-je ? tu dois le savoir. Est-ce légal ou toléré ?

Il fit une petite moue d'affirmation qui lui était suggérée par sa haine pour le nom de Crochard, et Caroline sauta légèrement en frappant ses mains l'une contre l'autre.

— Il me semble, s'écria-t-elle, que je t'appartiendrai bien mieux ainsi. Ordinairement une fille renonce à son nom et prend celui de son mari... Une idée importune qu'elle chassa aussitôt la fit rougir ; elle prit Roger par la main, et le mena devant un piano ouvert. — Écoute, dit-elle, je sais maintenant ma sonate comme un ange. Et ses doigts couraient déjà sur les touches d'ivoire, quand elle se sentit saisie et enlevée par la taille.

— Caroline, je devrais être loin.

— Tu veux partir ? eh bien, va-t'en ! dit-elle en boudant ; mais elle sourit après avoir regardé la pendule, et s'écria joyeusement : — Je t'aurai toujours gardé un quart-d'heure de plus !

— Adieu, madame de Bellefeuille, dit-il avec la douce ironie de l'amour.

Après avoir pris un baiser, elle reconduisit son bien-aimé jusque sur le seuil de la porte. Quand le bruit de ses pas ne retentit plus dans l'escalier, elle accourut sur le balcon pour le voir monter dans le tilbury, pour le voir en prendre les guides, pour recueillir un dernier regard, entendre le coup de fouet, le roulement des roues sur le pavé, et pour suivre des yeux le brillant cheval, le chapeau du maître, le galon d'or qui ceignait celui du jockey, pour regarder même long-temps encore après que l'angle noir de la rue lui eut dérobé cette vision.

Cinq ans après l'installation de mademoiselle Caroline de Bellefeuille dans la jolie maison de la rue Taitbout, il s'y passa pour la seconde fois une de ces scènes domestiques qui resserrent encore les liens d'affection entre deux êtres qui s'aiment. Au milieu du salon bleu, devant la fenêtre qui s'ouvrait sur le balcon, un petit garçon de quatre ans et demi faisait un tapage infernal en fouettant le cheval de carton sur lequel il était monté, et dont les deux arcs recourbés qui en soutenaient les pieds n'allaient pas assez vite au gré du tapageur. Sa jolie petite tête, dont les cheveux blonds retombaient en mille boucles sur une collerette brodée, sourit comme une figure d'ange à sa mère, quand, du fond d'une bergère, elle lui dit : — Pas si haut, Charles! tu vas réveiller ta petite sœur. Alors le curieux enfant descendit brusquement de cheval, arriva sur la pointe des pieds, comme s'il eût craint de faire du bruit sur le tapis; puis il mit un doigt entre ses petites dents, demeura dans une de ces attitudes enfantines qui n'ont tant de grâce que parce que tout en est naturel, et leva le voile de mousseline blanche qui cachait le frais visage d'une petite fille endormie sur les genoux de sa mère.

— Elle dort donc, Eugénie? dit-il tout étonné. Pourquoi donc qu'elle dort quand nous sommes éveillés? ajouta-t-il en ouvrant de grands yeux noirs qui flottaient dans un fluide abondant.

— Dieu seul sait cela, répondit Caroline en souriant.

Puis la mère et l'enfant contemplèrent la petite fille, qui avait été baptisée le matin même. Caroline était alors âgée de vingt-quatre ans environ. Un bonheur sans nuage, des plaisirs constans avaient développé toute sa beauté. La femme était accomplie. Les désirs de son cher Roger ayant été des lois pour elle, elle avait réussi à acquérir les connaissances qui lui manquaient. Elle touchait assez bien du piano et chantait agréablement. Ignorant les usages d'une société qu'elle avait toujours fuie en obéissant à cet axiome qui dit : *La femme heureuse ne va pas dans le monde*, elle n'avait su ni prendre cette élégance de manières, ni apprendre cette conversation pleine de mots et vide de pensées qui font le charme des salons; en revanche, elle s'était efforcée d'acquérir les connaissances utiles à une mère qui n'a d'autre ambition que celle d'élever parfaitement ses enfans. Le sentiment de la maternité s'était développé en elle à un haut degré. Ne pas quitter son fils, lui donner dès le berceau ces leçons de tous les momens qui gravent dans de jeunes âmes le goût du beau et du bon en tout, le préserver de toute influence extérieure, et remplir à la fois les pénibles fonctions de la bonne et les douces obligations d'une mère, étaient ses uniques plaisirs. Elle avait une âme si discrète et si douce, qu'après six ans de l'union la plus tendre elle ne connaissait encore à son époux que le nom de Roger. Dès le premier jour, elle s'était résignée à ne pas faire un pas hors de la sphère enchantée où pour elle se trouvait le bonheur. La gravure du tableau de Psyché arrivant avec sa lampe pour voir l'Amour malgré sa défense, était toujours devant ses yeux dans sa chambre à coucher. Pendant ces six années d'amour et de joie, ses modestes plaisirs n'avaient jamais fatigué, par une ambition mal placée, le cœur de Roger, vrai trésor de bonté. Jamais elle n'avait souhaité ni diamans, ni parures. Elle avait refusé le luxe d'une voiture vingt fois offerte à sa vanité. Attendre sur le balcon l'arrivée de Roger, aller avec lui au spectacle, ou errer ensemble pendant les beaux jours dans les environs de Paris, l'espérer, le voir, et l'espérer encore, étaient l'histoire de sa vie pauvre d'événemens, mais pleine d'amour. En berçant actuellement sur ses genoux la fille qu'elle avait eue quelques mois avant cette journée, elle se plut à évoquer les souvenirs du temps passé. Elle s'arrêta plus volontiers sur les mois de septembre, époque à laquelle chaque année son Roger l'emmenait à Bellefeuille pour y passer ces beaux jours qui semblent appartenir à toutes les saisons. La nature est alors aussi prodigue de fleurs que de fruits, les soirées sont chaudes, les matinées sont fraîches, et l'éclat de l'été succède souvent à la douce mélancolie de l'automne. Elle songeait que, pendant les premiers temps de son amour, elle avait expliqué l'égalité d'âme et la douceur de caractère dont son ami lui donnait tant de preuves, par la rareté de leurs entrevues toujours désirées, et par leur manière de vivre qui ne les mettait pas sans cesse en présence l'un de l'autre comme le sont deux époux. Elle se souvint alors avec délices que, tourmentée de vaines craintes, elle l'avait épié en tremblant pendant leur premier séjour à cette petite terre du Gâtinais. Espionnage d'amour aussi doux qu'inutile ! Chacun de ces mois de bonheur avait passé comme un songe, au sein d'un amour qui ne se démentait pas. Alors, elle avait toujours vu à ce bon être un tendre sourire sur les lèvres, sourire qui semblait être l'écho du sien. A ces tableaux d'amour trop vivement évoqués, ses yeux se mouillèrent de larmes, elle crut ne pas aimer assez. Elle était tentée de voir, dans le malheur de sa situation équivoque, une espèce d'impôt mis par le sort sur sa félicité. Enfin, une invincible curiosité lui faisait chercher pour la millième fois les événemens qui avaient pu amener un homme aussi aimant que l'était Roger à ne jouir que d'un bonheur clandestin. Elle forgeait mille romans, précisément pour se dispenser d'admettre la véritable raison que depuis long-temps elle avait devinée, et à laquelle elle essayait de ne pas croire. Elle se leva, tout en gardant son enfant endormi dans ses bras, pour aller présider, dans la salle à manger, à tous les préparatifs du dîner. Ce jour était le 6 mai 1822, anniversaire de la promenade au parc de Saint-Leu, pendant laquelle sa vie avait été décidée. Aussi chaque année ce jour ramenait-il une fête de cœur. Caroline désigna le linge qui devait servir au repas, et veilla à l'arrangement du dessert; puis, quand elle eut pris avec bonheur les soins qui pouvaient avoir une influence immédiate sur le bien-être de son Roger, elle déposa Eugénie dans un petit berceau d'acajou et vint se placer sur le balcon. Elle ne tarda pas à voir paraître le cabriolet par lequel son ami, parvenu à la maturité de l'homme, avait remplacé l'élégant tilbury des premiers jours. Roger entra dans le salon, et après avoir essuyé le premier feu des caresses de Caroline et du petit espiègle qui l'appelait papa, il alla au berceau, contempla le sommeil de sa fille et la baisa sur le front. Puis, tirant de la poche de son habit un long papier bariolé de lignes noires : — Caroline, dit-il, voici la dot de cette petite crieuse.

Mademoiselle de Bellefeuille prit avec reconnaissance le titre dotal, qui était une inscription au grand-livre de la dette publique.

— Pourquoi trois mille francs de rente à Eugénie, quand tu n'as donné que quinze cents francs à Charles ?

— Charles, mon ange, sera un homme, répondit-il; quinze cents francs lui suffiront, parce qu'avec ce revenu un homme courageux est au-dessus de la misère. Si, par hasard, c'était un homme nul, je ne veux pas qu'il puisse faire des folies. S'il a de l'ambition, cette modicité lui inspirera le goût du travail. Eugénie est femme, il lui faut une dot.

Le père se mit à jouer avec Charles, dont les caressantes démonstrations annonçaient avec quelle indépendance et quelle liberté il était élevé. Aucune crainte établie entre le père et l'enfant ne détruisait ce charme qui récompense les soins de la paternité. La gaîté de cette petite famille était aussi douce que vraie. Le soir, une lanterne magique vint étaler sur une toile blanche ses piéges et ses mystérieux tableaux, à la grande surprise de Charles. Plus d'une fois les joies célestes de cette innocente créature excitèrent des fous rires sur les lèvres de Caroline et de Roger. Quand, plus tard, le petit garçon fut couché, la petite fille se réveilla, il fallut lui laisser prendre sa limpide nourriture. Alors, à la clarté d'une lampe, au coin du foyer, dans cette chambre de paix et de plaisir, Roger s'abandonna au charme de contempler le tableau suave que lui présentait cet enfant suspendu au sein de sa mère. Caroline était blanche et fraîche comme un lis nouvellement éclos. Ses cheveux retombaient sur son cou par des milliers de boucles brunes. La lueur faisait ressortir toutes ses grâces en multipliant sur elle, autour d'elle, sur ses vêtements et sur l'enfant, ces effets pittoresques produits par les combinaisons de l'ombre et de la lumière. Le visage de cette mère calme et silencieuse parut mille fois plus doux que jamais à Roger, qui regardait avec amour ces lèvres chiffonnées et vermeilles d'où il n'avait encore entendu sortir aucune parole discordante. La même pensée brillait dans les yeux de Caroline, qui examinait Roger du coin de l'œil, soit pour jouir de l'effet qu'elle produisait sur lui, soit pour deviner l'avenir de cette soirée d'amour. L'inconnu comprit la coquetterie de ce regard fin et voluptueux, car il dit avec une feinte tristesse : — Il faut que je parte. J'ai une affaire très-grave à terminer, et l'on m'attend chez moi. Le devoir avant tout, ma chérie.

Caroline le regarda d'un air à la fois triste et doux, mais avec cette résignation qui ne laisse ignorer aucune des douleurs d'un sacrifice : — Adieu, dit-elle. Va-t'en ! Si tu restais une heure de plus, je ne te donnerais pas facilement ta liberté.

— Mon ange, répondit-il alors en souriant, j'ai trois jours de congé, et suis censé à vingt lieues de Paris.

Quelques jours après l'anniversaire de ce six mai, mademoiselle de Bellefeuille accourut un matin dans la rue Saint-Louis, au Marais, en souhaitant de ne pas arriver trop tard dans une maison fort décente où elle se rendait ordinairement tous les huit jours. Un exprès était venu lui apprendre que sa mère, madame Crochard, allait succomber à une complication de douleurs produites chez elle par les catarrhes et les rhumatismes dont elle était affligée. Pendant que le conducteur du fiacre fouettait ses chevaux d'après une invitation pressante que Caroline avait fortifiée par la promesse d'un ample pourboire, les vieilles femmes timorées dont la veuve Crochard avait fait sa société pendant ses derniers jours venaient d'introduire un prêtre dans l'appartement commode et propre que la vieille comparse de l'Opéra occupait au second étage de la maison. La servante de madame Crochard ignorait que la jolie demoiselle chez laquelle sa maîtresse allait souvent dîner était sa propre fille. Elle avait donc été l'une des premières à solliciter l'intervention d'un confesseur, en espérant que cet ecclésiastique lui serait au moins aussi utile qu'à la malade. Entre deux bostons, ou en se promenant au jardin Turc, les vieilles femmes avec lesquelles la veuve Crochard caquetait tous les jours avaient réussi à réveiller dans le cœur glacé de leur amie quelques scrupules sur sa vie passée, quelques idées d'avenir, quelques craintes relativement à l'enfer, et certaines espérances de pardon fondées sur un sincère retour à la religion. Dans cette solennelle matinée, trois douairières de la rue Saint-François et de la Vieille-

Rue-du-Temple étaient donc venues s'établir dans le salon où madame Crochard les recevait tous les mardis. A tour de rôle, l'une d'elles quittait son fauteuil pour aller au chevet du lit tenir compagnie à la pauvre vieille, et lui donner de ces faux espoirs dont on berce les mourans. Cependant quand la crise leur parut prochaine, et qu'un médecin, appelé la veille, déclara qu'il ne répondait plus de la veuve, les trois dames se consultèrent pour décider s'il fallait avertir mademoiselle de Bellefeuille. Françoise préalablement entendue, il fut arrêté qu'un commissionnaire partirait pour la rue Taitbout, prévenir la jeune parente dont les quatre femmes redoutaient l'influence sur l'esprit de la malade. Elles espérèrent que l'Auvergnat ramènerait trop tard cette personne, qui avait une si grande part dans l'affection de madame Crochard. La veuve, qui paraissait jouir d'un millier d'écus de rente, n'avait été choyée par le trio femelle que parce qu'aucune de ces bonnes amies, ni même Françoise, ne lui connaissaient d'héritier. Mademoiselle de Bellefeuille, à laquelle madame Crochard s'était interdit de donner le doux nom de fille par suite des *us* de l'ancien Opéra, jouissait d'une opulence qui légitimait presque le plan formé par ces quatre femmes, et qui consistait à se partager la succession de la mourante. Bientôt la plus vieille des trois sibylles, qui tenait la malade en arrêt, vint montrer une tête branlante au couple inquiet, et dit : — Il est temps d'envoyer chercher monsieur l'abbé de Fontanon.

Encore deux heures, elle n'aura ni sa tête, ni la force d'écrire un mot.

La vieille servante édentée partit donc, et revint avec un homme vêtu d'une redingote noire. Ce prêtre avait une figure commune, son front était étroit, ses joues larges et pendantes, son menton double. Ses cheveux poudrés lui donnaient un air doucereux tant qu'il ne levait pas des yeux bruns, petits, à fleur de tête, et qui n'auraient pas été mal placés sous les sourcils d'un Tartare.

— Monsieur l'abbé, lui disait Françoise, je vous remercie bien de vos avis; mais aussi, comptez que j'ai eu un fier soin de cette chère femme-là.

La domestique au pas traînant et à la figure en deuil se tut en voyant que la porte de l'appartement était ouverte et que la plus insinuante des trois douairières était accourue sur le palier pour être la première à parler au confesseur. Quand l'ecclésiastique eut complaisamment essuyé la triple bordée des discours mielleux et dévots des amies de la veuve, il alla s'asseoir au chevet du lit de madame Crochard. La décence et une certaine retenue forcèrent les trois dames et la vieille Françoise de demeurer toutes quatre dans le salon à se faire des mines de douleur qu'il n'appartenait qu'à ces faces ridées de jouer avec autant de perfection.

— Ah! c'est-y malheureux! s'écria Françoise en poussant un soupir. Voilà pourtant la quatrième maîtresse que j'aurai le chagrin d'enterrer. La première m'a laissé cent francs de viager, la seconde cinquante écus, et la troisième mille écus de comptant. Après trente ans de service, voilà tout ce que je possède !

La servante, qui avait le droit d'aller et venir, en profita pour se rendre dans un petit cabinet d'où elle pouvait entendre le prêtre.

— Je vois avec plaisir, disait monsieur Fontanon, que vous avez, ma fille, des sentimens de piété, vous portez sur vous une sainte relique...

Madame Crochard fit un mouvement vague qui n'annonçait pas qu'elle eût tout son bon sens, car elle montra la croix impériale de la Légion-d'Honneur. L'ecclésiastique recula d'un pas; puis il se rapprocha bientôt de sa pénitente, qui s'entretint avec lui d'un ton si bas que Françoise fut quelque temps sans rien entendre.

— Malédiction sur moi! s'écria tout-à-coup la vieille, ne m'abandonnez pas! Comment, monsieur l'abbé, vous croyez que j'aurai à répondre de l'âme de ma fille?

L'ecclésiastique parlait trop bas et la cloison était trop épaisse pour que Françoise pût tout entendre.

— Hélas! s'écria la veuve en pleurant, le scélérat ne m'a rien laissé dont je puisse disposer. En prenant ma pauvre Caroline, il m'a séparé d'elle et ne m'a constitué que trois mille livres de rente, dont le fonds appartient à ma fille.

— Madame n'a que du viager, cria Françoise en accourant au salon.

Les trois douairières se regardèrent avec un étonnement profond. Celle d'entre elles dont le nez et le menton prêts à se rejoindre annonçaient une sorte de supériorité d'hypocrisie et de finesse, cligna des yeux. Puis quand Françoise eut tourné le dos, elle fit à ses deux amies un signe qui voulait dire : — Cette fille-là est une fine mouche, elle a déjà été couchée sur trois testamens. Les trois vieilles femmes restèrent donc ; mais l'abbé reparut bientôt, et quand il eut dit un mot, les douairières dégringolèrent de compagnie les escaliers après lui, en laissant Françoise seule avec sa maîtresse. Madame Crochard, dont les souffrances redoublèrent cruellement, eut beau sonner en ce moment sa servante, celle-ci se contentait de crier : — Eh ! on y va tout à l'heure. Les portes des armoires et des commodes allaient et venaient comme si Françoise eût cherché un billet de loterie égaré. Ce fut à l'instant où la crise atteignait son dernier période que mademoiselle de Bellefeuille arriva auprès du lit de sa mère pour lui prodiguer de douces paroles.

— Oh ! ma pauvre mère, combien je suis criminelle ! Tu souffres, et je ne le savais pas, mon cœur ne me le disait pas ! Mais me voici...

— Caroline !

— Quoi ?

— Elles m'ont amené un prêtre.

— Mais un médecin donc, reprit mademoiselle de Bellefeuille. Françoise, un médecin ! Comment ces dames n'ont-elles pas envoyé chercher le docteur ?

— Elles m'ont amené un prêtre, reprit la vieille en poussant un soupir.

— Comme elle souffre ! et pas une potion calmante ! rien sur sa table.

La mère fit un signe indistinct, mais que l'œil pénétrant de Caroline devina, car elle se tut pour la laisser parler.

— Elles m'ont amené un prêtre soi-disant pour me confesser. — Prends garde à toi, Caroline, lui cria péniblement la vieille comparse par un dernier effort, le prêtre m'a arraché le nom de ton bienfaiteur.

— Et qui a pu te le dire, ma pauvre mère ?

La vieille expira en essayant de prendre un air malicieux. Si mademoiselle de Bellefeuille avait pu observer le visage de sa mère, elle eût vu ce que personne ne verra, rire la mort.

Pour comprendre l'intérêt que cache cette première partie de la scène, il faut en oublier un moment les personnages, pour se prêter au récit d'événemens antérieurs, mais dont le dernier vient se rattacher à la mort de madame Crochard ; là, ces deux parties formeront une même histoire qui, par une loi particulière à la vie parisienne, avait produit deux actions distinctes.

DEUXIÈME PARTIE.

Vers la fin du mois de mars 1806, un jeune homme, âgé de vingt-sept ans environ, descendait vers trois heures du matin le grand escalier de l'hôtel où demeurait l'archi-chancelier de l'empire. Arrivé dans la cour, il n'y vit point de voiture. Il était en costume de bal, il faisait froid, il ne put donc s'empêcher de jeter une douloureuse exclamation où perçait néanmoins cette gaieté qui abandonne rarement un Français. Il n'aperçut pas de fiacre à travers les grilles de l'hôtel, et n'entendit dans le lointain aucun de ces bruits produits par les sabots ou par la voix enrouée des cochers parisiens. Le silence le plus profond régnait sur la place du Carrousel. Une seule voiture attendait, mais elle appartenait au grand-juge que le jeune homme venait de laisser achévant la bouillotte de Cambacérès, avec monsieur d'Aigrefeuille et deux intimes de la maison. Tout-à-coup le jeune homme se sentit amicalement frappé sur l'épaule, il se retourna, reconnut le grand-juge et le salua. Au moment où son laquais dépliait le marchepied du carrosse, l'ancien législateur de la Convention devina l'embarras du pauvre pélerin.

— La nuit tous les chats sont gris, lui dit-il gaiement. Un grand-juge ne se compromettra pas en mettant un avocat dans son chemin! Surtout, ajouta-t-il, s'il est le neveu d'un ancien collègue, l'une des lumières de ce grand conseil-d'état qui a donné le Code Napoléon à la France.

Le jeune avocat monta dans la voiture sur un geste du chef suprême de la justice.

— Où demeurez-vous? demanda le ministre à l'avocat avant que la portière ne fût refermée par le valet de pied qui attendait l'ordre.

— Quai des Augustins, monseigneur.

Les chevaux partirent, et le jeune homme se vit en tête-à-tête avec un ministre auquel il avait tenté vainement d'adresser la parole pendant le somptueux dîner de Cambacérès. Loin de vouloir se laisser aborder par lui, le grand-juge avait paru l'éviter pendant toute la soirée.

— Eh bien, monsieur *de* Grandville, vous êtes en assez beau chemin?

— Mais, tant que je serai à côté de Votre Excellence....

— Je ne plaisante pas, dit le magistrat. Votre stage est terminé, vous avez fort bien plaidé certaines causes embrouillées, et vous avez beaucoup plu ce soir à l'archi-chancelier. Vous vous destinez sans doute à la magistrature du parquet? eh bien, nous manquons de sujets. Le neveu d'un homme dont Cambacérès et moi sommes les amis ne doit pas rester avocat faute de protection, car votre oncle nous a aidés à traverser des temps bien orageux, jeune homme! Ces sortes de services ne s'oublient pas. Le ministre se tut pendant un moment, et reprit aussitôt : — Avant deux mois, j'aurai trois places vacantes au tribunal de première instance et à la cour impériale de Paris, vous viendrez alors me voir, et choisirez celle qui vous conviendra. Jusque-là travaillez, et ne vous présentez point à mes audiences : d'abord, je suis accablé de travail; puis, vos concurrens devineraient vos intentions et pourraient vous nuire auprès du patron. Si je ne vous ai pas dit un mot ce soir, c'était pour vous garantir des dangers de la faveur.

Au moment où le ministre achevait ces derniers mots, la voiture s'arrêta sur le quai des Augustins; le jeune avocat remercia son généreux protecteur avec une effusion de cœur assez vive des deux places qu'il lui avait accordées, et se mit à frapper rudement à la porte, car la bise sifflait avec rigueur sur ses mollets. Enfin un vieux portier tira le cordon, et quand l'avocat passa devant la loge : — Monsieur Grandville, monsieur Grandville, cria-t-il d'une voix enrouée, il y a une lettre pour vous.

Le jeune homme la prit, et tâcha, malgré le froid, d'en lire l'écriture à la lueur d'un pâle réverbère dont la mèche était sur le point d'expirer.

— C'est de mon père ! s'écria-t-il en prenant son bougeoir que le portier avait fini par allumer, et il monta rapidement dans son appartement pour y lire la lettre suivante ;

« Prends le courrier, car si tu peux arriver promptement ici, ta fortune est faite. Mademoiselle Angélique Bontems a perdu sa sœur, la voilà fille unique, et nous savons qu'elle ne te hait pas.

Maintenant madame Bontems peut lui laisser à peu près quarante mille francs de rentes, outre ce qu'elle lui donnera en dot. J'ai préparé les voies. Tout le monde t'aime ici. Adieu.

» P. S. Nos amis s'étonneront peut-être de voir d'anciens nobles s'allier à la famille Bontems. Le père Bontems a été un bonnet rouge foncé qui possédait force biens nationaux achetés à vil prix. Mais d'abord, il n'a eu que des prés de moines qui ne reviendront jamais; puis, si tu as déjà dérogé en te faisant avocat, je ne vois pas pourquoi nous reculerions devant une autre concession aux idées actuelles. La petite aura trois cent mille francs, je t'en donne deux cents; et comme le bien de ta mère doit valoir cinquante mille écus ou à peu près, je te vois en position, mon cher fils, si tu veux te jeter dans la magistrature, de devenir sénateur tout comme un autre. Mon beau-frère le conseiller d'état ne te donnera pas un coup de main pour cela, par exemple; mais, comme il n'est pas marié, sa succession te reviendra un jour; et si tu n'étais pas sénateur de ton chef, tu aurais sa survivance. De là tu seras juché assez haut pour voir venir les événemens. Adieu, je t'embrasse. »

Le jeune de Granville se coucha donc en faisant mille projets plus beaux les uns que les autres. Il lui fut impossible de dormir. Il se voyait puissamment protégé par l'archi-chancelier, par le grand-juge et par son oncle, l'un des rédacteurs du Code. A son âge, il allait débuter dans un poste envié, devant la première Cour de l'empire; et il se voyait membre de ce parquet où l'empereur choisissait les hauts fonctionnaires de l'état. Il se présentait de plus une fortune assez brillante pour l'aider à soutenir son rang, auquel n'aurait pas suffi le chétif revenu de six mille francs que lui donnait une terre recueillie par lui dans la succession de sa mère. Au milieu de ses rêves d'ambition et de bonheur, il évoquait la figure naïve de mademoiselle Angélique Bontems, la compagne des jeux de son enfance. Tant qu'il n'avait eu que quinze ans, son père et sa mère ne s'étaient point opposés à son intimité avec la jolie fille de leur voisin de campagne; mais quand, pendant les courtes apparitions que les vacances lui permirent de faire à Bayeux, ses parens, entichés de noblesse, s'aperçurent de son amitié pour la jeune fille, ils lui avaient défendu de penser à elle. Depuis dix ans Grandville n'avait donc pu voir que par momens celle qu'il nommait *sa petite femme*. Ces momens dérobés à l'active surveillance de leur famille ne leur avaient laissé d'autre loisir que celui de se dire de vagues paroles échangées en passant l'un devant l'autre dans une contredanse. Leurs plus beaux jours étaient ceux où, réunis par l'une de ces fêtes champêtres nommées en Normandie *des assemblées*, ils avaient la faculté de s'examiner furtivement en perspective. Le jeune Grandville se rappela que, pendant ses dernières vacances, il n'avait vu que deux fois Angélique, dont le regard baissé et l'attitude triste lui firent juger qu'elle était courbée sous quelque despotisme inconnu.

Dès sept heures du matin, le jeune avocat était au bureau des Messageries de la rue Notre-Dame-des-Victoires, où il se trouva heureusement une place dans la voiture qui partait à cette heure pour la ville de Caen. Ce ne fut pas sans une émotion profonde que l'avocat stagiaire revit les clochers de la cathédrale de Bayeux. Aucune espérance de sa vie n'ayant encore été trompée, son cœur s'ouvrait à tous les sentimens qui agitent de jeunes âmes. Après le trop long banquet d'allégresse pour lequel il était attendu par son père et par quelques amis, l'impatient jeune homme fut conduit vers une certaine maison située rue Teinture, et bien connue de lui. Le cœur lui battit avec force quand son père, que l'on continuait d'appeler à Bayeux le comte de Grandville, frappa rudement à une porte cochère, dont la peinture verte tombait par écailles. Il était environ quatre heures du soir. Une jeune servante, coiffée d'un bonnet de coton, salua les deux arrivans par une courte révérence, et répondit que ces dames allaient bientôt revenir de vêpres. Le comte et son fils entrèrent dans une salle basse servant de salon, et qui ressemblait au parloir d'un couvent. Des lambris en noyer poli assombrissaient cette pièce autour de laquelle quelques chaises en tapisserie et d'antiques fauteuils étaient symétriquement rangés. La cheminée en pierre n'avait pour tout ornement qu'une glace verdâtre, de chaque côté de laquelle sortaient les branches contournées de ces anciens candélabres fabriqués à l'époque de la paix d'Utrecht. Sur la boiserie qui faisait face à la cheminée, le jeune Grandville aperçut un énorme crucifix d'ébène et d'ivoire entouré de buis bénit. La pièce était éclairée par trois croisées qui tiraient leur jour d'une petite cour et d'un jardin dont les carrés symétriques se dessinaient sur un sable jaune par de longues raies de buis. La sombre muraille parallèle à ces croisées était garnie de trois tableaux d'église, dus à quelque savant pinceau, et achetés sans doute pendant la révolution par le vieux Bontems, qui, en sa qualité de chef du district, ne s'était jamais oublié. Depuis le plancher soigneusement ciré, jusqu'aux rideaux de toile à carreaux verts, tout brillait d'une propreté monastique. Involontairement le cœur du jeune homme se serra dans la silencieuse retraite où vivait Angélique. La continuelle habitation des brillans salons de Paris et le tourbillon des fêtes avaient facilement fait oublier à Grandville les existences sombres et paisibles de la province. Le contraste en fut pour lui si subit en ce moment, qu'il éprouva une sorte de frémissement intérieur difficile à exprimer. Sortir d'une assemblée chez Cambacérès, où la vie se montrait si ample, où les esprits avaient de l'étendue, où la gloire impériale se reflétait vivement, et tomber tout à coup dans un cercle d'idées mesquines, n'était-ce pas être transporté de l'Italie au Groënland? — Vivre ici, ce n'est pas vivre, se dit-il en examinant ce salon méthodique. Le vieux comte, qui s'aperçut de l'étonnement de son fils, alla le prendre par la main, l'entraîna devant une croisée d'où venait encore un peu de jour, et pendant que la servante allumait les vieilles bougies des flambeaux, il essaya de dissiper les nuages que cet aspect amassait sur son front.

— Écoute, mon enfant, lui dit-il, la veuve du père Bontems est furieusement dévote. Quand le diable devint vieux.... tu sais! Je vois que l'air du bureau te fait faire la grimace. Eh bien! voici le fait. La vieille femme est assiégée par les prêtres. Ils lui ont persuadé qu'il était toujours temps de gagner le ciel. Pour être plus sûre d'avoir saint Pierre et ses clés, elle les achète. Elle va à la messe tous les jours, entend tous les offices, communie tous les dimanches que Dieu fait, et s'amuse à restaurer les chapelles. Elle a donné à la cathédrale tant d'ornemens, d'aubes, de chapes, elle a chamarré le dais de tant de plumes, qu'à la procession de la dernière Fête-Dieu il y avait une foule dont tu ne peux pas te faire une idée. Les prêtres étaient magnifiquement habillés, toutes les croix avaient été dorées à neuf. Aussi cette maison est-elle une vraie terre-sainte. C'est moi qui ai empêché la vieille folle de donner ces trois tableaux à l'église, un Dominiquin, un Corrège et un André del Sarto, qui valent beaucoup d'argent.

— Mais Angélique? demanda vivement le jeune homme.

— Si tu ne l'épouses pas, Angélique est perdue, dit le comte. Nos bons apôtres lui ont conseillé de vivre vierge et martyre. J'ai eu toutes les peines du monde à réveiller son petit cœur en lui parlant de toi quand je l'ai vue fille unique. Mais tu comprends aisément qu'une fois mariée, tu l'emmèneras à Paris. Là, les fêtes, le mariage, la comédie et l'entraînement de la vie parisienne lui feront facilement oublier les confessionnaux, les jeûnes, les cilices et les messes dont ces saintes femmes-là se nourrissent exclusivement.

— Mais les cinquante mille livres de rente provenus des biens ecclésiastiques ne retourneront-ils pas...

— Nous y voilà, s'écria le comte d'un air fin. En considération du mariage, car la vanité de madame de Bontems n'a pas été peu chatouillée par l'idée d'enter les Bontems sur l'arbre généalogique des Grandville, la susdite mère donne sa fortune en toute propriété à la petite, en ne s'en réservant que l'usufruit. Aussi le sacerdoce s'oppose-t-il à ton mariage; mais j'ai fait publier les bans, tout est prêt, et en huit jours tu seras hors des griffes de la mère ou de ses abbés. Tu posséderas la plus jolie fille de Bayeux, une petite commère qui ne te donnera pas de chagrin, parce que ça aura des principes; elle a été mortifiée, comme ils disent dans leur jargon, par les jeûnes, les prières, et, ajouta-t-il d'un ton plus bas, par sa mère.

Un coup frappé discrètement à la porte imposa silence au comte, qui crut voir entrer les deux dames. Un petit domestique à l'air affairé se montra;

mais, intimidé par l'aspect des deux personnages, il fit un signe à la bonne, qui vint auprès de lui. Il était vêtu d'un gilet de drap bleu à petites basques qui flottaient sur ses hanches, et d'un pantalon rayé, bleu et blanc. Il avait les cheveux coupés en rond, et sa figure ressemblait à celle d'un enfant de chœur, tant elle peignait cette componction forcée que contractent tous les habitans d'une maison dévote.

— Mademoiselle Gatienne, savez-vous où sont les livres pour l'office de la Vierge? Les dames de la congrégation du Sacré-Cœur vont faire ce soir une procession dans l'église.

Gatienne alla chercher les livres.

— Y en a-t-il encore pour long-temps, mon petit milicien? demanda le comte.

— Oh! pour une demi-heure au plus.

— Allons voir ça, il y a de jolies femmes, dit le père à son fils. D'ailleurs, une visite à la cathédrale ne peut pas nous nuire.

Le jeune avocat suivit son père d'un air irrésolu.

— Qu'as tu donc? lui demanda le comte.

— J'ai, mon père, j'ai... que j'ai raison.

— Tu n'as encore rien dit.

— Oui, mais j'ai pensé que vous aviez vingt mille livres de rente. Vous me les laisserez le plus tard possible, je le désire. Mais si vous me donnez deux cent mille francs pour faire un sot mariage, vous me permettrez de ne vous en demander que cent mille pour éviter un malheur, et jouir, tout en restant garçon, d'une fortune égale à celle que pourrait m'apporter votre demoiselle Bontems.

— Es-tu fou?

— Non, mon père. Voici le fait. Le grand-juge m'a promis avant-hier une place de six mille francs. Vos cent mille francs, joints à ce que je possède, me feront un revenu de vingt mille francs, et j'aurai à Paris des chances de fortune mille fois préférables à toutes celles que peut offrir une alliance aussi pauvre de bonheur, peut-être, qu'elle est riche en biens.

— On voit bien, répondit le père en souriant, que tu n'as pas vécu dans l'ancien régime. Tu sauras qu'on ne s'embarrasse jamais d'une femme.

— Mais, mon père, aujourd'hui le mariage est devenu...

— Ah çà! dit le comte en interrompant son fils, tout ce que mes vieux camarades d'émigration me chantent est donc bien vrai? La révolution nous a donc légué des mœurs sans gaieté? Elle a donc empesté les jeunes gens de principes équivoques? Tout comme mon beau-frère le jacobin, tu parles de nation, de morale publique, de désintéressement! O mon Dieu! sans l'empereur et ses sœurs, que deviendrions-nous?

Le vieux seigneur achevait ces paroles au moment où il entrait sous les voûtes de la cathédrale. Ce vieillard encore vert, et que les paysans de ses terres appelaient toujours le seigneur de Grandville, fredonna un air de l'opéra de *Rose et Colas* en prenant de l'eau bénite. Il guida son fils le long des galeries latérales de la nef, en s'arrêtant à chaque pilier pour examiner dans l'église les rangées de têtes qui s'y trouvaient alignées comme le sont des soldats à la parade. L'office particulier du Sacré-Cœur allait commencer. Les dames qui faisaient partie de cette congrégation étant placées près du chœur, le comte et son fils se dirigèrent vers cette portion de la nef, et s'adossèrent à l'un des piliers les plus obscurs, d'où ils pouvaient apercevoir la masse entière de ces têtes qui faisaient ressembler l'église à une prairie émaillée de fleurs. Tout à coup, à deux pas du jeune Grandville, une voix plus douce qu'il ne semblait possible à créature humaine de la posséder détonna comme le premier rossignol qui chante après l'hiver. Ces accens, accompagnés de mille voix de femmes, et fortifiés par les sons de l'orgue, arrivèrent insensiblement à une clarté si pure que Grandville en frissonna. Cette voix faisait vibrer trop fortement son oreille et son cœur; elle remuait ses nerfs comme s'ils eussent été attaqués par ces notes trop riches et trop vives qu'on tire du cristal. Il se retourna, vit une jeune personne dont la figure était, par suite de l'inclination de sa tête, entièrement ensevelie sous un large chapeau d'étoffe blanche, et il pensa que d'elle seule venait cette suave mélodie. Il crut reconnaître Angélique, malgré la pelisse de mérinos brun dont elle était enveloppée, et il poussa le bras de son père, qui regarda dans la direction qu'il lui indiquait.

— Oui, ce sont elles, dit le comte en montrant

par un geste à son fils le visage pâle d'une vieille femme dont les yeux, fortement bordés d'un cercle noir, avaient déjà vu les étrangers sans que son regard faux eût paru quitter le livre de prières qu'elle tenait. Angélique leva la tête vers l'autel, comme pour aspirer les parfums pénétrans de l'encens qui arrivaient par nuages jusqu'aux deux femmes. A la lueur mystérieuse que répandaient dans ce sombre vaisseau les cierges, la lampe de la nef et quelques bougies allumées aux piliers, le jeune homme aperçut une figure qui ébranla ses résolutions. Un chapeau de moire blanche encadrait exactement un visage d'une admirable régularité, par l'ovale que décrivait le ruban de satin noué sous un petit menton à fossette. Sur un front étroit, mais très-mignon, des cheveux, couleur d'or pâle, se séparaient en deux bandeaux, et retombaient autour des joues comme l'ombre d'un feuillage sur une touffe de fleurs. Les deux arcs des sourcils étaient dessinés avec cette correction que l'on peut remarquer dans les belles figures chinoises. Le nez presque aquilin possédait une fermeté rare dans ses contours, et les deux lèvres ressemblaient à deux lignes roses tracées avec amour par un pinceau délicat. Les yeux, d'un bleu pâle, exprimaient la candeur d'un cœur pur. Si Grandville aperçut une sorte de rigidité silencieuse sur ce calme visage, il l'attribua naturellement aux sentimens de dévotion dont Angélique était alors animée. Les saintes paroles de la prière passaient entre deux rangées de perles, d'où le froid permettait de voir sortir comme un nuage de parfums. Involontairement le jeune homme essaya de se pencher pour respirer cette haleine divine. Ce mouvement attira l'attention de la jeune fille, et son regard fixe, élevé vers l'autel, se tourna sur Grandville, que l'obscurité ne lui laissa voir qu'indistinctement, mais en qui elle reconnut le compagnon de son enfance. Un souvenir plus puissant que la prière vint donner un éclat surnaturel à son visage, elle rougit. L'avocat tressaillit de joie en voyant les espérances de l'autre vie vaincues par les espérances de l'amour, et la gloire du sanctuaire éclipsée par des souvenirs terrestres. Le triomphe de Grandville eut cependant peu de durée : Angélique abaissa son voile, prit une contenance calme, et se remit à chanter sans que le timbre de sa voix accusât la plus légère émotion. Le jeune avocat se trouva sous la tyrannie d'un seul désir, et toutes ses idées de prudence s'évanouirent. Quand l'office fut terminé, son impatience était déjà devenue si grande, que, sans laisser les deux dames retourner seules chez elles, l'amoureux Grandville vint aussitôt saluer sa petite femme. Une reconnaissance, timide de part et d'autre, se fit sous le porche de la cathédrale, en présence des fidèles. Madame Bontems devint tremblante d'orgueil en prenant le bras de monsieur de Grandville, qui, forcé de le lui offrir devant tant de monde, sut fort mauvais gré à son fils d'une impatience aussi peu décente.

Pendant environ quinze jours qui s'écoulèrent entre la présentation officielle du jeune vicomte de

Grandville, comme prétendu de mademoiselle Angélique Bontems, et le jour solennel de son mariage, il vint assidûment trouver son amie dans le sombre parloir, auquel il s'accoutuma. Ses longues visites eurent pour but d'épier le caractère d'Angélique. La prudence de l'avocat s'était heureusement réveillée le lendemain de son entrevue avec sa future. Il la surprenait presque toujours assise devant une petite table en bois de Sainte-Lucie, et occupée à marquer elle-même le linge qui devait composer son trousseau. Elle ne parla jamais la première de religion. Si le jeune avocat se plaisait à jouer avec le riche chapelet contenu dans un petit sac en velours vert, et s'il contemplait en riant la relique qui accompagne toujours cet instrument de dévotion, Angélique lui prenait doucement le chapelet des mains en lui jetant un regard suppliant; puis, sans mot dire, elle le remettait dans le sac, qu'elle serrait aussitôt. Si parfois Grandville se basardait malicieusement à déclamer contre certaines pratiques de la religion, Angélique lui répondait avec un sourire bienveillant : — Il ne faut rien croire, ou croire tout ce que l'Église enseigne. Voudriez-vous d'une femme qui n'eût pas de religion? non. Eh bien! comment puis-je blâmer ce que l'Église admet? Quel homme oserait être juge entre les incrédules et Dieu?

La petite voix claire d'Angélique semblait alors animée par une si onctueuse charité, que le jeune avocat était tenté de croire à ce que sa prétendue croyait, en lui voyant tourner sur lui des regards si pénétrés. La conviction profonde où elle était de marcher dans le vrai sentier réveillait dans le jeune cœur de son ami des doutes dont elle savait s'emparer. L'amour embellissait ainsi de son prestige tous leurs pas, leurs discours et leurs regards. Angélique semblait heureuse d'accomplir un devoir en s'abandonnant à l'inclination qu'elle avait eue dès son enfance; et son prétendu était alors trop passionné pour s'apercevoir que si la religion n'avait pas permis à sa compagne de se livrer au sentiment qu'elle éprouvait, il se serait bientôt séché dans son cœur comme une plante arrosée d'un acide mortel. Les jeunes gens sont tous disposés à se fier aux promesses d'un joli visage, ils concluent de la beauté de l'âme par celle des traits, car un sentiment indéfinissable les porte à croire que la perfection morale accompagne toujours la perfection physique. Telle fut l'histoire des sentimens du jeune Grandville, pendant cette quinzaine dévorée comme un livre intéressant dont on attend le dénouement. Angélique attentivement épiée lui parut être la plus douce de toutes les femmes, et il se surprît même à rendre grâce à madame Bontems, qui, en lui inculquant si fortement des principes religieux, l'avait en quelque sorte façonnée aux peines du mariage. Au jour choisi pour la signature du fatal contrat, madame Bontems fit sacramentalement promettre à son gendre de respecter les pratiques religieuses de sa fille, de lui donner une entière liberté de conscience, de la laisser communier, aller à l'église, à confesse, autant qu'elle le voudrait, et de ne jamais la contrarier dans le choix de ses directeurs. En ce moment solennel, Angélique contemplait son futur d'un air si pur et si candide, qu'il n'hésita pas à se lier envers elle par un serment. Un sourire effleura les lèvres de l'abbé Fontanon, homme pâle qui dirigeait les consciences de la maison. Mademoiselle Bontems fit un léger mouvement de tête comme pour répondre à son ami qu'elle n'abuserait jamais de cette promesse. Quant au vieux comte, il sifflait tout bas l'air de : *Va-t'en voir s'ils viennent, Jean !...*

Après quelques jours accordés aux fêtes données à l'occasion de son mariage, Grandville et sa femme, enfermés dans une bonne berline, voyagèrent en poste vers Paris, où le jeune avocat était appelé par sa nomination aux fonctions de substitut du procureur-général près la cour impériale de la Seine. Quand les deux époux y cherchèrent un appartement, la petite femme employa l'influence qu'elle exerçait sur son mari pour le déterminer à prendre un grand appartement situé au rez-de-chaussée d'un hôtel qui faisait le coin de la Vieille-Rue-du-Temple et de la rue Neuve-Saint-François. La principale raison qu'elle donna de son choix fut que cette maison était à deux pas de la rue d'Orléans, où il y avait une église, et voisine d'une petite chapelle, sise rue Saint-Louis.

— Il est d'une bonne ménagère, lui répondit son mari en riant, de faire des provisions.

Angélique remarqua avec justesse que le quartier du Marais avoisinait le Palais, et que tous les magistrats qu'ils venaient de visiter y demeuraient. Un jardin assez vaste donnait, pour un jeune ménage, du prix à l'appartement; car les enfans, *si le Ciel leur en envoyait,* pourraient y prendre l'air. La cour en était spacieuse et les écuries très-belles. Le substitut désirait habiter un hôtel de la Chaussée-d'Antin, où tout est jeune et vivant, où les modes apparaissent dans leur nouveauté, où la population des boulevards est élégante, d'où il y a moins de chemin à faire pour gagner les spectacles et trouver des distractions; mais il fut obligé de céder aux patelineries d'une jeune femme qui réclamait une première grâce, et, pour lui complaire, il s'enterra dans le Marais. Les fonctions que Grandville avait à remplir nécessitèrent tout d'abord un travail d'autant plus assidu, qu'il était aussi épineux que nouveau pour lui; il s'occupa donc, avant tout, de l'ameublement de son cabinet et de l'emménagement de sa bibliothèque. Il s'installa promptement dans une pièce qui fut bientôt encombrée de dossiers, et laissa sa jeune femme diriger en toute liberté la décoration de la maison. Il fut enchanté de jeter Angélique dans l'embarras de ces premières acquisitions de ménage, source de tant de plaisirs et de souvenirs pour les jeunes femmes; car il était honteux de la priver de sa présence plus souvent que ne le voulaient les lois de la lune de miel. Deux mois après, le substitut, qui s'était promptement mis au fait de son travail, permit à sa femme de le prendre par le bras, de le tirer hors de son cabinet, et de l'emmener pour lui montrer l'effet des ameublemens et des décorations qu'il n'avait encore vus qu'en détail ou par parties. S'il est vrai, d'après un adage, qu'on puisse juger une maîtresse de maison en voyant le seuil de sa porte, les appartemens doivent traduire son esprit avec encore plus de fidélité. Soit que madame de Grandville eût mis sa confiance en des tapissiers sans goût, soit qu'elle eût inscrit son propre caractère dans un ordre de choses qui procédait d'elle seule, le substitut fut tout surpris de la sécheresse dont son âme se trouva comme flétrie quand il eut parcouru ses appartemens. Il n'y aperçut rien de gracieux, tout y était discord, et rien ne récréait les yeux. L'esprit de rectitude et de petitesse qui avait présidé au parloir de Bayeux semblait revivre dans son hôtel sous de larges lambris circulairement creusés et ornés de ces arabesques dont les longs filets contournés sont de si mauvais goût. Dans le désir d'excuser sa femme, le jeune homme revint sur ses pas. Il examina de nouveau la longue antichambre haute d'étage par laquelle on entrait dans l'appartement. La couleur des boiseries, demandée au peintre par sa femme, était trop sombre, et le velours d'un vert très-foncé, qui couvrait les banquettes, ajoutait au sérieux de cette pièce, peu importante, il est vrai, mais qui donne toujours l'idée d'une maison, de même qu'on juge un homme sur son habit. Elle doit tout annoncer, et cependant ne rien promettre. C'est une espèce de préface. Le jeune substitut se demanda qui avait pu choisir la lampe à lanterne antique qui se trouvait au milieu de cette salle nue, pavée d'un marbre blanc et noir, et décorée d'un papier qui figurait des assises de pierre sillonnées çà et là de mousse verte. Un baromètre riche, mais vieux, était accroché au milieu d'une des parois, comme pour en mieux faire sentir le vide. A cet aspect, le jeune homme regarda sa femme. Il la vit si contente des galons rouges qui bordaient les rideaux de percale, du baromètre et de la statue décente dont un grand poêle gothique était orné, qu'il n'eut pas le barbare courage de détruire une illusion si fortement établie chez elle. Au lieu de condamner sa femme, Grandville se condamna lui-même. Il s'accusa d'avoir manqué à son premier devoir, qui lui ordonnait de guider à Paris les premiers pas d'une jeune fille élevée rue Teinture, à Bayeux. Il est facile de deviner, par cet échantillon, la décoration des autres pièces. Que pouvait-on attendre d'une jeune femme qui prenait l'alarme en voyant les jambes nues d'une cariatide, qui repoussait avec vivacité un candélabre, un flambeau, un meuble, dès qu'elle y apercevait la nudité d'un torse égyptien? A cette époque, l'école de David était à l'apogée de sa gloire, tout se ressentait en France de la correction de son dessin et de son amour pour les formes antiques, qui faisait, en quelque sorte, de sa peinture une sculpture coloriée. Aucune de toutes les inventions du luxe impérial ne put donc obtenir droit de bourgeoisie chez madame de Grandville. Le grand et immense salon carré de son hôtel conserva le blanc et l'or fanés dont il fut orné au temps de Louis XV. On y voyait partout des grilles en losanges et ces insupportables festons dus à la fécondité stérile des crayons de cette époque. Si tout, chez elle, avait été en harmonie, si les meubles eussent fait affecter à l'acajou moderne les formes contournées mises à la mode par le goût corrompu de Boucher, sa maison n'aurait offert que le plaisant contraste de jeunes gens vivant au dix-neuvième siècle comme s'ils eussent appartenu au dix-huitième ; mais une foule de choses y étaient en désaccord. Les consoles, les pendules, les flambeaux représentaient ces attributs guerriers dont Paris était comme inondé en ce moment. Les casques grecs, les épées romaines croisées, les boucliers dus à l'enthousiasme militaire de l'empire et qui décoraient les meubles les plus pacifiques, ne s'accordaient guère avec les délicates et prolixes arabesques dont madame de Pompadour fut charmée. La dévotion porte à je ne sais quelle humilité fatigante qui n'exclut pas l'orgueil. Soit modestie, soit penchant, madame de Grandville semblait avoir horreur des couleurs douces et claires. Peut-être aussi avait-elle pensé que la pourpre et le brun convenaient à la dignité du magistrat. Mais, au surplus, comment une jeune fille accoutumée à une vie austère aurait-elle pu concevoir ces voluptueux divans qui donnent de mauvaises pen sées, ces boudoirs élégans et perfides qui ébauchent les péchés? Le pauvre substitut était désolé. Au ton d'approbation par lequel il souscrivait aux éloges que sa femme se donnait elle-même, elle s'aperçut que rien ne plaisait à son mari. Elle manifesta tant de chagrin de n'avoir pas réussi, que l'amoureux Grandville vit une preuve d'amour dans cette peine profonde, au lieu d'y voir une blessure faite à l'amour-propre. Il pensa qu'une jeune fille subitement arrachée à la médiocrité des idées de province, inhabile à sentir l'influence d'un art qui lui était inconnu, n'avait pu mieux faire. Il préféra croire que les choix de sa femme avaient été dominés par les fournisseurs, plutôt que de s'avouer la vérité. Moins amoureux, il aurait senti que les marchands, prompts à deviner l'esprit de leurs chalands, avaient béni le Ciel de leur avoir envoyé une jeune dévote sans goût, pour les aider à se débarrasser des choses passées de mode. Bref, il consola sa jolie Normande.

— Le bonheur, ma chère Angélique, ne nous vient pas d'un meuble plus ou moins joli; il dépend de la douceur, de la complaisance et de l'amour d'une femme.

— Mais c'est mon devoir de vous aimer, reprit doucement Angélique, et, ajouta-t-elle, jamais devoir ne me plaira tant à accomplir.

La nature a mis dans le cœur de la femme un tel désir de plaire, un tel besoin d'amour, que, même chez une jeune dévote, les idées d'avenir et de salut peuvent succomber sous les premières joies de l'hyménée. Aussi, depuis le mois d'avril, époque à laquelle ils s'étaient mariés, jusqu'au commencement de l'hiver, les deux époux vécurent-ils dans une parfaite union. L'amour et le travail ont la vertu de rendre un homme assez indifférent aux choses extérieures. Monsieur de Grandville, obligé de passer au Palais la moitié de la journée, appelé à débattre les graves intérêts de la vie ou de la fortune des hommes, était moins susceptible qu'un autre d'apercevoir certaines choses dans l'intérieur de son ménage. Si, le vendredi, sa table se trouvait exclusivement servie en maigre; si, par hasard, il demandait pourquoi aucun plat de viande n'y apparaissait, sa femme, à laquelle l'Évangile interdisait tout mensonge, savait, par mille petites ruses, permises dans l'intérêt de la religion, rejeter son dessein prémédité, ou sur son étourderie, ou sur le denûment des marchés, et même elle se justifiait aux dépens du cuisinier, qu'elle allait quelquefois jusqu'à gronder. Ainsi, elle faisait faire à son mari son salut incognito, car les jeunes magistrats n'étaient pas à cette époque aussi instruits qu'aujourd'hui des jours maigres, des quatre-temps et des veilles de fête. Or, comme monsieur de Grandville n'apercevait rien de régulier dans le retour de ses repas servis en maigre, et que sa femme avait le soin perfide de les rendre très-délicats au moyen de sarcelles, de poules d'eau, de pâtés au poisson, dont les chairs amphibies et l'assaisonnement trompaient le goût, le substitut vécut très-orthodoxement sans le savoir. Les jours ordinaires, il ne savait pas si sa femme allait ou non à la messe; et les dimanches, il avait la condescendance assez naturelle de l'accompagner à l'église, car il lui savait beaucoup de gré de la voir lui sacrifier quelquefois les vêpres. Les spectacles étant insupportables en été à cause des chaleurs, Grandville n'eut pas même l'occasion d'une pièce à succès pour proposer à sa femme de la mener à la comédie, et cette grave question ne fut pas agitée. Enfin, dans les premiers momens d'un mariage auquel un homme a été déterminé par la beauté d'une jeune fille, il est difficile qu'il se montre exigeant dans ses plaisirs. La possession seule est un charme. Comment s'apercevrait-on de la froideur, de la dignité ou de la réserve d'une femme, quand on lui prête l'exaltation que l'on sent, quand elle se colore du feu dont on est animé? Il faut arriver à une certaine tranquillité de jouissance pour voir qu'une dévote attend l'amour les bras croisés. Grandville se trouva donc assez heureux, jusqu'au moment où un événement funeste vint influer sur les destinées de son mariage.

Au mois de novembre 1807, le chanoine de la cathédrale de Bayeux, qui jadis dirigeait les consciences de madame Bontems et de sa fille, vint à Paris, amené par l'ambition de parvenir à l'une des cures de la capitale, poste qu'il envisageait peut-être comme le marche-pied d'un évêché. En ressaisissant l'empire qu'il avait eu sur son ouaille, il frémit de la trouver déjà si changée par l'air de Paris. Madame de Grandville fut saisie de frayeur aux remontrances de l'ex-chanoine, homme de trente-huit ans environ, qui apportait au milieu du clergé de Paris, si tolérant et si éclairé, cette âpreté du catholicisme provincial, cette implacable rigidité de maximes et cette inflexible bigoterie dont les exigences multipliées sont autant de liens qui retiennent puissamment les âmes timorées dans une voie bien peu semblable à celle de l'Évangile. Il serait fatigant et superflu de peindre avec exactitude les divers accidens qui, insensiblement, amenèrent le malheur au sein de ce ménage. Il suffira peut-être de raconter les principaux faits, sans les ranger scrupuleusement par époque et par ordre. Cependant la première mésintelligence de ces jeunes époux fut assez frappante. Quand monsieur de Grandville mena sa femme dans le monde, elle ne fit aucune difficulté d'aller aux réunions graves, aux dîners, aux concerts, aux assemblées des magistrats placés au-dessus de son mari par la hiérarchie judiciaire; mais elle sut, pendant quelque temps, prétexter des migraines toutes les fois qu'il s'agissait d'un bal. Un jour Grandville, impatienté de ces indispositions de commande, supprima la lettre qui annonçait un bal chez un conseiller d'état; et, trompant sa femme par une invitation verbale, il la mena, un soir que sa santé n'avait rien d'équivoque, au milieu d'une fête magnifique.

— Ma chère, lui dit-il au retour du bal, en lui voyant un air triste dont il s'offensa, votre condition de femme, le rang que vous occupez dans le monde et la fortune dont vous jouissez, vous imposent des obligations qu'aucune loi divine ne saurait abroger. N'êtes-vous pas la gloire de votre mari ? Vous devez donc venir au bal quand j'y vais, et y paraître convenablement.

— Mais, mon ami, qu'avait donc ma toilette de si malheureux ?

— Il s'agit de votre air, ma chère. Quand un jeune homme vous parle et vous aborde, vous devenez si sérieuse qu'un plaisant pourrait croire que votre vertu est fragile. Vous semblez craindre qu'un sourire ne vous compromette. Vous aviez vraiment l'air de demander à Dieu le pardon des péchés qui pouvaient se commettre autour de vous. Le monde, mon cher ange, n'est pas un couvent. Mais, puisque tu parles de toilette, je t'avouerai que c'est aussi un devoir pour toi de suivre les modes et les usages du monde.

— Voudriez-vous que je montrasse mes formes comme ces femmes effrontées qui se décollettent de manière à laisser plonger des regards impudiques sur leurs épaules nues, sur...

— Il y a de la différence, ma chère, dit le substitut en l'interrompant, entre découvrir tout le buste et donner de la grâce à son corsage. Vous avez un triple rang de ruches de tulle qui vous enveloppent le cou jusqu'au menton. Il semble que vous ayez sollicité votre couturière d'ôter toute forme gracieuse à vos épaules et aux contours de votre sein, avec autant de soin qu'une coquette en met à obtenir de la sienne des robes qui dessinent les formes les plus secrètes. Votre buste est enseveli sous des plis si nombreux que tout le monde se moquait de votre réserve affectée. Vous souffririez si je vous rapportais les discours saugrenus que l'on a tenus sur vous.

— Ceux à qui ces obscénités plaisent ne seront pas chargés du poids de nos fautes, dit la jeune femme d'une manière sentencieuse.

— Vous n'avez pas dansé? demanda Grandville.

— Je ne danserai jamais, répliqua-t-elle.

— Si je vous disais que vous devez danser, reprit vivement le magistrat; que vous devez suivre les modes, porter des fleurs dans vos cheveux, vous faire faire des parures, mettre des diamans. Songez donc, ma belle, que les gens riches, et nous le sommes, sont obligés d'entretenir le luxe dans un état! Il vaut mieux faire prospérer les manufactures que de répandre son argent en aumônes par des mains étrangères.

La discussion devint très-aigre. Madame Grandville mit dans ses réponses, toujours douces et prononcées d'un son de voix aussi clair que celui d'une sonnette d'église, un entêtement qui annonçait l'influence sacerdotale. Quand, en réclamant les droits que lui donnait la promesse faite par Grandville, elle dit que son confesseur lui avait spécialement défendu d'aller au bal, le magistrat essaya de lui prouver que ce prêtre outrepassait les règlemens de l'église. Cette dispute odieuse, théologique, fut renouvelée avec beaucoup plus de violence et d'aigreur de part et d'autre quand monsieur de Grandville voulut mener sa femme au spectacle. Enfin, le magistrat, dans le seul but de battre en brèche la pernicieuse influence que l'ex-chanoine exerçait sur sa femme, engagea la querelle de manière à ce que madame de Grandville, défiée par lui, écrivit en cour de Rome sur la question de savoir si une femme pouvait, sans compromettre son salut, se décolleter, aller au bal et au spectacle, pour complaire à son mari. La réponse du vénérable Pie VII ne se fit pas long-temps attendre; elle condamnait hautement la résistance de la femme, et blâmait le confesseur. Cette lettre, véritable catéchisme conjugal, semblait avoir été dictée par la voix tendre de Fénelon, dont elle respirait la grâce et la douceur.

« Une femme est bien partout où la conduit son époux. Si elle commet des péchés par son ordre, ce ne sera pas à elle à en répondre un jour. » Ces deux passages de l'homélie du pape le firent accuser d'irréligion par madame de Grandville et par son confesseur. Mais avant que le bref n'arrivât, le substitut s'était aperçu de la stricte observance des lois ecclésiastiques que sa femme lui faisait garder les jours maigres. Il ordonna à ses gens de lui servir du gras pendant toute l'année. Quelque déplaisir que cet ordre causât à sa femme, monsieur de Grandville, qui se souciait fort peu de faire gras ou maigre, le maintint avec une fermeté virile. En effet, la moindre créature vivante et pensante est blessée dans ce qu'elle a de plus cher quand elle accomplit, par l'instigation d'une autre volonté que la sienne, une chose qu'elle était naturellement portée à exécuter. De toutes les tyrannies, la plus odieuse est celle qui ôte perpétuellement à l'âme le mérite de ses actions et de ses pensées. On abdique sans avoir régné. La parole la plus douce à prononcer, le sentiment le plus doux à exprimer, expirent quand nous les croyons commandés. Bientôt le jeune magistrat en arriva à renoncer à recevoir ses amis, à donner une fête ou un dîner. Sa maison semblait s'être couverte d'un crêpe. Une maison dont la maîtresse est dévote prend un aspect tout particulier. Les domestiques, toujours placés sous la surveillance de la femme, ne sont choisis que parmi ces personnes soi-disant pieuses, qui ont des figures à elle. De même que le garçon le plus jovial, entré dans la gendarmerie, aura le visage gendarme, de même les gens qui s'adonnent aux pratiques de la dévotion contractent un caractère de physionomie uniforme. L'habitude de baisser les yeux, de garder une attitude de componction, les revêt d'une livrée hypocrite que les fourbes savent prendre à merveille. Puis les dévotes forment une sorte de république, elles se connaissent toutes; les domestiques dont elles se servent sont comme une race à part qu'elles conservent, à l'instar de ces amateurs de chevaux qui n'en admettent pas un dans leurs écuries dont l'extrait de naissance ne soit en règle. Alors plus les prétendus impies viennent à examiner une maison dévote, plus ils reconnaissent que tout y est empreint de je ne sais quelle disgrâce. Ils y trouvent tout à la fois une apparence d'avarice et de mystère comme chez les usuriers, et cette humidité parfumée d'encens qui règne dans les chapelles. Cette régularité mesquine, cette pauvreté d'idées, que tout trahit, ne s'exprime que par un seul mot, et ce mot est *bigoterie*. Dans ces sinistres et implacables maisons, la bigoterie se peint dans les meubles, dans les gravures, dans les tableaux; le parler y est bigot; le silence, bigot, et les figures, bigotes. La transformation des choses et des hommes en bigoterie est un mystère inexplicable, mais le fait est là. Chacun peut avoir observé que les bigots ne marchent pas, ne s'asseyent pas, ne parlent pas, comme marchent, s'asseyent et parlent les gens du monde. Chez eux, l'on est gêné; chez eux, on ne rit pas; chez eux la raideur, la symétrie, règnent en tout, depuis le bonnet de la maîtresse de la maison jusqu'à sa pelote aux épingles. Les regards n'y sont pas francs, les gens y semblent des ombres, et la dame du logis paraît assise sur un trône de glace. Un matin le pauvre Grandville remarqua avec douleur et tristesse tous les symptômes de la bigoterie dans sa maison. Il se rencontre, de par le monde, certaines sociétés où les mêmes effets existent sans être produits par les mêmes causes. L'ennui trace autour de ces maisons malheureuses un cercle d'airain qui renferme l'horreur du désert et l'infini du vide. Alors un ménage n'est pas un tombeau, mais quelque chose de pire, un couvent. Au sein de cette sphère glaciale, le magistrat considéra sa femme sans passion. Il remarqua, non sans une vive peine, l'étroitesse d'idées que trahissait la manière dont les cheveux étaient implantés sur le front bas et légèrement creusé d'Angélique. Il aperçut dans la régularité si parfaite des traits de son visage je ne sais quoi d'arrêté, de rigide, qui lui rendit bientôt haïssable la feinte douceur par laquelle il avait été séduit. Il devinait qu'un jour ces lèvres minces pourraient dire : « C'est pour ton bien, mon ami, » quand un malheur arriverait. La figure de madame de Grandville avait pris une teinte blafarde, une expression sérieuse qui tuait la joie chez ceux qui l'approchaient. Ce changement était-il opéré par les habitudes ascétiques d'une dévotion qui n'est pas plus la piété que l'avarice n'est l'économie, ou était-il produit par la sécheresse naturelle de son âme? Il serait difficile de prononcer. Peut-être sa beauté divine était-elle une illusion. En effet, l'imperturbable sourire par lequel elle contractait son visage en regardant Grandville paraissait être, chez elle, une formule jésuitique de bonheur par laquelle elle croyait satisfaire à toutes les exigences du mariage. Enfin, sa charité blessait, sa beauté sans passion paraissait une monstruosité à celui qui la connaissait, et la plus douce de ses paroles impatientait. Elle n'obéissait pas à des sentiments, mais à des devoirs. Il est des défauts qui, chez une femme, peuvent céder aux leçons fortes données par l'expérience ou par un mari, mais rien ne peut combattre la tyrannie des fausses idées religieuses. Une éternité bienheureuse à conquérir, mise en balance avec un plaisir mondain, triomphe de tout, fait tout supporter. C'est l'égoïsme divinisé, c'est le *moi* par-delà le tombeau. Aussi le pape fut-il condamné au tribunal de l'infaillible chanoine et de la jeune dévote. Ne pas avoir tort est un des sentimens qui remplacent tous les autres chez ces âmes despotiques. Depuis quelque temps, il s'était établi un secret combat entre les idées des deux époux, et le jeune magistrat se fatigua bientôt d'une lutte qui ne devait jamais cesser. En effet, quel homme, quel caractère peut résister à la vue d'un visage amoureusement hypocrite, et à une représentation catégorique opposée aux moindres volontés? Quel parti prendre contre une femme qui se fait une arme de votre passion en faveur de son insensibilité, qui est résolue à rester doucement inexorable, qui se prépare à jouer le rôle de victime avec délices, qui regarde un mari comme un instrument de Dieu, comme un mal dont les atteintes lui éviteront le purgatoire? Quelles sont les peintures par lesquelles on pourrait donner l'idée de ces femmes qui font haïr la vertu en outrant les plus doux préceptes d'une religion que saint Jean résumait par : aimez-vous les uns les autres? Existait-il dans un magasin de modes un seul chapeau condamné à rester en étalage ou à partir pour les îles, Grandville était sûr de voir sa femme s'en parer. S'il se fabriquait une étoffe d'une couleur ou d'un dessin malheureux, elle s'en affublait. Ces pauvres dévotes sont désespérantes dans leur toilette; le manque de goût est un des défauts qui sont inséparables de la fausse dévotion. Ainsi, dans cette intime existence qui veut le plus d'expansion, Grandville était sans compagne. Il allait seul dans le monde, dans les fêtes, au spectacle. Rien chez lui ne sympathisait avec lui. Un grand crucifix placé entre le lit de sa femme et le sien était là comme le symbole de sa destinée. Ne représentait-il pas une divinité mise à mort, une homme-Dieu tué dans toute la beauté de la vie et de la jeunesse? L'ivoire de cette croix n'était pas plus froid qu'Angélique crucifiant son mari au nom de la vertu; car ce fut entre leurs deux lits que naquit le malheur. Angélique ne voyait là que des devoirs dans les plaisirs de l'hyménée. Là s'était levée, un soir, l'observance des jeûnes, pâle et livide figure qui, un certain mercredi des Cendres, avait d'une voix brève ordonné un carême complet, sans que monsieur de Grandville eût jugé convenable d'écrire cette fois au pape, afin d'avoir l'avis du consistoire sur la manière d'observer le carême, les quatre-temps et les veilles de grande fête. Le malheur du jeune substitut était immense. Il ne pouvait même pas se plaindre. Qu'avait-il à dire? Il possédait une femme jeune, jolie, attachée à ses devoirs, vertueuse, le modèle de toutes les vertus! Elle accouchait chaque année d'un enfant, les nourrissait tous elle-même et les élevait dans les meilleurs principes. Elle était charitable, enfin c'était un ange. Les vieilles femmes qui composaient la société au sein de laquelle elle vivait (car à cette époque les jeunes femmes ne s'étaient pas encore avisées de se lancer par ton dans la haute dévotion), admiraient toutes le dévouement de madame de Grandville, et la regardaient, sinon comme une vierge, au moins comme une martyre. Elles accusaient non pas les scrupules de la femme, mais la barbarie procréatrice du mari. Insensiblement monsieur de Grandville, accablé de travail, sevré de plaisirs, et fatigué du monde où il errait solitaire, tomba à trente-deux ans dans le plus affreux marasme. La vie lui était odieuse. Ayant une trop haute idée des obligations que lui imposait sa place pour donner l'exemple d'une vie irrégulière, il essaya de s'étourdir par le travail, et entreprit alors un grand ouvrage sur le droit. Mais il ne jouit pas long-temps de cette tranquillité monastique sur laquelle il avait cru qu'il lui serait au moins permis de compter. Quand sa femme le vit déserter les fêtes du monde, et travailler chez lui avec une sorte de régularité, elle essaya de le convertir; car un véritable chagrin pour elle était de savoir son mari persister dans des opinions peu chrétiennes. Elle pleurait quelquefois en pensant que si son époux venait à périr, il mourrait dans l'impénitence finale, sans que jamais elle pût espérer de l'arracher aux flammes éternelles de l'enfer. Monsieur de Grandville fut donc en butte aux petites idées, aux raisonnemens vides, aux étroites pensées par lesquelles sa femme, qui croyait avoir remporté une première victoire, voulut essayer d'en obtenir une seconde en le ramenant dans le giron de l'Église. Ce fut là le dernier coup. Quoi de plus affligeant que ces luttes sourdes, dont on peut toujours se faire une idée en se figurant un entêtement de dévote aux prises avec la raison éclairée d'un magistrat? Quoi de plus effrayant à peindre que ces aigres pointilleries auxquelles les gens passionnés préfèrent des coups de poignard? Monsieur de Grandville déserta sa maison, où tout lui était devenu insupportable. Ses enfans, courbés sous le despotisme froid de leur mère, n'osaient pas suivre leur père au spectacle, et Grandville ne pouvait leur procurer des plaisirs dont leur terrible mère savait toujours les punir. Cet homme si aimant fut amené à une indifférence, à un égoïsme pire que la mort. Il sauva du moins ses fils de cet enfer en les mettant de bonne heure au collége, et se réservant le droit de les faire sortir. Il intervenait rarement entre la mère et les filles; mais il était résolu de les marier aussitôt qu'elles atteindraient l'âge de nubilité. S'il avait voulu prendre un parti violent, rien ne l'aurait justifié. Sa femme, ayant pour elle un formidable cortége de douairières, l'eût fait condamner par la terre entière. Alors Grandville n'eut d'autre ressource que de vivre dans un isolement complet. Mais courbé sous la tyrannie du malheur, ses traits flétris par le chagrin et par les travaux lui déplaisaient à lui-même; il redoutait même le sourire des femmes du monde, auprès desquelles il désespérait de trouver des consolations.

L'histoire didactique de ce triste ménage n'offrit, pendant les treize années qui s'écoulèrent de 1807 à 1821, aucune scène digne d'être rapportée. Madame de Grandville resta exactement la même du moment où elle perdit le cœur de son mari que pendant les jours où elle se disait heureuse. Elle fit des neuvaines pour prier Dieu et les saints de l'éclairer sur les défauts qui avaient déplu à son époux, et de lui enseigner les moyens de ramener la brebis égarée ; mais plus ses prières avaient de ferveur, moins Grandville paraissait au logis. Depuis cinq ans environ, le magistrat, qui, depuis la restauration, avait obtenu de hautes fonctions dans le gouvernement, s'était logé à l'entresol de son hôtel, pour éviter de vivre avec la comtesse de Grandville. Chaque matin il se passait une scène qui, s'il en faut croire les médisances du monde, se répète au sein de plus d'un ménage, où elle est produite par certaines incompatibilités d'humeur, par des maladies morales ou physiques, ou par des travers qui conduisent bien des mariages aux malheurs retracés dans cette histoire. Sur les huit heures du matin, une femme de chambre, qui ressemblait assez à une religieuse, venait sonner à l'appartement du comte de Grandville. Introduite dans le salon qui précédait le cabinet du magistrat, elle redisait au valet de chambre, et toujours du même ton, le message de la veille : — Madame fait demander à monsieur le comte s'il a bien passé la nuit, et s'il lui fera le plaisir de déjeûner avec elle. — Monsieur, répondait le valet de chambre après avoir été parler à son maître, présente ses hommages à madame la comtesse, et la prie d'agréer ses excuses. Une affaire importante l'oblige à se rendre au Palais. Un instant après, la femme de chambre se présentait de nouveau, et demandait de la part de madame si elle aurait le bonheur de voir monsieur le comte avant son départ. — Il est parti, répondait le valet, tandis que souvent le cabriolet était encore dans la cour. Ce dialogue par ambassadeur devint un cérémonial quotidien. Le valet de chambre de Grandville, qui, favori de son maître, causait plus d'une querelle dans le ménage par son irréligion et par le relâchement de ses mœurs, se rendait même quelquefois par forme dans le cabinet où son maître n'était pas, et revenait faire les réponses d'usage. L'épouse affligée guettait toujours le retour de son mari, et se mettait sur le perron, afin de se trouver sur son passage. Elle arrivait devant lui comme un remords. La taquinerie vétilleuse qui anime les caractères monastiques faisait le fond de celui de madame de Grandville, qui, alors âgée de trente-cinq ans, paraissait en avoir quarante. Quand Grandville, obligé par le décorum, adressait la parole à sa femme, ou restait à dîner au logis, elle triomphait de lui faire subir et sa présence, et ses discours aigres-doux, et l'insupportable ennui de sa société bigote. Elle essayait de le mettre en faute devant ses gens et ses charitables amies. La présidence d'une cour royale ayant été offerte au comte de Grandville, dont la famille était très-bien en cour, il l'avait refusée en priant le ministère de le laisser à Paris. Ce refus, dont les raisons étaient inconnues, donna lieu aux intimes amies et au confesseur de la comtesse de faire les plus bizarres conjectures. Grandville avait près de cent mille livres de rente ; il appartenait à l'une des meilleures maisons de la Normandie : sa nomination à une présidence était un échelon pour arriver à la pairie. D'où venait ce peu d'ambition ? D'où venait l'abandon de son grand ouvrage sur le droit ? D'où venait cette dissipation qui, depuis près de six années, l'avait rendu étranger à sa maison, à sa famille, à ses travaux, à tout ce qui devait lui être cher ? Le confesseur de la comtesse, qui, pour parvenir à un évêché, comptait autant sur l'appui des maisons où il avait accès que sur les services rendus à une congrégation dont il était l'un des plus ardens propagateurs, se trouva désappointé par le refus de Grandville. Il se prit à dire, sous la forme de suppositions, que, si M. le comte avait tant de répugnance à venir en province, c'était peut-être à cause de la nécessité où il serait d'y mener une conduite régulière ; que, obligé de donner l'exemple des bonnes mœurs, il serait contraint d'y vivre avec la comtesse, de laquelle une passion illicite pouvait seule l'éloigner, et qu'il fallait être aussi pure que l'était madame de Grandville pour se refuser à reconnaître les dérangemens survenus dans la conduite de son mari. Les bonnes amies trouvèrent ces suppositions si lucides, qu'elles les transformèrent en vérités. Madame de Grandville fut frappée comme d'un coup de foudre. N'ayant aucune idée du monde ni de ses mœurs, de l'amour ni de ses folies, elle n'avait jamais pensé que le mariage pût comporter des incidens différens de ceux qui avaient eu lieu entre elle et Granville. Elle croyait son mari incapable de ce qu'elle considérait comme un crime. Quand il ne réclama plus rien d'elle, elle avait imaginé que le calme dont il paraissait jouir était dans la nature. Enfin, comme elle lui avait donné tout ce que son cœur pouvait renfermer d'affection pour un homme, et que les conjectures de son confesseur ruinaient complètement les illusions dont elle s'était nourrie jusqu'en ce moment, elle prit la défense de son mari, et voulut le justifier aux yeux des autres, mais sans pouvoir détruire le soupçon qui venait de se glisser dans son âme. Ces appréhensions causèrent de tels ravages dans sa faible tête, qu'elle en tomba malade. Elle devint la proie d'une fièvre lente; et comme ces événemens se passaient pendant le carême de l'année 1822, et qu'elle ne voulut pas consentir à cesser ses jeunes et ses austérités, elle arriva par degrés à un état de consomption qui fit trembler pour ses jours. Les regards indifférens de monsieur de Grandville la tuaient. Les soins et les attentions qu'il avait pour elle ressemblaient à ceux qu'un neveu s'efforce de prodiguer au vieil oncle dont il doit hériter. La comtesse avait renoncé à son système de taquinerie et de remontrances; mais quoiqu'elle essayât d'accueillir son mari par de douces paroles, elle ne pouvait lui cacher entièrement ses véritables pensées, et détruisait souvent par un mot le bon effet produit par un autre. Vers la fin du mois de mai, les chaudes haleines du printemps et un régime plus nourrissant ayant restitué quelques forces à madame de Grandville, elle vint un matin, au retour de la messe, s'asseoir dans son petit jardin, sur un banc de pierre. En recevant les caresses du soleil, elle pensait à toute sa vie, qu'elle embrassait d'un coup d'œil, afin de voir en quoi elle avait pu manquer à ses devoirs de mère et d'épouse, quand son confesseur apparut dans une agitation difficile à décrire.

— Vous serait-il arrivé quelque malheur, mon père ? lui demanda-t-elle avec une filiale sollicitude.

— Ah ! je voudrais, répondit le prêtre normand, que toutes les infortunes dont la main de Dieu vous afflige me fussent départies ; mais, ma respectable amie, ce sont des épreuves auxquelles il faut savoir vous soumettre.

— Eh ! peut-il m'arriver des châtimens plus grands que ceux dont sa providence m'accable en se servant de mon mari comme d'un instrument de colère ?

— Préparez-vous, ma fille, à plus de mal encore que nous n'en supposions jadis avec vos pieuses amies.

— Alors, je dois remercier Dieu, répondit la comtesse, de ce qu'il daigne se servir de vous pour me transmettre ses volontés ; plaçant ainsi, comme toujours, les trésors de sa miséricorde auprès des fléaux de sa colère, comme jadis, en bannissant Agar, il lui découvrait une source dans le désert.

— Il a mesuré vos peines à la force de votre résignation et au poids de vos fautes.

— Parlez, je suis prête à tout entendre. A ces mots, la comtesse leva les yeux au ciel, et ajouta : — Parlez, monsieur Fontanon.

— Depuis sept ans, monsieur de Granville commet le péché d'adultère avec une concubine dont il a deux enfans, et il a dissipé pour ce ménage adultérin plus de cinq cent mille francs qui devaient appartenir à sa famille légitime.

— Il faudrait que je le visse de mes propres yeux, dit la comtesse.

— Gardez-vous-en bien ! s'écria l'abbé. Vous devez pardonner, ma fille, et attendre, dans la prière, que Dieu éclaire votre époux, à moins d'employer contre lui les moyens que vous offrent les lois humaines.

La longue conversation que l'abbé Fontanon eut alors avec sa pénitente produisit un changement violent dans la comtesse. Elle le congédia, et reparut chez elle presque colorée ; elle eut une activité inaccoutumée ; elle commanda d'atteler ses chevaux, ordre qu'elle donnait rarement ; elle les décommanda, changea d'avis vingt fois dans la même heure ; mais enfin, comme si elle prenait une grande résolution, elle partit sur les trois heures, laissant sa maison étonnée de la révolution qui s'était si subitement faite en elle.

— Monsieur doit-il revenir dîner? avait-elle demandé au valet de chambre, auquel elle ne parlait jamais.

— Non, madame.

— L'avez-vous conduit au Palais ce matin?

— Oui, madame.

— N'est-ce pas aujourd'hui lundi?

— Oui, madame.

— Je croyais qu'il n'y avait pas de Palais le lundi.

— Que le diable t'emporte! s'écria le valet en voyant partir sa maîtresse, qui alla rue Taitbout.

CONCLUSION.

Mademoiselle de Bellefeuille était en deuil et pleurait. Auprès d'elle, Roger tenait une des mains de son amie entre les siennes, gardait le silence, et regardait tour à tour et le petit Charles qui, ne comprenant rien au deuil de sa mère, restait muet en la voyant pleurer, et le berceau où dormait Eugénie, et soit le visage de Caroline, sur lequel la tristesse ressemblait à une pluie tombant à travers les rayons d'un joyeux soleil.

— Eh bien! oui, mon ange, dit Roger après un long silence, voilà le grand secret, je suis marié à une autre. Mais, un jour, je l'espère, nous ne ferons qu'une même famille. Ma femme est, depuis le mois de mars, dans un état désespéré. Je ne souhaite pas sa mort; mais, s'il plaît à Dieu de l'appeler à lui, je crois qu'elle sera plus heureuse dans le paradis qu'au milieu d'un monde dont elle ne comprend ni les peines n les plaisirs.

— Combien je hais cette femme! Comment a-t-elle pu te rendre malheureux? Cependant, c'est à ce malheur que je dois ma félicité.

Ses larmes se séchèrent tout-à-coup.

— Caroline, espérons, s'écria Roger en prenant un baiser. Ne t'effraie pas de ce qu'a pu dire cet abbé. Quoique ce soit le confesseur de ma femme et un homme redoutable, s'il essayait de troubler notre bonheur, je saurais prendre un parti...

— Que ferais-tu?

— Nous irions en Italie, je fuirais...

Un cri retentit dans le salon voisin; il fit frissonner le comte de Grandville et trembler mademoiselle de Bellefeuille. Ils se précipitèrent dans le salon, où ils trouvèrent la comtesse évanouie. Quand elle reprit ses sens, elle jeta un profond soupir en se voyant entre son mari et sa rivale. Elle repoussa, par un geste involontaire plein de mépris, le bras de cette dernière, qui se leva pour se retirer.

— Vous êtes chez vous, mademoiselle! dit Grandville en arrêtant sa maîtresse par le bras, restez.

Puis saisissant sa femme mourante, il la porta jusqu'à sa voiture, et y monta auprès d'elle.

— Qui donc a pu vous amener à désirer ma mort, à me fuir? demanda la comtesse d'une voix faible en contemplant son mari avec autant d'indignation que de douleur. N'étais-je pas jeune? vous m'avez trouvée belle. Q'avez-vous à me reprocher? Vous ai-je trompé? N'ai-je pas été une épouse vertueuse et sage? Mon cœur n'a conservé que votre image; mes oreilles n'ont entendu que votre voix! A quel devoir ai-je manqué? Que vous ai-je refusé?

— Le bonheur, répondit d'une voix ferme le magistrat. Vous savez, madame, qu'il est deux manières de servir Dieu. Certains chrétiens s'imaginent qu'en entrant à des heures fixes dans une église pour y dire des *Pater noster*, qu'en y entendant régulièrement la messe et en s'abstenant de tout péché, ils gagneront le ciel: ceux-là, madame, vont en enfer, ils n'ont point aimé Dieu pour lui-même, ils ne l'ont point adoré comme il veut l'être, ils ne lui ont fait aucun sacrifice. Quoique doux en apparence, ils sont durs à leur prochain; ils voient la règle, la lettre, et non l'esprit. Voilà comme vous en avez agi avec votre époux terrestre. Vous avez sacrifié mon bonheur à votre salut. Vous étiez en prières quand j'arrivais à vous le cœur joyeux; vous pleuriez quand vous deviez m'égayer; vous n'avez su satisfaire à aucune exigence de mes plaisirs.

— Et s'ils étaient criminels, s'écria la comtesse avec feu, fallait-il donc perdre mon âme pour vous plaire?

— C'eût été un sacrifice, dit froidement M. de Grandville, qu'une autre plus aimante a eu le courage de me faire!

— O mon Dieu! s'écria-t-elle en pleurant, tu l'entends! Était-il digne des prières et des austérités au milieu desquelles je me suis consumée pour racheter ses fautes et les miennes? A quoi sert la vertu?

— A gagner le ciel, ma chère. On ne peut être à la fois l'épouse d'un homme et celle de Jésus-Christ, il y aurait bigamie; il faut savoir opter entre un mari et un couvent. Vous avez dépouillé votre âme, au profit de l'avenir, de tout l'amour, de tout le dévouement que Dieu y avait mis pour moi, et vous n'avez gardé au monde que des sentimens de haine....

— Ne vous ai-je donc point aimé? demanda-t-elle.

— Non, madame.

— Qu'est-ce donc que l'amour? demanda involontairement la comtesse.

— L'amour, ma chère, répondit Grandville avec une sorte de surprise ironique, vous n'êtes pas en état de le comprendre. Le ciel froid de la Normandie ne peut pas être celui de l'Espagne, voilà toute votre histoire. Se plier à nos caprices, les deviner, trouver des plaisirs dans une douleur, nous sacrifier l'opinion du monde, l'amour-propre, la religion même, et ne regarder ces offrandes que comme des grains d'encens brûlés en l'honneur de l'idole, voilà l'amour....

— Des filles de l'Opéra! dit la comtesse avec horreur. De tels feux doivent être peu durables, et ne vous laisser bientôt que des cendres ou des charbons, des regrets ou du désespoir. Une épouse, monsieur, doit vous offrir, à mon sens, une amitié vraie, une chaleur égale, et une dignité à conserver....

— Vous parlez de chaleur comme les nègres parlent de la glace, répondit le comte avec un sourire sardonique. Songez que la plus humble de toutes les pâquerettes est plus séduisante que la plus orgueilleuse et la plus brillante des épines-roses qui nous attirent au printemps par leurs pénétrans parfums et leurs vives couleurs. D'ailleurs, ajouta-t-il, je vous rends justice. Vous vous êtes si bien tenue dans la ligne du devoir apparent, prescrit par la loi, que pour vous démontrer en quoi vous avez failli à mon égard, il faudrait entrer dans certains détails que votre réserve ne saurait supporter, et vous instruire de choses qui vous sembleraient le renversement de toute morale.

— Vous osez parler de morale en sortant de la maison où vous avez dissipé la fortune de vos enfans, dans un lieu de débauche! s'écria la comtesse que les réticences de son mari rendirent furieuse.

— Madame, je vous arrête là, dit le comte avec sang-froid en interrompant sa femme. Si mademoiselle de Bellefeuille est riche, elle ne l'est aux dépens de personne. Mon oncle était maître de sa fortune et avait plusieurs héritiers. De son vivant, et par pure amitié pour celle qu'il considérait comme une nièce, il lui a donné sa terre de Bellefeuille. Quant au reste, je le tiens de ses libéralités....

— C'était digne d'un jacobin, s'écria Angélique.

— Madame, vous oubliez que votre père fut un de ces jacobins que vous, femme, condamnez avec peu de charité, dit sévèrement le comte. — Le citoyen Bontems, ajouta-t-il, a signé des arrêts de mort, tandis que mon oncle n'a rendu que des services à la France.

Madame de Grandville se tut. Mais, après un moment de silence, le souvenir de ce qu'elle venait de voir réveillant dans son âme une jalousie que rien ne saurait éteindre dans le cœur d'une femme, elle dit à voix basse et comme si elle se parlait à elle-même : — Peut-on perdre ainsi son âme et celle des autres !

— Eh ! madame, reprit le comte fatigué de cette conversation, peut-être est-ce vous qui répondrez un jour de tout ceci. Cette parole fit trembler la comtesse. — Vous serez sans doute excusée aux yeux du juge indulgent qui appréciera nos fautes, dit-il, par la bonne foi avec laquelle vous avez accompli mon malheur. Je ne vous hais point, je hais les gens qui ont faussé votre cœur et votre raison. Vous avez prié pour moi, comme mademoiselle de Bellefeuille m'a donné son cœur et m'a comblé d'amour. Il fallait que vous fissiez l'un et l'autre. Il fallait être tour à tour et ma maîtresse et la sainte priant au pied des autels. Vous devez me rendre la justice d'avouer que je ne suis ni pervers ni débauché. Mes mœurs sont pures, et ce n'est qu'au bout de sept années de douleur que le besoin d'être heureux m'a, par une pente insensible, amené à aimer une autre femme que vous, à me créer une autre famille que la mienne. Du reste, ne croyez pas que je sois le seul; il existe dans cette ville des milliers de maris qui, tous, ont été conduits, par des causes diverses, à cette double existence.

— Grand Dieu! s'écria la comtesse, que ma croix est devenue lourde à porter! Si l'époux que tu m'as donné dans ta colère ne peut trouver ici-bas de félicité que par ma mort, rappelle-moi dans ton sein.

— Si vous aviez eu toujours d'aussi admirables sentimens et ce dévouement, nous serions encore heureux, dit froidement le comte.

— Eh bien! reprit Angélique en versant un torrent de larmes, pardonnez-moi si j'ai pu commettre des fautes! Oui, monsieur, je suis prête à vous obéir en tout, certaine que vous ne désirerez rien que de juste et de naturel. Je serai désormais tout ce que vous voudrez que soit une épouse.

— Madame, si votre intention est de me faire dire que je ne vous aime plus, j'aurai l'affreux courage de vous éclairer. Puis-je commander à mon cœur? puis-je effacer en un instant les souvenirs de quinze années de douleur? Je n'aime plus! ces paroles enferment un mystère tout aussi profond que celui contenu dans le mot j'aime. L'estime, la considération, les égards s'obtiennent, disparaissent, reviennent; mais, quant à l'amour, je me prêcherais mille ans, que je ne le ferais pas renaître...

— Ah! monsieur le comte, je désire bien sincèrement que ces paroles ne vous soient pas prononcées un jour par celle que vous aimez avec le ton et l'accent que vous y mettez...

— Voulez-vous porter ce soir une robe à la grecque et venir à l'Opéra ?

Le frisson que cette demande causa soudain à la comtesse fut une muette réponse.

Dans les premiers jours du mois de décembre 1829, un homme dont les cheveux entièrement blanchis et la physionomie semblaient annoncer qu'il était plutôt vieilli par les chagrins que par les années, car il paraissait avoir environ cinquante-huit ans, passait à minuit par la rue de Gaillon. Arrivé devant une maison de peu d'apparence et qui n'avait que deux étages, il s'arrêta pour y examiner une des fenêtres élevées en mansarde à des distances égales au milieu de la toiture. Une faible lueur colorait à peine cette humble croisée dont quelques-uns des carreaux avaient été remplacés par du papier. Le passant regardait cette clarté vacillante et jaunâtre avec l'indéfinissable curiosité des flâneurs parisiens, lorsqu'un jeune homme sortit tout-à-coup de la maison. Comme les pâles rayons du réverbère frappaient la figure du curieux, il ne paraîtra pas étonnant que, malgré la nuit, le jeune homme s'avançât vers le passant avec ces précautions dont on use à Paris, quand on craint de se tromper en rencontrant une personne de connaissance.

— Hé quoi ! s'écria-t-il, c'est vous, monsieur le

comte, seul, à pied, à cette heure, et si loin de la rue Saint-Lazare! Permettez-moi d'avoir l'honneur de vous offrir le bras. Le pavé, ce soir, ou pour mieux dire, ce matin, est si glissant que si nous ne nous soutenions pas l'un l'autre, dit-il afin de ménager l'amour-propre du vieillard, il nous serait bien difficile d'éviter une chute.

— Mais, mon cher monsieur, je n'ai encore que cinquante ans, malheureusement pour moi, répondit le comte de Grandville. Un médecin, promis comme vous à une haute célébrité, doit savoir qu'à cet âge un homme est dans toute sa force.

— Alors vous êtes en bonne fortune, reprit le médecin, car vous n'avez pas, je pense, l'habitude d'aller à pied dans Paris. Quand on a d'aussi beaux chevaux que les vôtres...

— Mais, la plupart du temps, répondit monsieur de Grandville, quand je ne vais pas dans le monde, je reviens du Palais-Royal ou de chez monsieur de Livry à pied.

— Et en portant sans doute sur vous de fortes sommes, s'écria le médecin, mais c'est appeler le poignard des assassins.

— Je ne crains pas ceux-là, répliqua le comte de Grandville d'un air triste et insouciant.

— Mais au moins l'on ne s'arrête pas, reprit le médecin en entraînant l'ancien magistrat vers le boulevard. Encore un peu, je croirais que vous voulez me voler votre dernière maladie et mourir d'une autre main que de la mienne.

— Ah! vous m'avez surpris faisant de l'espionnage, répondit le comte. Soit que je passe à pied ou en voiture et à telle heure que ce puisse être de la nuit, j'aperçois, depuis quelque temps, à une fenêtre du troisième étage de la maison d'où vous sortez, l'ombre d'une personne qui paraît travailler avec un courage héroïque. A ces mots, le comte fit une pause, comme s'il eût senti une douleur soudaine. — J'ai pris pour ce grenier, continua-t-il promptement, autant d'intérêt qu'un bourgeois de Paris peut en porter à l'achèvement du Palais-Royal.

— Hé bien! s'écria vivement le jeune homme en interrompant le comte, je puis vous...

— Ne me dites rien, répliqua Grandville en coupant la parole à son médecin. Je ne donnerais pas un centime pour apprendre si l'ombre qui s'agite sur ces rideaux troués est celle d'un homme ou d'une femme, et si l'habitant de ce grenier est heureux ou malheureux! Si j'ai été surpris de ne plus voir personne travaillant ce soir, si je me suis arrêté, c'était uniquement pour avoir le plaisir de former des conjectures aussi nombreuses et aussi niaises que le sont celles que les flâneurs forment à l'aspect d'une construction subitement abandonnée. Depuis deux ans, mon jeune.... Le comte parut hésiter à employer une expression; mais il fit un geste et s'écria : — Non, je ne vous appellerai pas mon ami! Je déteste tout ce qui peut ressembler à un sentiment! Depuis deux ans donc, je ne m'étonne plus que les vieillards se plaisent tant à cultiver des fleurs, à planter des arbres; les événemens de la vie leur ont appris à ne plus croire aux affections humaines; et, en peu de temps, je suis devenu vieillard. Je ne veux plus m'attacher qu'à des animaux qui ne raisonnent pas, à des plantes, à tout ce qui est extérieur; enfin je n'aime que les surfaces. Je fais plus de cas des mouvemens de mademoiselle Taglioni que de tous les sentimens humains. J'abhorre la vie et un monde où je suis seul. Rien, rien, ajouta le comte avec une expression qui fit tressaillir le jeune homme, non, rien ne m'émeut et rien ne m'intéresse.

— Vous avez des enfans?

— Mes enfans, reprit-il avec un singulier accent d'amertume. Eh bien, mes filles ne sont-elles pas toutes richement mariées? Elles aiment leurs maris et en sont aimées. Elles ont leurs ménages, et doivent penser à leurs enfans, à mes gendres avant tout. Quant à mes fils, n'ont-ils pas tous très-bien réussi? L'aîné sera même l'honneur de la magistrature. Hé bien, tous ont leurs soins, leurs inquiétudes, leurs affaires. Si de tous ces cœurs-là il s'en était trouvé un seul qui se fût entièrement consacré à moi, qui eût essayé par son affection de me faire oublier tout le vide que je sens là, dit-il en frappant sur son sein, eh bien! celui-là aurait manqué sa vie, il me l'aurait sacrifiée. Et pourquoi, après tout? pour embellir quelques années qui me restent. Y serait-il parvenu? N'aurais-je pas peut-être regardé ses soins généreux comme une dette? Mais...

Ici le vieillard se prit à sourire avec une profonde ironie. Mais, monsieur, ce n'est pas en vain que nous leur apprenons l'arithmétique! et ils savent calculer. En ce moment, ils attendent ma succession!

— Oh! monsieur le comte, comment cette idée peut-elle vous venir, à vous si bon, si obligeant, si humain? En vérité, si je n'étais pas moi-même une preuve vivante de cette bienfaisance que vous concevez si belle et si large...

— Pour mon plaisir, reprit vivement le comte. Je paie une sensation comme je paierais demain d'un monceau d'or la plus puérile de toutes les illusions si elle pouvait me remuer le cœur. Je secours mes semblables pour moi, et par la même raison que je vais au jeu; mais je ne compte sur la reconnaissance de personne. Vous-même, je vous verrais mourir sans sourciller, et je vous demande le même sentiment pour moi. Ah! jeune homme! les événemens de la vie ont passé sur mon cœur comme les laves du Vésuve sur Herculanum. La ville existe morte.

— Ceux qui ont amené à ce point d'insensibilité une âme aussi chaleureuse et aussi vivante que l'était la vôtre, sont bien coupables.

— N'ajoutez pas un mot, reprit le comte avec un sentiment d'horreur.

— Vous avez une maladie, dit le jeune médecin d'un son de voix plein d'émotion, que vous devriez me permettre de guérir.

— Mais connaissez-vous donc un remède à la mort? s'écria le comte impatienté.

— Hé bien, monsieur le comte, je gage ranimer ce cœur que vous croyez si froid.

— Valez-vous Talma? demanda ironiquement Grandville.

— Non, monsieur le comte. Mais la nature est aussi supérieure à ce qu'était Talma, que Talma pouvait m'être supérieur. Écoutez, le grenier qui vous intéresse est habité par une femme d'une trentaine d'années. L'amour va chez elle jusqu'au fanatisme. L'objet de son culte est un jeune homme d'une jolie figure, mais qu'une mauvaise fée a doué de tous les vices possibles. Il est joueur, et je ne sais ce qu'il aime le mieux des femmes ou du vin. Il a fait, à ma connaissance, des bassesses dignes de la police correctionnelle. Eh bien! cette malheureuse femme lui a sacrifié une très-belle existence, un homme dont elle était adorée, dont elle avait des enfans. Mais qu'avez-vous, monsieur le comte?

— Rien, continuez.

— Elle lui a laissé dévorer une fortune entière. Elle lui donnerait, je crois, le monde, si elle le tenait; elle travaille nuit et jour, et souvent elle a vu, sans murmurer, ce monstre qu'elle adore lui ravir jusqu'à l'argent destiné à payer le vêtement dont manquent ses enfans, jusqu'à leur nourriture du lendemain. Il y a trois jours, elle a vendu ses cheveux, les plus beaux que j'aie jamais vus; il est venu; elle n'avait pas pu cacher assez vite la pièce d'or, il l'a demandée; pour un sourire, pour une caresse, elle a livré le prix de quinze jours de vie et de tranquillité. N'est-ce pas à la fois horrible et sublime? Mais le travail commence à lui creuser les joues. Les cris de ses enfans lui ont déchiré l'âme; elle est tombée malade; elle gémit en ce moment sur un grabat. Ce soir, elle n'avait rien à manger, et ses enfans n'avaient plus la force de crier, ils se taisaient quand je suis arrivé.

Le jeune médecin s'arrêta. En ce moment le comte de Grandville avait, comme malgré lui, plongé la main dans la poche de son gilet.

— Je devine, mon jeune ami, dit le vieillard, comment elle peut vivre encore, si vous la soignez.

— Ah! la pauvre créature, s'écria le médecin, qui ne la secourrait pas? Je voudrais être plus riche, car j'espère la guérir de son amour.

— Mais, reprit le comte en retirant de sa poche la main qu'il y avait mise, sans que le médecin la vît pleine de l'argent que son protecteur semblait y avoir cherché, comment voulez-vous que je m'apitoie sur une misère dont j'achèterais les plaisirs au prix de toute ma fortune! Elle sent, elle vit cette femme! Louis XV n'aurait-il pas donné tout son royaume pour pouvoir se relever de son cercueil et avoir trois jours de jeunesse et de vie? N'est-ce pas là l'histoire d'un milliard de morts, d'un milliard de malades, d'un milliard de vieillards?

— Pauvre Caroline! s'écria le médecin.

A ce nom, le comte de Grandville tressaillit. Il

saisit le bras du médecin, qui crut se sentir serré par les deux lèvres en fer d'un étau.

— Elle se nomme Caroline Crochard, demanda Grandville d'un son de voix visiblement altérée.

— Vous la connaissez donc, répondit le jeune homme avec étonnement.

— Vous m'avez tenu parole, s'écria l'ancien magistrat, vous avez agité mon cœur par la plus terrible sensation qu'il éprouvera jusqu'à ce qu'il devienne poussière. Cette émotion est encore un présent de l'enfer, et je sais toujours comment m'acquitter avec lui.

En ce moment, le comte et le médecin étaient arrivés au coin de la rue de la Chaussée-d'Antin. Un de ces enfans de la nuit qui, le dos chargé d'une hotte en osier et marchant un crochet à la main, ont été plaisamment nommés pendant la révolution, membres du comité des recherches, se trouvait auprès de la borne à laquelle Grandville venait de s'arrêter. Ce chiffonnier avait une vieille figure digne de celles que Charlet a immortalisées dans ses caricatures de l'école du balayeur.

— Rencontres-tu souvent des billets de mille francs? lui demanda le comte.

— Quelquefois, notre bourgeois.

— Et les rends-tu?

— C'est selon la récompense promise...

— Voilà mon homme, s'écria le comte, en présentant au chiffonnier un billet de mille francs. Prends ceci, lui dit-il, mais songe que je te le donne à la condition de le dépenser au cabaret, de t'y enivrer, de t'y disputer, de battre ta femme, de crever les yeux à tes amis. Cela fera marcher la garde, les chirurgiens, les pharmaciens, peut-être les gendarmes, les procureurs du roi, les juges et les geôliers. Ne change rien à ce programme, ou le diable saurait tôt ou tard se venger de toi. Il faudrait qu'un même homme possédât à la fois les crayons de Charlet et de Calot, les pinceaux de Téniers et de Rembrandt, pour donner une idée vraie de cette scène nocturne. — Voilà mon compte soldé avec l'enfer, et j'ai eu du plaisir pour mon argent, dit le comte d'un son de voix profond en montrant au médecin stupéfait la figure indescriptible du chiffonnier béant. — Quant à Caroline Crochard, reprit-il, elle peut mourir dans les horreurs de la faim, de la soif, en entendant les cris déchirans de ses fils mourans, en reconnaissant la bassesse de celui qu'elle a épousé : je ne donnerais pas un denier pour l'empêcher de souffrir, et je ne veux plus vous voir par cela seul que vous l'avez secourue....

Et le comte, laissant le médecin plus immobile qu'une statue, disparut en se dirigeant avec l'activité de la jeunesse vers la rue Saint-Lazare, où il atteignit promptement le petit hôtel qu'il habitait. Il fut assez surpris de voir une voiture arrêtée à sa porte.

— Monsieur le vicomte, dit le valet de chambre à son maître, est arrivé il y a une heure pour parler à monsieur, et l'attend dans sa chambre à coucher.

Grandville fit signe à son domestique de se retirer.

— Quel motif assez important vous oblige d'enfreindre l'ordre que j'ai donné à mes enfans de ne pas venir chez moi sans y être appelés? dit le vieillard à son fils en entrant.

— Mon père, répondit le jeune homme d'un son de voix tremblant et d'un air respectueux, j'ose espérer que vous me pardonnerez quand vous m'aurez entendu.

— Votre réponse est celle d'un magistrat, dit le comte. Asseyez-vous. Il montra un siége au jeune homme. Mais, reprit-il, que je marche ou que je reste assis, ne vous occupez pas de moi.

— Mon père, reprit le vicomte, ce soir à quatre heures, un très-jeune homme, arrêté par un de mes amis au préjudice duquel il a commis un vol assez considérable, s'est réclamé de vous, se prétendant votre fils.

— Il se nomme? demanda le comte en tremblant.

— Charles Crochard!

— Assez, dit le père en faisant un geste impératif.

Et Grandville se promena dans la chambre, au milieu d'un profond silence que le vicomte se garda bien d'interrompre.

— Mon fils... Ces paroles furent prononcées d'un ton si doux et si paternel que le jeune magistrat en tressaillit. — Charles Crochard vous a dit la vérité. Je suis content que tu sois venu ce soir, mon bon Eugène, ajouta le vieillard. Voici une somme d'argent assez forte, dit-il en lui présentant une masse de billets de banque, tu en feras l'usage que tu jugeras convenable dans cette affaire. Je me fie à toi, et j'approuve d'avance toutes tes dispositions, soit pour le présent, soit pour l'avenir. Eugène, mon bon enfant, viens m'embrasser, nous nous voyons pour la dernière fois. Demain je pars pour l'Italie. Florence sera le lieu de ma résidence, et je ne le quitterai pas. Si un père ne doit pas compte de sa vie à ses enfans, il doit leur léguer l'expérience que lui a vendue le sort; n'est-ce pas une partie de leur héritage? Quand tu te marieras, reprit le comte en laissant échapper un frissonnement involontaire, n'accomplis pas légèrement cet acte, le plus important de tous ceux auxquels nous oblige la société. Souviens-toi d'étudier long-temps le caractère de celle avec laquelle tu dois t'associer. Le défaut d'union entre les âmes de deux époux, par quelque cause qu'il soit produit, amène d'effroyables malheurs, et nous sommes, tôt ou tard, punis de n'avoir pas obéi aux lois sociales. Je t'écrirai de Florence à ce sujet. Un père ne doit pas rougir devant son fils... Adieu.

Paris, février—mars 1830.

PROFIL DE MARQUISE.

La marquise de Listomère est une de ces jeunes femmes élevées dans l'esprit de la Restauration. Elle a des principes, elle fait maigre, elle communie; mais elle va très-parée au bal, aux Bouffons et à l'Opéra. Son directeur lui permet d'allier ainsi le profane et le sacré. Toujours en règle avec l'église et avec le monde, elle offre une image du temps présent qui semble avoir pris le mot de *légalité* pour épigraphe. La conduite de la marquise comporte précisément assez de dévotion pour qu'elle puisse arriver, sous une nouvelle Maintenon, à la sombre piété des derniers jours de Louis XIV, et assez de mondanité pour qu'elle adopte insensiblement les mœurs galantes des premiers jours de ce règne, s'il revenait. En ce moment elle est vertueuse par calcul, ou par goût peut-être. Mariée depuis sept ans au marquis de Listomère, un de ces députés qui attendent la pairie, elle croit peut-être aussi servir par sa conduite l'ambition de la famille. Quelques femmes attendent pour la juger le moment où monsieur de Listomère sera pair de France, et où elle aura trente-six ans, moment de la vie où la plupart des femmes s'aperçoivent qu'elles sont dupes des lois sociales.

Le marquis est un homme assez insignifiant, il est bien en cour. Ses qualités sont négatives comme ses défauts, les unes ne peuvent pas plus lui faire une réputation de vertu que les autres ne lui donnent l'espèce d'éclat jeté par les vices. Député, il ne parle jamais, mais il vote *bien*. Il se comporte dans son ménage comme à la Chambre. Aussi passe-t-il pour être le meilleur mari de France. S'il n'est pas susceptible de s'exalter, il ne gronde jamais, à moins qu'on ne le fasse attendre. Ses amis l'ont nommé *le temps couvert*. Il ne se rencontre en effet chez lui ni lumière trop vive, ni obscurité complète. Il ressemble à tous les ministères qui se sont succédé en France depuis la Charte. Pour une femme à principes, il était difficile de tomber en de meilleures mains. N'est-ce pas beaucoup pour une femme vertueuse que d'avoir épousé un homme incapable de faire des sottises?

Il s'est rencontré des dandys qui ont eu l'impertinence de presser légèrement la main de la marquise en dansant avec elle. Ils n'ont recueilli que des regards de mépris; ils ont éprouvé cette indifférence insultante qui, semblable aux gelées du printemps, détruit le germe des plus belles espérances. Les beaux, les spirituels, les fats, les hommes à sentiment qui se nourrissent en tétant leurs cannes, ceux à grand nom ou à grosse renommée, les gens de haute et petite volée, auprès d'elle tout a blanchi. Elle a conquis le droit de causer aussi long-temps et aussi souvent qu'elle veut avec les hommes qui lui semblent spirituels, sans qu'elle soit couchée sur l'album de la médisance. Certaines femmes coquettes sont capables de suivre ce plan-là pendant sept ans pour satisfaire plus tard leurs vices; mais supposer cette arrière-pensée à la marquise de Listomère serait la calomnier.

J'ai eu le bonheur de voir ce phénix des marquises. Elle cause bien, je sais écouter, je lui ai plu, je vais à ses soirées. Tel était le but de mon ambition. Madame la marquise de Listomère n'est ni laide ni jolie; elle a des dents blanches, le teint éclatant et les lèvres très-rouges; elle est grande et bien faite. Elle a le pied petit, fluet, et ne l'avance pas. Ses yeux, loin d'être éteints, comme le sont presque tous les yeux parisiens, ont un éclat doux qui devient magique si par hasard elle s'anime. On devine une âme à travers cette forme indécise. Si elle s'intéresse à la conversation, elle y déploie une grâce ensevelie sous les précautions d'un maintien froid, et alors elle est charmante. Elle ne veut pas de succès et en obtient : on trouve toujours ce qu'on ne cherche pas. Cette phrase est trop souvent vraie pour ne pas se changer un jour en proverbe. Ce sera la moralité de cette aventure, que je ne me permettrais pas de raconter, si elle ne retentissait en ce moment dans tous les parloirs de Paris.

La marquise de Listomère a dansé, il y a un mois environ, avec un jeune homme aussi modeste qu'il est étourdi, plein de bonnes qualités, et ne laissant voir que ses défauts ; il est passionné et se moque des passions ; il a du talent et il le cache, il fait le savant avec les aristocrates et fait de l'aristocratie avec les savans. Rastignac est un de ces jeunes gens très-sensés qui essaient de tout, et semblent tâter les hommes pour savoir ce que porte l'avenir. Il a de l'originalité et de la grâce, deux qualités rares parce qu'elles s'excluent l'une l'autre. Il a causé sans préméditation de succès avec la marquise de Listomère, pendant une demi-heure environ. En se jouant des caprices d'une conversation qui, après avoir commencé à l'opéra de Guillaume-Tell, en était venue aux devoirs des femmes, il avait plus d'une fois regardé la marquise de manière à l'embarrasser. Puis il la quitta et ne lui parla plus de toute la soirée ; il dansa, se mit à l'écarté, perdit quelque argent, et s'en alla se coucher. J'ai l'honneur de vous affirmer que tout se passa ainsi. Je n'ajoute ni ne retranche rien.

Le lendemain matin, Rastignac se réveilla tard, resta dans son lit où il se livra sans doute à quelques-unes de ces rêveries matinales, pendant lesquelles un jeune homme se glisse, comme un sylphe, sous plus d'une courtine de soie, de cachemire ou de coton. En ces momens, plus le corps est lourd de sommeil, plus l'esprit est agile. Mais enfin Rastignac se leva sans trop bâiller, comme font tant de gens mal appris, sonna son valet de chambre, se fit apprêter du thé, en but immodérément, ce qui ne paraîtra pas extraordinaire aux personnes qui aiment le thé; mais pour expliquer cette circonstance aux gens qui ne l'acceptent que comme la panacée des indigestions, j'ajouterai qu'Eugène écrivait. Il était commodément assis, et avait les pieds plus souvent sur ses chenets que dans sa chancelière. Oh! avoir les pieds sur la barre polie qui réunit les deux griffons d'un garde-cendres, et penser à ses amours quand on se lève et qu'on est en robe de chambre, est chose si délicieuse, que je regrette infiniment de n'avoir ni maîtresse, ni chenets, ni robe de chambre. Quand j'aurai tout cela, je n'écrirai pas de romans, j'en ferai.

La première lettre qu'Eugène écrivit fut achevée en un quart d'heure, il la plia, la cacheta et la laissa devant lui sans y mettre l'adresse. La seconde lettre, commencée à onze heures, ne fut finie qu'à midi. Les quatre pages étaient pleines.

— Cette femme me trotte dans la tête, dit-il.

Il plia cette seconde épître, la cacheta, la laissa devant lui, comptant y mettre l'adresse, après avoir achevé sa rêverie involontaire. Il croisa les deux pans de sa robe de chambre à ramages, posa ses pieds sur un tabouret, coula ses mains dans les goussets de son pantalon de cachemire rouge, et se renversa dans une délicieuse bergère à oreilles, dont le siége et le dossier décrivaient l'angle comfortable de cent vingt degrés. Il ne prit plus de thé et resta immobile, les yeux attachés sur la main dorée qui couronnait sa pelle, sans voir ni main, ni pelle, ni dorure. Il ne tisonna même pas. Faute immense! N'est-ce pas un plaisir bien vif que de tracasser le feu quand on pense aux femmes? Notre esprit prête des phrases aux petites langues bleues qui se dégagent soudain et babillent dans le foyer. On interprète le langage puissant et brusque d'un *bourguignon*. A ce mot arrêtons-nous et plaçons ici pour les ignorans une explication due à une étymologie très-distingué qui a désiré garder l'anonyme. *Bourguignon* est le nom populaire et symbolique donné, depuis le règne de Charles VI, à ces détonations bruyantes dont l'effet est d'envoyer sur un tapis ou sur une robe un petit charbon, léger principe d'incendie. Le feu dégage, dit-on, une bulle d'air qu'un ver rongeur a laissée dans le cœur du bois. *Inde amor*, *inde burgundus*. L'on tremble en voyant rouler comme une avalanche le charbon qu'on avait si industrieusement essayé de poser entre deux bûches flamboyantes. Oh! tisonner quand on aime, c'est développer matériellement sa pensée.

Ce fut en ce moment que j'entrai chez Eugène. Il fit un soubresaut et me dit : — Ah! te voilà, Raphaël. Depuis quand es-tu là?

— J'arrive.

— Ah!

Il prit les deux lettres, y mit les adresses et sonna son domestique.

— Porte cela en ville.

Et Joseph y alla sans faire d'observations, excellent domestique !

Nous nous mîmes à causer de l'expédition d'Alger, dans laquelle je désirais être employé en qualité d'historiographe et rédacteur de bulletins militaires. Eugène me fit observer que ma qualité de romancier jetterait de la défaveur sur le récit des opérations, et nous parlâmes de choses indifférentes. Je ne crois pas que l'on me sache mauvais gré de supprimer notre conversation.

Quand la marquise de Listomère se leva, sur les deux heures après midi, sa femme de chambre lui remit une lettre. Elle la lut pendant que Clémentine la coiffait. (Imprudence que j'ai vu commettre à beaucoup de jeunes femmes.)

O cher ange d'amour, trésor de vie et de bonheur !

A ces mots, la marquise allait jeter la lettre au feu ; mais il lui passa par la tête une fantaisie que toute femme vertueuse comprendra merveilleusement, et qui était de voir comment un homme qui débutait ainsi pouvait finir.

Elle lut. Quand elle eut tourné la quatrième page, elle laissa tomber ses bras comme une personne fatiguée.

— Clémentine, allez savoir qui a remis cette lettre chez moi.

— Madame, je l'ai reçue du valet de chambre de monsieur le baron de Rastignac.

Il se fit un long silence.

— Madame veut-elle s'habiller? demanda Clémentine.

— Non.

— Il faut qu'il soit bien impertinent! pensa la marquise. . . . .

. . . .

Je prie toutes les femmes d'imaginer elles-mêmes le commentaire.

Madame de Listomère termina le sien par la résolution formelle de consigner monsieur Eugène à sa porte, et, si elle le rencontrait dans le monde, de lui témoigner plus que du dédain; car son insolence ne pouvait se comparer à aucune de celles que la marquise avait fini par excuser jadis. Elle avait d'abord voulu garder la lettre; mais, toute réflexion faite, elle la brûla.

— Madame vient de recevoir une fameuse déclaration d'amour, et elle l'a lue! dit Clémentine à la femme de charge.

— Je n'aurais jamais cru cela de madame, répondit la vieille tout étonnée.

Le soir, la comtesse alla chez le marquis Beauséant, où Rastignac devait probablement se trouver. C'était un samedi. Le marquis de Beauséant étant son parent, il ne pouvait pas manquer de venir pendant la soirée. A deux heures du matin, madame de Listomère, qui n'était restée que pour accabler le jeune homme de sa froideur, l'avait attendu vainement. Un homme d'esprit, monsieur de Stendalh, a eu la bizarre idée de nommer *cristalli-*

sation le travail que la pensée de la marquise fit pendant et après cette soirée. On a bien appelé les réformateurs littéraires des romantiques! Va pour cristallisation! le mot me plaît.

Quatre jours après, Eugène grondait son valet de chambre.

— Ah ça! Joseph, je vais être forcé de te renvoyer, mon garçon!

— Plaît-il, monsieur?

— Tu ne fais que des sottises. Où as-tu porté les deux lettres que je t'ai remises vendredi?

Joseph devint stupide. Semblable à ces figures de cathédrale, il resta immobile, entièrement absorbé par le travail de son imaginative. Tout-à-coup il sourit bêtement et dit : — Monsieur, l'une était pour madame la marquise de Listomère, rue Saint-Dominique, et l'autre pour l'avoué de monsieur....

— Es-tu certain de ce que tu dis là?

Joseph demeura tout interdit.

Je vis bien qu'il fallait que je m'en mêlasse.

— Joseph a raison, dis-je.

Eugène se tourna de mon côté.

— J'ai lu les adresses fort involontairement, et....

— Et, dit Eugène en m'interrompant, l'une des lettres n'était pas pour la baronne de Nucingen?

— Non, de par tous les diables! et j'ai cru, mon cher, que ton cœur avait pirouetté de la rue Saint-Lazare à la rue Saint-Dominique.

Eugène se frappa le front du plat de la main et se mit à sourire. Joseph vit bien que la faute ne venait pas de lui. Maintenant, voilà où sont les moralités que tous les jeunes gens devraient méditer. *Première faute :* Eugène trouva plaisant de faire rire madame de Listomère de la méprise qui l'avait rendue maîtresse d'une lettre d'amour. *Deuxième faute :* Il n'alla chez madame de Listomère que quatre jours après l'aventure, laissant ainsi les pensées d'une vertueuse jeune femme se *cristalliser*. Il se trouvait encore une dizaine de fautes qu'il faut passer sous silence, afin de donner aux dames le plaisir de les déduire *ex professo* à ceux qui ne les devineront pas. Eugène arrive à la porte de la marquise ; mais, quand il veut passer, le concierge l'arrête et lui dit que madame la marquise est sortie. Comme il remontait en voiture, le marquis entra.

— Venez donc, Eugène! ma femme est chez elle.

Oh! excusez le marquis! un mari, quelque bon qu'il soit, atteint difficilement à la perfection.

En montant l'escalier, Rastignac faisait des réflexions. Il s'aperçut alors des dix fautes de logique mondaine qui se trouvaient dans ce passage de sa vie.

Quand madame de Listomère vit son mari entrant avec Eugène, elle ne put s'empêcher de rougir. Le jeune baron observa cette rougeur subite. Si l'homme le plus modeste conserve encore un petit fond de fatuité dont il ne se dépouille pas plus que la femme ne se sépare de sa fatale coquetterie, qui pourrait blâmer Eugène de s'être alors dit en lui-même : — Quoi! cette forteresse aussi?

Et il se posa dans sa cravate. Quoique les jeunes gens ne soient pas très-avares, ils aiment tous à mettre une tête de plus dans leur médaillier. Monsieur de Listomère se saisit de la *Gazette de France* qu'il aperçut dans un coin de la cheminée, et alla vers l'embrasure d'une fenêtre pour acquérir, le journaliste aidant, une opinion à lui sur l'état de la France. Une femme, voire même une prude, ne reste pas long-temps embarrassée, même dans la situation la plus difficile où elle puisse se trouver : il semble qu'elle ait toujours à la main la feuille de figuier dont notre mère Ève lui a fait présent. Aussi, quand Eugène, interprétant en faveur de sa vanité la consigne donnée à la porte, salua madame de Listomère d'un air passablement délibéré, sut-elle voiler toutes ses pensées par un de ces sourires féminins plus impénétrables que ne l'est la parole d'un roi.

— Seriez-vous indisposée, madame? car vous avez fait défendre votre porte.

— Non, monsieur.

— Vous alliez sortir, peut-être?

— Pas davantage.

— Vous attendiez quelqu'un?

— Personne.

— Si ma visite est indiscrète, ne vous en prenez qu'à monsieur le marquis. J'obéissais à votre mystérieuse volonté, quand il m'a lui-même introduit dans le sanctuaire.

— Monsieur de Listomère n'était pas dans ma confidence. Il n'est pas toujours prudent de mettre un mari au fait de certains secrets...

L'accent ferme et doux dont la marquise prononça ces paroles, et le regard imposant qu'elle lança firent bien juger à Rastignac qu'il s'était trop pressé de se poser dans sa cravate.

— Madame, je vous comprends, dit-il en riant; alors, je dois me féliciter doublement d'avoir rencontré monsieur le marquis, puisqu'il me procure l'occasion de vous présenter une justification qui serait pleine de dangers si vous n'étiez pas la bonté même.

La marquise regarda le jeune baron d'un air assez étonné; mais elle répondit avec dignité : — Monsieur, je vous prie de garder le silence, ce sera de votre part la meilleure des excuses. Quant à moi, je vous promets le plus entier oubli. C'est une espèce de pardon que vous méritez à peine.

— Madame, dit vivement Eugène, le pardon est inutile quand il n'y a pas eu d'offense. La lettre, ajouta-t-il à voix basse, que vous avez reçue et qui a dû vous paraître si inconvenante, ne vous était pas destinée.

La marquise ne put s'empêcher de sourire.

— Pourquoi mentir? reprit-elle d'un air dédaigneusement enjoué, mais d'un son de voix assez doux. Maintenant que je vous ai grondé, je rirai volontiers d'une ruse de guerre qui n'est pas sans malice. Je connais de pauvres femmes qui s'y prendraient. — Dieu! comme il aime! diraient-elles. La marquise se mit à rire forcément, puis elle ajouta d'un air d'indulgence : — Si nous voulons rester amis, qu'il ne soit plus question de méprises dont je ne puis être dupe.

— Sur mon honneur, madame, vous l'êtes beaucoup plus que vous ne pensez, répliqua vivement Eugène.

— Mais de quoi parlez-vous donc là? demanda monsieur de Listomère, qui, depuis un instant, écoutait la conversation, sans en pouvoir percer l'obscurité.

— Oh! cela n'est pas intéressant pour vous, répondit la marquise.

Monsieur de Listomère reprit tranquillement la lecture de son journal.

— Savez-vous, monsieur, reprit la marquise en se tournant vers Eugène, que vous venez de dire une impertinence?

— Si je ne connaissais pas la rigueur de vos principes, répondit-il naïvement, je croirais que vous voulez ou me donner des idées dont je me défends, ou m'arracher mon secret. Peut-être encore voulez-vous vous amuser de moi?

La marquise sourit. Ce sourire impatienta Eugène.

— Puissiez-vous, madame, dit-il, toujours croire à une offense que je n'ai point commise! et je souhaite bien ardemment que le hasard ne vous fasse pas découvrir dans le monde la personne qui devait lire cette lettre....

— Ce serait pour madame de Nucingen ! s'écria madame de Listomère, plus curieuse de pénétrer un secret que de se venger des épigrammes du jeune homme.

Eugène rougit. Il faut être bien vieux pour ne pas rougir en entendant prononcer le nom d'une *bien-aimée*. Néanmoins, il dit avec assez de sang-froid : — Oh ! non, madame !

Voilà les fautes que l'on commet à vingt-cinq ans.

Cette confidence causa une commotion violente à madame de Listomère ; mais Eugène ne sait pas encore analyser un visage de femme en le regardant à la hâte ou de côté. Les lèvres seules de la marquise avaient pâli ; elle se leva, et le jeune homme fut obligé d'en faire autant.

— Si cela est, dit-elle d'un air froid et composé, il vous serait difficile de m'expliquer, monsieur, par quel hasard mon nom a pu se trouver sous votre plume. Il n'en est pas d'une adresse écrite sur une lettre comme du claque d'un voisin qu'on peut, par étourderie, prendre pour le sien en quittant le bal.

Eugène, décontenancé, regarda la marquise d'un air hébêté, puis il sentit qu'il devenait ridicule, balbutia une phrase d'écolier, salua et sortit.

Quelques jours après, la marquise acquit des

preuves irrécusables de la véracité d'Eugène. Voici seize jours qu'elle ne va plus dans le monde. Le marquis dit à tous ceux qui lui demandent raison de ce changement : — Ma femme a une gastrite.

Paris, février 1830.

L'INTERDICTION.

I.

LES DEUX AMIS.

En 1828, vers une heure du matin, deux personnes sortaient d'un hôtel situé dans la rue du Faubourg-Saint-Honoré, aux environs de l'Élysée-Bourbon : l'une était un médecin célèbre, Horace Bianchon, l'autre un des hommes les plus élégans de Paris, le baron de Rastignac, tous deux amis depuis long-temps. Chacun d'eux avait renvoyé sa voiture, et comme il ne s'en était point trouvé dans le faubourg, que la nuit était belle, et le pavé sec, Ernest de Rastignac dit à Bianchon : — Allons à pied jusqu'au boulevard, tu prendras une voiture au Cercle, il s'en trouve là jusqu'au matin, tu m'accompagneras jusque chez moi en causant.

— Volontiers.

— Eh bien, mon cher, qu'en dis-tu?

— De cette femme? répondit froidement le docteur.

— Je reconnais mon Bianchon, s'écria Rastignac.

— Hé bien, quoi?

— Mais tu parles, mon cher, de la marquise d'Espard comme d'une malade à placer dans ton hôpital de la Pitié.

— Veux-tu savoir ce que je pense, Ernest? Je te dirai que si tu quittes madame de Nucingen pour cette marquise, tu changeras ton cheval borgne contre un aveugle.

— Madame de Nucingen a trente-six ans, Bianchon.

— Et celle-ci en a trente-cinq, répliqua vivement le docteur.

— Ses plus cruelles ennemies ne lui en donnent que vingt-six.

— Mon cher, quand tu auras intérêt à connaître l'âge d'une femme, regarde ses tempes et le bout de son nez. Quoi que fassent les femmes avec leurs cosmétiques, elles ne peuvent rien sur ces incorruptibles témoins de leurs agitations; là chacune de leurs années a laissé ses stygmates. Quand les tempes d'une femme sont attendries, rayées, fanées d'une certaine façon; quand, au bout de son nez, il se trouve de ces petits points qui ressemblent aux imperceptibles parcelles noires que font pleuvoir à Londres les cheminées où l'on brûle du charbon de terre, votre serviteur! la femme a passé trente ans. Elle sera belle, elle sera spirituelle, elle sera aimante, elle sera tout ce que tu voudras; mais elle aura passé trente ans ; mais elle arrive à sa maturité. Je ne blâme pas ceux qui s'attachent à ces sortes de femmes ; seulement, un homme aussi distingué que tu l'es ne doit pas prendre une reinette de février pour une petite pomme d'api qui sourit sur sa branche et demande un coup de dent. L'amour ne va jamais consulter les registres de l'état civil ; personne n'aime une femme parce qu'elle est belle ou laide, bête ou spirituelle ; on aime parce qu'on aime.

— Eh bien, moi, je l'aime par bien d'autres raisons ! Elle est marquise d'Espard, elle est née Blamont-Chauvry, elle est à la mode, elle a de l'âme, elle a un pied aussi joli que celui de la duchesse de Berri, elle a peut-être cent mille livres de rente, et je l'épouserai peut-être un jour ! Enfin, elle paiera mes dettes.

— Je te croyais riche ? dit Bianchon en interrompant Rastignac.

— Bah ! neuf mille livres de rente, précisément ce qu'il faut pour mon écurie. J'ai été roué, mon cher, dans l'affaire de monsieur de Nucingen ; je te raconterai cette histoire-là. J'ai marié mes sœurs, voilà le plus clair de ce que j'ai gagné depuis que nous nous sommes vus, et j'aime mieux les avoir établies que de posséder cent mille écus de rente. Maintenant que veux-tu que je devienne ? J'ai de l'ambition : où peut me mener madame de Nucingen ? Encore un an, je serai chiffré, cassé, comme l'est un homme marié. J'ai tous les désagrémens du mariage et ceux du célibat, sans avoir les avantages de l'un ni de l'autre; situation fausse à laquelle arrivent tous ceux qui restent trop long-temps sous la même jupe.

— Eh! crois-tu donc trouver ici la pie au nid? dit Bianchon. Ta marquise, mon cher, ne me revient pas du tout.

— Tes opinions libérales te troublent l'œil. Si madame d'Espard était madame Bouvry....

— Écoute, mon cher, noble ou bourgeoise, elle serait toujours sans âme, elle serait toujours le type le plus achevé de l'égoïsme. Crois-moi, les médecins sont habitués à juger les hommes et les choses; les habiles confessent l'âme en confessant le corps. Malgré ce joli boudoir où nous avons passé la soirée, malgré le luxe de cet hôtel, il serait possible que madame la marquise fût endettée.

— Qui te le fait croire?

— Je n'affirme pas, je suppose. Elle a parlé de son âme comme feu Louis XVIII parlait de son cœur. Écoute-moi! cette femme frêle, blanche, aux cheveux châtains, et qui se plaint pour se faire plaindre, jouit d'une santé de fer, possède un appétit de loup, une force et une lâcheté de tigre. Jamais ni la gaze, ni la soie, ni la mousseline n'ont été plus habilement entortillées autour d'un mensonge! *Ecco.*

— Tu m'effraies, Bianchon! tu as donc appris bien des choses depuis notre séjour à la Maison-Vauquier?

— Oui, depuis ce temps-là, mon cher, j'en ai vu des marionnettes, des poupées et des pantins! Je connais un peu ces belles dames de qui vous soignez le corps et ce qu'elles ont de plus précieux, leur enfant quand elles l'aiment, ou leur visage qu'elles adorent toujours. Vous passez les nuits à leur chevet, vous vous exterminez pour leur sauver la plus légère altération de beauté, n'importe où. Vous avez réussi, vous leur gardez le secret comme si vous étiez mort, elles vous envoient demander votre mémoire et le trouvent horriblement cher. Qui les a sauvées? la nature! Loin de vous prôner, elles médisent de vous, en craignant de vous donner pour médecin à leurs bonnes amies. Mon cher, ces femmes de qui vous dites : — « Ce sont de délicieuses créatures, ce sont des anges! » moi je les ai vues déshabillées des petites mines sous lesquelles elles couvrent leur âme, aussi bien que des jolis chiffons sous lesquels elles déguisent leurs imperfections; sans manières et sans corset elles ne sont pas belles. Nous avons commencé par voir bien des graviers, bien des saletés sous le flot du monde, quand nous étions échoués sur le roc de la Maison-Vauquier; ce que nous y avons vu n'était rien. Depuis, j'ai rencontré des monstruosités habillées de satin, des Michonneau en gants blancs, des Poiret chamarrés de cordons, des grands seigneurs faisant mieux l'usure que le papa Gobseck! Et, à la honte des hommes, quand j'ai voulu donner une poignée de main à la vertu, je l'ai trouvée grelottant dans un grenier, poursuivie de calomnies, vivottant avec quinze cents francs de rente ou d'appointement, et passant pour une folle, pour une originale ou une bête. Enfin, mon cher, ta marquise est une femme à la mode, et j'ai précisément ces sortes de femmes en horreur. Veux-tu savoir pourquoi? Une femme qui a l'âme élevée, le goût pur, un esprit doux, le cœur richement étoffé, qui mène une vie simple, n'a pas une seule chance d'être à la mode. Une femme à la mode et un homme au pouvoir sont deux analogies; mais à cette différence près, que les qualités par lesquelles un homme s'élève au-dessus des autres le grandissent et font sa gloire, tandis que les qualités par lesquelles une femme arrive à son empire d'un jour sont d'effroyables vices; elle se dénature pour cacher son caractère; elle doit, pour mener la vie militante du monde, avoir une santé de fer sous une apparence frêle. En qualité de médecin, je sais que la bonté de l'estomac exclut la bonté du cœur. Ta femme à la mode ne sent rien, sa fureur de plaisir a sa cause dans une envie de réchauffer sa nature froide, elle veut des émotions et des jouissances, comme un vieillard se met en espalier au soleil. Comme elle a plus de tête que de cœur, elle sacrifie à son triomphe les passions vraies, les amis, comme un général envoie au feu ses plus dévoués lieutenans pour gagner une bataille. La femme à la mode n'est plus une femme; elle n'est ni mère, ni épouse, ni amante; elle est un sexe dans le cerveau, médicalement parlant; aussi ta marquise a-t-elle tous les symptômes de sa monstruosité : elle a le bec de l'oiseau de proie, l'œil clair et froid, la parole douce; elle est polie comme l'acier d'une mécanique; elle émeut tout, moins le cœur.

— Il y a du vrai dans ce que tu dis, Bianchon.

— Du vrai! reprit Bianchon, tout est vrai. Crois-tu donc que je n'aie pas été atteint jusqu'au fond du cœur par l'insultante politesse avec laquelle elle me faisait mesurer la distance idéale que la noblesse met entre nous? que je n'aie pas été pris d'une profonde pitié pour ses caresses de chatte en pensant à son but? Dans un an d'ici, elle n'écrirait pas un mot pour me rendre le plus léger service, et ce soir elle m'a criblé de sourires, en sachant que je puis influencer mon oncle Popinot, de qui dépend le gain de son procès.....

— Mon cher, aurais-tu mieux aimé qu'elle te fît des sottises? J'admets ta catilinaire contre les femmes à la mode; mais tu n'es pas dans la question. Je préférerai toujours pour femme une marquise d'Espard à la plus chaste, à la plus recueillie, à la plus aimante créature de la terre. Épousez un ange! il faut aller s'enterrer dans son bonheur au fond d'une campagne. La femme d'un homme politique est une machine à gouvernement, une mécanique à beaux complimens, à révérences; c'est le premier, le plus fidèle des instrumens dont se sert un ambitieux; enfin c'est un ami qui peut se compromettre sans danger, et que l'on désavoue sans conséquence. Suppose Mahomet à Paris, au dix-neuvième siècle!

sa femme serait une Rohan, fine et flatteuse comme une ambassadrice, rusée comme Figaro. Ta femme aimante ne mène à rien, une femme du monde mène à tout, elle est le diamant avec lequel un homme coupe toutes les vitres, quand il n'a pas la clef d'or avec laquelle on s'ouvre toutes les portes. Aux bourgeois les vertus bourgeoises, aux ambitieux les vices de l'ambition. D'ailleurs, mon cher, crois-tu que l'amour d'une lady Brandon n'apporte pas d'immenses plaisirs? Si tu savais combien ce maintien froid et sévère donne du prix à la moindre preuve d'affection! quelle joie de voir une pervenche pointant sous la neige! Un sourire qui, jeté sous l'éventail, dément la réserve d'une attitude imposée, vaut toutes les tendresses débridées de tes bourgeoises à dévouement hypothétique; car en amour, le dévouement est bien près de la spéculation. Puis, une femme à la mode, une Blamont-Chauvry a ses vertus aussi! Ses vertus sont la fortune, le pouvoir, l'éclat, un certain mépris pour tout ce qui est au-dessous d'elle...

— Merci, dit Bianchon.

— Vieux Boniface, répondit en riant Rastignac. Allons, ne sois pas vulgaire, fais comme ton ami Desplein : sois baron, sois chevalier de l'ordre de Saint-Michel, deviens pair de France, et marie tes filles à des ducs.

— Moi, je veux que les cinq cent mille diables...

— Là, là, tu n'as donc de supériorité qu'en médecine? vraiment tu me fais beaucoup de peine.

— Je hais ces sortes de gens, je souhaite une révolution qui nous en délivre à jamais.

— Ainsi, cher Robespierre à lancette, tu n'iras pas demain chez ton oncle Popinot ?

— Si, dit Bianchon, quand il s'agit de toi, j'irais chercher de l'eau en enfer...

— Cher ami, tu m'attendris; j'ai juré que le marquis serait interdit! Tiens, je me trouve encore une vieille larme pour te remercier.

— Mais, dit Horace en continuant, je ne te promets pas de réussir à vos souhaits près de Jean-Jules Popinot, tu ne le connais pas. Mais je l'amènerai après-demain chez ta marquise, elle l'entortillera si elle peut. J'en doute. Toutes les truffes, toutes les duchesses, toutes les poulardes et tous les couteaux de guillotine seraient là dans la grâce de leurs séductions ; le roi lui promettrait la pairie, le bon Dieu lui donnerait l'investiture du Paradis et les revenus du Purgatoire ; aucun de ces pouvoirs n'obtiendrait de lui faire passer un fétu d'un plateau à l'autre de sa balance. Il est juge comme la mort est la mort.

Les deux amis étaient arrivés devant le ministère des affaires étrangères, au coin du boulevard des Capucines.

— Te voilà chez toi, dit en riant Bianchon, qui lui montra l'hôtel du ministre ; et voici ma voiture, ajouta-t-il en montrant un fiacre. Ainsi se résume pour chacun de nous l'avenir.

— Tu seras heureux au fond de l'eau, tandis que

je lutterai toujours à la surface avec les tempêtes, jusqu'à ce qu'en sombrant, j'aille te demander place dans ta grotte, mon vieux !

— A samedi, répliqua Bianchon.

— Convenu, dit Rastignac. Tu me promets le Popinot ?

— Oui, je ferai tout ce que ma conscience me permettra de faire. Peut-être cette demande en interdiction cache-t-elle quelque petit *dramorama*, pour nous rappeler par un mot notre mauvais bon temps.

— Pauvre Bianchon! ce ne sera jamais qu'un honnête homme, se dit Rastignac en voyant le fiacre s'éloigner.

II.

UN JUGE MAL JUGÉ.

— Rastignac m'a chargé de la plus difficile de toutes les négociations, se dit Bianchon en se souvenant à son lever de la commission délicate qui lui était confiée. Mais je n'ai jamais demandé à mon oncle le moindre petit service au Palais, et j'ai fait pour lui plus de deux mille visites *gratis*. D'ailleurs, entre nous, nous ne nous gênons point. Il me dira oui ou non, et tout sera fini.

Après ce petit monologue, le célèbre docteur se

dirigea, dès sept heures du matin, vers la rue du Fouarre, où demeurait monsieur Jean-Jules Popinot, juge au tribunal de première instance du département de la Seine.

La rue du Fouarre, mot qui signifiait autrefois rue de la Paille, fut au treizième siècle la plus illustre rue de Paris. Là furent les écoles de l'Université, quand la voix d'Abeilard et celle de Gerson retentissaient dans le monde savant. Elle est aujourd'hui l'une des plus sales rues du douzième arrondissement, le plus pauvre quartier de Paris, celui dans lequel les deux tiers de la population manquent de bois en hiver, celui qui jette le plus d'enfans au tour des Enfans-Trouvés, le plus de malades à l'Hôtel-Dieu, le plus de mendians dans les rues, qui envoie le plus de chiffonniers au coin des bornes, le plus de vieillards souffrans le long des murs où rayonne le soleil, le plus d'ouvriers sans travail sur les places, le plus de prévenus à la police correctionnelle.

Au milieu de cette rue toujours humide et dont le ruisseau roule vers la Seine les eaux noires de quelques teintureries, est une vieille maison, sans doute restaurée sous François Ier, et construite en briques maintenues par des chaînes en pierre de taille. Sa solidité semble attestée par une configuration extérieure qu'il n'est pas rare de voir à quelques maisons de Paris. S'il est permis de hasarder ce mot, elle a comme un ventre produit par le renflement que décrit son premier étage affaissé sous le poids du second et du troisième, mais soutenu par la forte muraille du rez-de-chaussée. Au premier coup-d'œil, il semble que les entre-deux des croisées, quoique renforcés par leurs bordures en pierre de taille, vont éclater; mais l'observateur ne tarde pas à s'apercevoir qu'il en est de cette maison comme de la tour de Bologne, que les vieilles pierres rongées conservent invinciblement leur centre de gravité. Par toutes les saisons, les solides assises du rez-de-chaussée offrent la teinte jaunâtre et l'imperceptible suintement que l'humidité donne à la pierre. Le passant a froid en longeant ce mur dont les bornes échancrées le protégent mal contre la roue des cabriolets. Comme dans toutes les maisons bâties avant l'invention des voitures, la baie de la porte forme une arcade extrêmement basse, assez semblable au porche d'une prison. A droite de cette porte, sont trois croisées revêtues extérieurement de grilles en fer à mailles si serrées qu'il est impossible aux curieux de voir la destination intérieure des pièces humides et sombres, tant d'ailleurs les vitres sont sales et poudreuses; à gauche sont deux autres croisées semblables dont une, parfois ouverte, permet d'apercevoir le portier, sa femme et ses enfans grouillant, travaillant, cuisinant, mangeant et criant au milieu d'une salle planchéiée, boisée, où tout tombe en lambeaux et où l'on descend par deux marches, profondeur qui semble indiquer le progressif exhaussement du pavé parisien. Si, par un jour de pluie, quelque passant s'abrite sous la longue voûte à solives saillantes et blanchies à la chaux qui mène de la porte à l'escalier, il lui est impossible de ne pas contempler le tableau que présente l'intérieur de cette maison. A gauche se trouve un jardinet carré qui ne permet pas de faire plus de quatre enjambées en tous sens, jardin à terre noire où il existe des treillages sans pampres, où, à défaut de végétation, il vient à l'ombre de deux arbres des papiers, de vieux linges, des tessons, des gravats tombés du toit; terre infertile où le temps a jeté sur les murs, sur le tronc des arbres et sur leurs branches une poudreuse empreinte semblable à de la suie froide. Les deux corps de logis en équerre dont se compose la maison tirent leur jour de ce jardinet entouré par deux maisons voisines bâties en colombage, décrépites, menaçant ruine, où se voit à chaque étage quelque grotesque attestation de l'état exercé par le locataire. Ici, de longs bâtons supportent d'immenses écheveaux de laine teinte qui sèchent; là, sur des cordes se balancent des chemises blanchies; plus haut, des volumes endossés montrent sur un ais leurs tranches fraîchement marbrées; les femmes chantent, les maris sifflent, les enfans crient, le menuisier scie ses planches, un tourneur en cuivre fait grincer son métal; toutes les industries s'accordent pour produire un bruit que le nombre des instrumens rend confus. Le système général de la décoration intérieure de ce passage, qui n'est ni une cour, ni un jardin, ni une voûte, et qui tient de toutes ces choses, consiste en piliers de bois posés sur des dés en pierre, et qui figurent des ogives. Deux arcades donnent sur le jardinet; deux autres, qui font face à la porte cochère, laissent voir un escalier de bois dont la rampe fut jadis une merveille de serrurerie, tant le fer y affecte des formes bizarres, et dont les marches usées tremblent sous le pied. Les portes de chaque appartement ont des chambranles bruns de crasse, de graisse, de poussière, et sont garnies de doubles portes revêtues de velours d'Utrecht, semé de clous dédorés disposés en losanges. Ces restes de splendeur annoncent que, sous Louis XIV, cette maison était habitée par quelques conseillers au parlement, par de riches ecclésiastiques ou par quelque trésorier des Parties Casuelles. Mais ces vestiges de l'ancien luxe attirent un sourire sur les lèvres par un naïf contraste entre le présent et le passé.

Monsieur Jean-Jules Popinot demeurait au premier étage de cette maison obombrée par les maisons voisines, et où l'obscurité naturelle aux premiers étages des maisons parisiennes était redoublée par l'étroitesse de la rue. Ce vieux logis était connu de tout le douzième arrondissement, auquel la Providence avait donné ce magistrat comme elle donne une plante bienfaisante pour guérir ou modérer chaque maladie. Voici le croquis de ce personnage que voulait séduire la brillante marquise d'Espard.

En qualité de magistrat, monsieur Popinot était toujours vêtu de noir, costume qui contribuait à le rendre ridicule aux yeux des gens habitués à tout juger sur un examen superficiel. Les hommes jaloux de conserver la dignité qu'impose ce vêtement, doivent se soumettre à des soins continuels et minutieux ; mais le cher monsieur Popinot était incapable d'obtenir sur lui-même la propreté puritaine qu'exige le noir. Son pantalon, toujours usé, ressemblait à du voile, étoffe avec laquelle se font les robes d'avocat ; et le maintien du juge y dessinant une grande quantité de plis, il s'y trouvait par places des lignes blanchâtres, rouges ou luisantes qui dénonçaient une avarice sordide, ou la pauvreté la plus insoucieuse. Ses gros bas de laine grimaçaient dans ses souliers déformés. Son linge avait ce ton roux contracté dans l'armoire par un long séjour, et qui annonçait en feu madame Popinot la manie du linge ; suivant la mode flamande, elle ne se donnait sans doute que deux fois par an l'embarras d'une lessive. L'habit et le gilet du magistrat étaient en harmonie avec le pantalon, les souliers, les bas et le linge. Il avait un bonheur constant dans son incurie ; car, le jour où il endossait un habit neuf, il l'appropriait à l'ensemble de sa toilette en y faisant des taches avec une inexplicable promptitude. Le bonhomme attendait que sa cuisinière le prévînt de la vétusté de son chapeau pour le renouveler. Sa cravate était toujours tordue sans apprêt, et jamais il ne rétablissait le désordre que son rabat de juge introduisait dans le col de sa chemise recroquevillée. Il ne prenait aucun soin de sa chevelure grise, et ne se faisait la barbe que deux fois par semaine. Il ne portait jamais de gants, et fourrait habituellement ses mains dans ses goussets vides dont l'entrée salie, presque toujours déchirée, ajoutait un trait de plus à la négligence de sa personne. Quiconque a fréquenté le Palais de Justice à Paris, endroit où s'observent toutes les variétés du vêtement noir, pourra se figurer la tournure de monsieur Popinot. L'habitude de siéger pendant des journées entières modifie beaucoup le corps, de même que l'ennui causé par d'interminables plaidoyers agit sur la physionomie des magistrats. Enfermé dans des salles ridiculement étroites, sans majesté d'architecture, et où l'air est promptement vicié, le juge parisien prend forcément un visage renfrogné, grimé par l'attention, attristé par l'ennui; son teint s'étiole, contracte des teintes ou verdâtres ou terreuses, suivant le tempérament de l'individu. Enfin, dans un temps donné, le plus fleurissant jeune homme devient une pâle machine à *considérans*, une mécanique appliquant le code sur tous les cas, avec le flegme des volans d'une horloge.

Si donc la nature avait doué monsieur Popinot d'un extérieur peu agréable, la magistrature ne l'avait pas embelli. Sa charpente offrait des lignes heurtées; ses gros genoux, ses grands pieds, ses larges mains contrastaient avec une figure sacerdotale qui ressemblait vaguement à une tête de veau, douce jusqu'à la fadeur, mal éclairée par des yeux vairons, dénuée de sang, fendue par un nez droit et plat, surmontée d'un front sans protubérance, décorée de deux immenses oreilles qui fléchissaient sans grâce. Ses cheveux grêles et rares laissaient voir son crâne par plusieurs sillons irréguliers. Un seul trait recommandait ce visage au physionomiste. Cet homme avait une bouche sur les lèvres de laquelle respirait une bonté divine. C'était de bonnes grosses lèvres, rouges, à mille plis, sinueuses, mouvantes, dans lesquelles la nature avait exprimé de beaux sentimens, des lèvres qui parlaient au cœur et annonçaient en cet homme l'intelligence, la clarté, le don de seconde vue, un angélique esprit. Aussi l'eussiez-vous mal compris en le jugeant seulement sur son front déprimé, sur ses yeux sans chaleur et sur sa piteuse allure.

Sa vie répondait à sa physionomie, elle était pleine de travaux secrets et cachait la vertu d'un saint.

De fortes études sur le Droit l'avaient si bien recommandé quand Napoléon réorganisa la justice, en 1810 et 1811, que, sur l'avis de Cambacérès, il fut inscrit un des premiers pour siéger à la Cour impériale de Paris. Popinot n'était pas intrigant. A chaque nouvelle exigence, à chaque nouvelle sollicitation, le ministre reculait Popinot, qui ne mit jamais les pieds ni chez l'archi-chancelier ni chez le grand-juge. De la cour, il fut exporté sur les listes du tribunal, puis repoussé jusqu'au dernier échelon par les intrigues des gens actifs et remuans. Il fut nommé juge-suppléant. Un cri général s'éleva dans le Palais : — Popinot juge-suppléant ! Cette injustice frappa le monde judiciaire, les avocats, les huissiers, tout le monde, excepté Popinot qui ne se plaignit point. La première clameur passée, chacun trouva que tout était pour le mieux dans le meilleur des mondes possibles, qui certes doit être le monde judiciaire. Popinot fut juge-suppléant jusqu'au jour où le plus célèbre garde-des-sceaux de la restauration vengea les passe-droits faits à cet homme modeste et silencieux par les grands-juges de l'empire. Après avoir été juge-suppléant pendant douze années, monsieur Popinot devait sans doute mourir simple juge au tribunal de la Seine.

Pour expliquer l'obscure destinée d'un des hommes supérieurs de l'ordre judiciaire, il est nécessaire d'entrer ici dans quelques considérations qui serviront à dévoiler sa vie, son caractère, et qui montreront d'ailleurs quelques-uns des rouages de cette grande machine nommée la Justice humaine.

Monsieur Popinot fut classé par les trois présidens qu'eut successivement le tribunal de la Seine, dans une catégorie de *jugerie*, seul mot qui puisse rendre l'idée à exprimer. Il n'obtint pas dans cette compagnie la réputation de capacité que ses travaux lui avaient méritée par avance. De même qu'un peintre est invariablement enfermé dans la catégorie des paysagistes, des portraitistes, des peintres d'histoire, de marine ou de genre, par le public des artistes, des connaisseurs ou des niais, qui, les uns par envie, les autres par omnipotence critique, les derniers par préjugé, le barricadent dans son intelligence en croyant tous qu'il existe des calus dans toutes les cervelles, étroitesse de jugement que le monde applique aux écrivains, aux hommes d'État, à tous les gens qui commencent par une spécialité avant d'être proclamés universels ; de même monsieur Popinot eut sa destination judiciaire, et fut cerclé dans son genre. Les magistrats, les avocats, les avoués, tout ce qui pâture sur le terrain judiciaire, distingue deux élémens dans une cause : le droit et l'équité. L'équité résulte des faits, le droit est l'application des principes aux faits. Un homme peut avoir raison en équité, tort en justice, sans que le juge soit accusable. Entre la conscience et le fait, il est un abîme de raisons déterminantes qui sont inconnues au juge, et qui condamnent ou légitiment un fait. Un juge n'est pas Dieu, son devoir est d'adapter les faits aux principes, de juger des espèces variées à l'infini, en se servant d'une mesure déterminée. Si le juge avait le pouvoir de lire dans la conscience et de démêler les motifs pour rendre d'équitables arrêts, chaque juge serait un grand homme, la France a besoin d'environ six mille juges. Aucune génération n'a six mille grands hommes à son service. Monsieur Popinot était, au milieu de la civilisation parisienne, un très-habile cadi, qui, par la nature de son esprit et à force d'avoir usé la lettre de la loi sur l'esprit des faits, avait reconnu le défaut des applications spontanées et violentes. Il avait acquis un don de seconde vue, et perçait l'enveloppe du double mensonge sous lequel les plaideurs cachent l'intérieur des procès : il était juge comme l'illustre Desplein était chirurgien, il pénétrait les consciences comme ce savant pénétrait les corps. Sa vie et ses mœurs l'avaient conduit à l'appréciation exacte des pensées les plus secrètes par l'examen des faits : il creusait un procès comme Cuvier fouillait l'humus du globe ; il allait, comme ce grand penseur, de déductions en déductions avant de conclure, et reproduisait le passé de la conscience comme Cuvier reconstruisait un anoplothérium. A propos d'un rapport, il s'éveillait souvent la nuit, surpris par un filon de vérité qui brillait soudain dans sa pensée. Frappé des injustices profondes qui couronnaient ces luttes où tout dessert l'honnête homme, où tout profite aux fripons, il concluait souvent contre le droit en faveur de l'équité, dans toutes les causes où il s'agissait de questions en quelque sorte divinatoires. Il passa donc parmi ses collègues pour un esprit peu pratique ; ses raisons longuement déduites allongeaient d'ailleurs les délibérations. Quand Popinot remarqua leur répugnance à l'écouter, il donna son avis brièvement. Il passa pour mal juger ces sortes d'affaires ; mais comme son génie d'appréciation était frappant, que son jugement était lucide et sa pénétration profonde, il fut regardé comme possédant une aptitude spéciale pour les pénibles fonctions de juge d'instruction. Il demeura donc juge d'instruction pendant la plus grande partie de sa vie judiciaire. Quoique ses qualités le rendissent éminemment propre à cette carrière difficile, et qu'il eût la réputation d'être un profond criminaliste à qui ses fonctions plaisaient, la bonté de son cœur le mettait constamment à la torture, et il était pris entre sa conscience et sa pitié comme dans un étau. Les fonctions de juge d'instruction, quoique mieux rétribuées que celles de juge civil, ne tentent personne; elles sont trop assujettissantes. Monsieur Popinot, homme de modestie et de vertueux savoir, sans ambition, travailleur infatigable, ne se plaignit pas de sa destination; il fit au bien public le sacrifice de ses goûts, de sa compatissance, et se laissa déporter dans les lagunes de l'instruction criminelle, où il sut être à la fois sévère et bienfaisant. Parfois, son greffier remettait au prévenu de l'argent pour acheter du tabac, ou pour avoir un vêtement chaud en hiver, en le reconduisant du cabinet du juge à la Souricière, prison temporaire où l'on tient les prévenus à la disposition de l'instructeur. Il savait être juge inflexible et homme charitable; aussi nul n'obtenait-il plus facilement des aveux sans recourir aux ruses judiciaires. Il avait d'ailleurs la finesse de l'observateur. Cet homme, d'une bonté niaise en apparence, simple et distrait, devinait les ruses des Crispins du bagne, déjouait les femmes les plus astucieuses, et faisait fléchir les scélérats. Des circonstances peu communes avaient aiguisé sa perspicacité; mais pour les dire, besoin est de pénétrer dans sa vie intime, car le juge était en lui le côté social; un autre homme plus grand et moins connu se trouvait en lui.

Douze ans avant le jour où cette histoire commence, en 1816, par cette terrible disette qui coïncida fatalement avec le séjour des alliés en France, monsieur Popinot fut nommé président de la commission extraordinaire instituée pour distribuer des secours aux indigens de son quartier, au moment où il projetait d'abandonner la rue du Fouarre dont l'habitation ne lui déplaisait pas moins qu'à sa femme. Ce grand jurisconsulte, ce profond criminaliste de qui la supériorité paraissait à ses collègues une aberration, avait depuis cinq ans aperçu les résultats judiciaires sans en voir les causes. En montant dans les greniers, en apercevant les misères, en étudiant les nécessités cruelles qui conduisent graduellement les pauvres à des actions blâmables, et en mesurant leurs longues luttes, il fut saisi d'effroi, de compassion. Ce juge devint alors le saint Vincent de Paul de ces grands enfans, de ces ouvriers souffrans. Sa transformation ne fut pas tout-à-coup complète : la bienfaisance a son entraînement, comme les vices ont le leur ; la charité dévore la bourse d'un saint comme la roulette mange les biens du joueur. Monsieur Popinot alla d'infortune en infortune, d'aumône en aumône ; puis, quand il eut soulevé tous les haillons qui forment à cette misère publique comme un appareil sous lequel s'envenime une plaie fiévreuse, il devint, au bout d'un an, la providence de son quartier. Il fut membre du comité de bienfaisance, du bureau de charité ; partout où des fonctions gratuites étaient à exercer, il acceptait et agissait sans emphase, à la manière de l'*homme au petit manteau* qui passe sa vie à porter des soupes dans les marchés et dans les endroits où sont les gens affamés. Monsieur Popinot avait le bonheur d'agir sur une plus vaste circonférence et dans une sphère plus élevée : il veillait à tout, il prévenait le crime, il donnait de l'ouvrage aux ouvriers inoccupés, il faisait placer les impotens, il distribuait ses secours avec discernement sur tous les points menacés, se constituant le conseil de la veuve, le protecteur des enfans sans asile, le commanditaire des petits commerces. Personne au palais, ni dans Paris, ne connaissait cette vie secrète de monsieur Popinot. Il est des vertus si éclatantes qu'elles comportent l'obscurité : les hommes s'empressent de les mettre sous le boisseau ; quant aux obligés du magistrat, tous travaillant pendant le jour et fatigués la nuit, étaient peu propres à le prôner ; ils avaient l'ingratitude des enfans qui ne peuvent jamais s'acquitter parce qu'ils doivent trop : il y a des ingratitudes forcées ; mais quel cœur a pu semer le bien pour récolter la reconnaissance, et se croire grand ?

Dès la deuxième année de son apostolat secret, monsieur Popinot avait fini par convertir en un parloir le magasin du rez-de-chaussée de sa maison qui était éclairé par les trois croisées à grilles en fer. Les murs et le plafond de cette grande pièce avaient été blanchis à la chaux, et le mobilier consistait en bancs de bois semblables à ceux des écoles, en une armoire grossière, un bureau de noyer et un fauteuil. Dans l'armoire étaient ses registres de bienfaisance, ses modèles de *bons de pain*, son journal; car il tenait ses écritures commercialement, afin de ne pas être la dupe de son cœur. Toutes les misères du quartier étaient chiffrées, casées dans un livre où chaque malheur avait son compte, comme chez un marchand les débiteurs divers. Lorsqu'il y avait doute sur une famille, sur un homme à secourir, le magistrat trouvait à ses ordres les renseignemens de la police de sûreté. Lavienne, domestique fait pour le maître, était son aide-de-camp; il dégageait ou renouvelait les reconnaissances du Mont-de-Piété, et courait aux endroits les plus menacés, pendant que son maître travaillait au Palais. De quatre à sept heures du matin en été, de six heures à neuf heures en hiver, cette salle était pleine de femmes, d'enfans, d'indigens, auxquels monsieur Popinot donnait audience. Il n'était nullement besoin de poêle en hiver, la foule abondait si druement que l'atmosphère devenait chaude; seulement, Lavienne mettait de la paille sur le carreau trop humide. A la longue, les bancs étaient devenus polis comme de l'acajou verni; puis, à hauteur d'homme, la muraille avait reçu je ne sais quelle sombre peinture appliquée par les haillons et les vêtemens délabrés de tous ces pauvres gens. Cette assemblée pittoresque gardait une contenance respectueuse. Ces malheureux aimaient tant monsieur Popinot que, quand, avant l'ouverture de sa porte, ils étaient attroupés vers le matin en hiver, les femmes se chauffant avec des *gueux*, les hommes se brassant pour s'échauffer, jamais un murmure n'avait troublé son sommeil; les chiffonniers, les gens à état nocturne connaissaient ce logis, et voyaient souvent le cabinet du magistrat éclairé à des heures indues; enfin les voleurs disaient en passant : *voilà sa maison*, et la saluaient. Le matin appartenait aux pauvres, le milieu du jour aux criminels, le soir aux travaux judiciaires.

Le génie d'observation que possédait monsieur Popinot était donc nécessairement *bifrons* : il devinait les vertus de la misère, les bons sentimens froissés, les belles actions en principe, les dévouemens inconnus, comme il allait chercher au fond des consciences les plus légers linéamens du crime, les fils les plus ténus des délits, pour en tout discerner. Le patrimoine de monsieur Popinot valait mille écus de rente; sa femme, sœur de monsieur Bianchon le père, médecin à Sancerre, lui en avait apporté deux fois autant; elle était morte depuis cinq ans et avait laissé sa fortune à son mari; or, comme les appointemens de juge-suppléant ne sont pas considérables, et que monsieur Popinot n'était juge en pied que depuis quatre ans, il est facile de deviner la cause de sa parcimonie dans tout ce qui concernait sa personne ou sa vie, en voyant combien ses revenus étaient médiocres, combien était grande sa bienfaisance. D'ailleurs, l'indifférence en fait de vêtement, qui signalait en monsieur Popinot l'homme préoccupé, n'est-elle pas la marque distinctive de la haute science, de l'art cultivé follement, de la pensée perpétuellement active? Pour achever ce portrait, il suffira d'ajouter que monsieur Popinot était du petit nombre des juges du tribunal de la Seine auxquels la décoration de la Légion-d'Honneur n'avait pas été accordée.

Tel était l'homme que le président de la deuxième chambre, à laquelle appartenait monsieur Popinot, rentré depuis deux ans parmi les juges civils, avait commis pour procéder à l'interrogatoire du marquis d'Espard, sur la requête présentée par sa femme afin d'obtenir une interdiction.

A neuf heures, la rue du Fouarre devenait déserte et reprenait son aspect sombre et misérable; Bianchon pressa donc le trot de son cheval, afin de surprendre son oncle au milieu de son audience. Bianchon, médecin d'un hôpital, et médecin gratuit de tous les malades que lui recommandait le juge, n'était pas moins connu que lui des malheureux assemblés là. Il ne pensa pas sans sourire à l'étrange contraste que produirait son oncle auprès de madame d'Espard, et il se promit de l'amener à faire une toilette qui ne le rendit pas trop ridicule.

— Mon oncle a-t-il seulement un habit neuf? se disait Bianchon en entrant dans la rue du Fouarre, où les croisées du parloir jetaient une pâle lumière. Je ferai bien, je crois, de m'entendre là-dessus avec Lavienne.

Au bruit du cabriolet, une dizaine de pauvres

surpris sortirent de dessous le porche, et se découvrirent en reconnaissant le médecin. Bianchon aperçut son oncle au milieu du parloir dont les bancs étaient en effet garnis d'indigens, et tous présentaient les grotesques singularités de costume qui arrêtent en pleine rue les passans les moins artistes. Certes, un desssinateur, un Rembrandt, s'il en existait un de nos jours, aurait conçu là l'une de ses plus magnifiques compositions en voyant ces misères naïvement posées et silencieuses. Ici, la rugueuse figure d'un austère vieillard à barbe blanche, au crâne apostolique, un saint Pierre tout fait pour un peintre; sa poitrine, découverte en partie, laissait voir des muscles saillans, indice d'un tempérament de bronze qui lui avait servi de point d'appui pour soutenir tout un poëme de malheurs. Là, une jeune femme donnait à téter à son dernier enfant pour l'empêcher de crier, en en tenant un autre, âgé de cinq ans environ, entre ses genoux; ce sein, dont la blancheur éclatait au milieu des haillons, cet enfant à chairs transparentes, et son frère dont la pose révélait tout un avenir de gamin, attendrissaient l'âme par une sorte d'opposition à demi gracieuse avec la longue file de figures rouges de froid, au milieu de laquelle apparaissait cette famille. Plus loin, une vieille femme, pâle et froide, offrait ce masque repoussant du paupérisme en révolte, prêt à venger en un jour de sédition toutes ses peines passées. Il y était aussi l'ouvrier jeune, débile, paresseux, de qui l'œil plein d'intelligence annonçait de hautes facultés comprimées par des besoins vainement combattus, se taisant sur ses souffrances, et près de mourir faute de rencontrer l'occasion de passer entre les barreaux de l'immense vivier où s'agitent ces misères qui s'entre-dévorent. Les femmes étaient en majorité; leurs maris, partis pour leurs ateliers, leur laissaient sans doute le soin de plaider la cause du ménage avec cet esprit qui caractérise la femme du peuple, presque toujours la reine dans son taudis. Vous eussiez vu sur toutes les têtes des foulards déchirés, des robes bordées de boue, des fichus en lambeaux, des casaquins sales et troués, mais partout des yeux qui brillaient comme autant de flammes vives. Réunion horrible dont l'aspect inspirait d'abord le dégoût, mais qui bientôt causait une sorte de terreur au moment où l'on apercevait que, toute fortuite, la résignation de ces âmes aux prises avec tous les besoins de la vie était une spéculation fondée sur la bienfaisance. Les deux chandelles qui éclairaient le parloir vacillaient dans une espèce de brouillard causé par la puante atmosphère de ce lieu mal aéré. Le magistrat n'était pas le personnage le moins pittoresque au milieu de cette assemblée : il avait sur la tête un bonnet de coton roussâtre; et, comme il était sans cravate, son cou rouge de froid et ridé se dessinait nettement au-dessus du collet rabougri de sa vieille robe de chambre. Sa figure fatiguée offrait l'expression à demi stupide que donne la préoccupation : sa bouche, comme celle de tous ceux qui travaillent, s'était ramassée comme une bourse dont on a serré les cordons ; son front contracté semblait supporter le fardeau de toutes les confidences qui lui étaient faites ; il sentait, analysait et jugeait. Attentif autant qu'un prêteur à la petite semaine, ses yeux quittaient ses livres et ses renseignemens pour pénétrer jusqu'au for intérieur des individus qu'il examinait avec la rapidité de vision par laquelle les avares expriment leurs inquiétudes. Lavienne était debout derrière son maître, prêt à exécuter ses ordres ; il faisait sans doute la police, et accueillait les nouveaux venus, en les encourageant contre leur propre honte. Quand le médecin parut, il se fit un mouvement sur les bancs ; Lavienne tourna la tête et fut étrangement surpris de voir Bianchon.

— Ah ! te voilà, mon garçon, dit Popinot en se détirant les bras. Qui t'amène à cette heure ?

— Je craignais que vous ne fissiez aujourd'hui, sans m'avoir vu, certaine visite judiciaire au sujet de laquelle je veux vous entretenir.

— Eh bien ! reprit le juge en s'adressant à une grosse petite femme qui restait debout près de lui, si vous ne me dites pas ce que vous avez, je ne le devinerai pas...

— Dépêchez-vous, lui dit Lavienne, ne prenez pas le temps des autres.

— Monsieur, dit enfin la femme en rougissant et baissant la voix de manière à n'être entendue que de Popinot et de Lavienne, je suis *marchande des quatre saisons*, et j'ai mon petit dernier pour lequel je dois les mois de nourrice. Donc j'avais caché mon pauvre argent...

— Eh bien! votre homme l'a pris? dit Popinot en devinant le dénoûment de la confession.

— Oui, monsieur.

— Comment vous nommez-vous?

— La Pomponne.

— Votre mari?

— Toupinet.

— Rue du Petit-Banquier, reprit Popinot en feuilletant son registre. Il est en prison, dit-il en lisant une observation en marge de la case où ce ménage était inscrit.

— Pour dettes, mon cher monsieur.

Popinot hocha la tête.

— Mais, monsieur, je n'ai pas de quoi garnir ma brouette, vu que le propriétaire est venu hier et m'a forcée de le payer, sans quoi j'étais à la porte.

Lavienne se pencha vers son maître et lui dit quelques mots à l'oreille.

— Eh bien! que faut-il pour acheter votre fruit à la halle?

— Mais, mon cher monsieur, j'aurais besoin, pour continuer mon commerce, de.... oui, j'aurais bien besoin de dix francs.

Le juge fit un signe à Lavienne, qui tira d'un grand sac dix francs et les donna à la femme pendant que le juge inscrivait le prêt sur son registre. A voir le mouvement de joie qui fit tressaillir la marchande, Bianchon devina les anxiétés par lesquelles cette femme avait été sans doute agitée en venant de sa maison chez le juge.

— A vous, dit Lavienne au vieillard à barbe blanche.

Bianchon tira le domestique à part, et s'enquit du temps que prendrait cette audience.

— Monsieur a eu deux cents personnes ce matin, en voici encore quatre-vingts *à faire*, dit Lavienne; monsieur le docteur aurait le temps d'aller à ses premières visites.

— Mon garçon, dit le juge en se retournant et saisissant Horace par le bras, tiens, voici deux adresses ici près, l'une rue de Seine, et l'autre rue de l'Arbalète; il faut y courir. Rue de Seine, une jeune fille s'est asphyxiée cette nuit; l'autre est un homme à faire entrer à ton hôpital. Je t'attendrai pour déjeûner.

Bianchon revint au bout d'une heure; la rue du Fouarre était déserte, le jour commençait à poindre, son oncle remontait chez lui, le dernier pauvre de qui le magistrat venait de panser l'âme s'en allait, et le sac de Lavienne était vide.

— Eh bien! comment vont-ils? dit le juge au docteur en montant l'escalier

— L'homme est mort, répondit Bianchon; la jeune fille s'en tirera.

Depuis que l'œil et la main d'une femme y manquaient, l'appartement où demeurait monsieur Popinot avait pris une physionomie en harmonie avec celle du maître. L'incurie de l'homme emporté par une pensée dominante imprimait son cachet bizarre en toutes choses. Partout une poussière invétérée, partout dans les objets ces changemens de destination dont l'industrie rappelait celle des ménages de garçon : c'étaient des papiers dans des vases de fleurs, des bouteilles d'encre vides sur les meubles, des assiettes oubliées, des briquets phosphoriques convertis en bougeoirs au moment où il fallait faire une recherche, des déménagemens partiels commencés et oubliés, enfin tous les encombremens et les vides occasionnés par des pensées de rangement abandonnées. Mais le cabinet du magistrat était particulièrement le résumé fidèle de ce désordre incessant ; il accusait sa marche sans halte, l'entraînement de l'homme accablé d'affaires, poursuivi par des nécessités qui se croisent. La bibliothèque était comme au pillage, les livres traînaient, les uns empilés le dos dans les pages ouvertes, les autres tombés les feuillets contre terre ; les dossiers de procédures disposés en ligne, le long du corps de la bibliothèque, encombraient le parquet. Ce parquet n'avait pas été frotté depuis cinq ans. Les tables et les meubles étaient chargés d'*ex voto* apportés par la misère reconnaissante. Sur les cornets en verre bleu qui ornaient la cheminée se trouvaient deux globes de verre, à l'intérieur desquels étaient répandues diverses couleurs mêlées, ce qui leur donnait l'apparence d'un curieux produit de la nature. Des bouquets en fleurs artificielles, des tableaux où le chiffre de monsieur Popinot était entouré de cœurs et d'immortelles décoraient les murs ; ici des boites en ébénisterie prétentieusement faites, et qui ne pouvaient servir à rien ; là des serre-papiers travaillés dans le goût des ouvrages exécutés au bagne par les forçats. Ces chefs-d'œuvre de patience, ces *rébus* de gratitude, ces bouquets desséchés donnaient au cabinet et à la chambre du juge l'air d'une boutique de jouets d'enfans; le bonhomme s'en faisait des *memento*, il les emplissait de notes, de plumes oubliées et de menus papiers. Ces sublimes témoignages d'une charité divine étaient pleins de poussière, sans fraîcheur. Quelques oiseaux parfaitement empaillés, mais rongés par les mites, se dressaient dans cette forêt de colifichets où dominait un angora, le chat favori de madame Popinot à qui sans doute un naturaliste sans le sou l'avait restitué avec toutes les apparences de la vie, payant ainsi par un trésor éternel une légère aumône. Quelque artiste du quartier, de qui le cœur avait égaré les pinceaux, avait également fait les portraits de monsieur et de madame Popinot. Jusque dans l'alcôve de la chambre à coucher se voyaient des pelotes brodées, des paysages en point de marque, et des croix en papier plié dont les fioritures indiquaient un travail insensé. Les rideaux de fenêtres étaient noircis par la fumée, et les draperies n'avaient plus aucune couleur.

Entre la cheminée et la longue table carrée sur laquelle travaillait le magistrat, la cuisinière avait servi deux tasses de café au lait sur un guéridon, et deux fauteuils d'acajou garnis en étoffe de crin attendaient l'oncle et le neveu. Comme le jour intercepté par les croisées n'arrivait pas jusqu'à cette place, la cuisinière avait laissé deux chandelles dont la mèche démesurément longue formait champignon, et jetait cette lumière rougeâtre et immobile qui fait durer la chandelle par la lenteur de la combustion; découverte due aux avares.

— Cher oncle, vous devriez vous vêtir plus chaudement quand vous descendez à ce parloir.

— Je me fais scrupule de les faire attendre, ces pauvres gens! Eh bien! que me veux-tu, toi?

— Mais je viens vous inviter à dîner demain chez la marquise d'Espard.

— Une de nos parentes? demanda le juge d'un air si naïvement préoccupé, que Bianchon se mit à rire.

— Non, mon oncle, la marquise d'Espard est une haute et puissante dame, qui a présenté une requête au tribunal, à l'effet de faire interdire son mari, et vous avez été commis...

— Et tu veux que j'aille dîner chez elle? Es-tu fou? dit le juge en saisissant le code de procédure. Tiens, lis donc l'article qui défend au magistrat de boire et de manger chez l'une des parties qu'il doit juger. Qu'elle vienne me voir si elle a quelque chose à me dire, ta marquise. Je devais, en effet, aller demain interroger son mari, après avoir examiné l'affaire pendant la nuit prochaine.

Il se leva, prit un dossier qui se trouvait sous un

serre-papier à portée de sa vue, et dit, après en avoir lu l'intitulé : — Voici les pièces.

— Puisque cette haute et puissante dame t'intéresse, dit-il, voyons la requête.

Popinot croisa sa robe de chambre dont les pans retombaient toujours en laissant sa poitrine à nu, trempant ses mouillettes dans son café froidi, et chercha la requête qu'il lut en se permettant quelques parenthèses et quelques discussions auxquelles son neveu prit part. Cette requête, constituant le sujet même de cette aventure, en forme un des plus curieux chapitres.

III.

LA REQUÊTE.

« A monsieur le président du tribunal civil de première instance du département de la Seine, séant au Palais-de-Justice, à Paris.

» Madame Jeanne-Clémentine-Athénaïs de Blamont-Chauvry, épouse de monsieur Charles-Maurice-Marie Andoche, comte de Négrepelisse, marquis d'Espard (bonne noblesse), propriétaire; ladite dame d'Espard demeurant rue du Faubourg-Saint-Honoré, n° 104, et ledit sieur d'Espard, rue de la Montagne-Sainte-Geneviève, n° 22 (ah! oui, monsieur le président m'a dit que c'était dans mon quartier!), ayant Me Plumet pour avoué; »

— Plumet! un petit faiseur d'affaires, un homme mal vu du tribunal et de ses confrères, qui nuit à ses cliens!

« A l'honneur de vous exposer, monsieur le président, que, depuis une année, les facultés morales et intellectuelles de monsieur d'Espard, son mari, ont subi une altération si profonde, qu'elles constituent aujourd'hui l'état de démence et d'imbécillité prévu par l'article 486 du Code civil, et appellent au secours de sa fortune, de sa personne, et dans l'intérêt de ses enfans, qu'il garde près de lui, l'application des dispositions voulues par le même article.

» Qu'en effet, l'état moral de monsieur d'Espard qui, depuis quelques années, offrait des craintes graves fondées sur le système adopté par lui pour le gouvernement de ses affaires, a parcouru, pendant cette dernière année surtout, une déplorable échelle de dépression; que la volonté, la première, a ressenti les effets du mal, et que son anéantissement a laissé monsieur le marquis d'Espard livré à tous les dangers d'une incapacité constatée par les faits suivans.

» Depuis long-temps, tous les revenus que procurent les biens du marquis d'Espard passent, sans causes plausibles et sans avantages, même temporaires, à une vieille femme de qui la laideur repoussante est généralement remarquée, et nommée madame Marboutin, demeurant tantôt à Paris, rue de la Vrillère, n° 8, tantôt à Villeparisis, près Claye, département de Seine-et-Marne, et au profit de son fils, âgé de trente-six ans, officier de l'ex-garde impériale, que, par son crédit, monsieur le marquis d'Espard a placé dans la garde royale en qualité de chef d'escadron au 1er régiment de cuirassiers. Ces personnes, réduites, en 1814, à la dernière misère, ont successivement acquis des immeubles d'un prix considérable, entre autres et dernièrement un hôtel Grande rue Verte, où le sieur Marboutin fait actuellement des dépenses considérables afin de s'y établir avec la dame Marboutin, sa mère, en vue du mariage qu'il poursuit; dépenses qui déjà s'élèvent à plus de cent mille francs. Ce mariage est procuré par les démarches du marquis d'Espard auprès de son banquier, monsieur Lùc Sullivan, duquel il a demandé la fille en mariage pour ledit sieur Marboutin, en promettant son crédit pour lui obtenir la dignité de baron. Cette nomination a eu lieu effectivement par ordonnance de Sa Majesté, en date du 29 décembre dernier, sur les sollicitations du marquis d'Espard, ainsi qu'il peut en être justifié par sa grandeur monseigneur le garde-des-sceaux, si le tribunal jugeait à propos de recourir à son témoignage.

» Qu'aucune raison, *même prise parmi celles que la morale et la loi réprouvent également*, ne peut justifier l'empire que la dame veuve Marboutin a pris sur le marquis d'Espard, qui, d'ailleurs, la voit très-rarement ; ni expliquer son étrange affection pour ledit sieur baron Marboutin, avec lequel ses communications sont peu fréquentes. Cependant leur autorité se trouve être si grande, que chaque fois qu'ils ont besoin d'argent, fût-ce même pour satisfaire de simples fantaisies, cette dame ou son fils... »

— Eh ! eh ! *raison que la morale et la loi réprouvent !* Que veut nous insinuer le clerc ou l'avoué ? dit Popinot.

Bianchon se mit à rire.

« Cette dame *ou son fils* obtiennent, sans aucune discussion du marquis d'Espard, ce qu'ils demandent, et, à défaut d'argent comptant, monsieur d'Espard signe des lettres de change négociées par monsieur Luc Sullivan, lequel a fait offre à l'exposante d'en témoigner.

» Que, d'ailleurs, à l'appui de ces faits, il est arrivé récemment, lors du renouvellement des baux de la terre d'Espard, que les fermiers, ayant donné une somme assez importante pour la continuation de leurs contrats, le sieur Marboutin s'en est fait faire immédiatement la délivrance.

» Que la volonté du marquis d'Espard a si peu de concours à l'abandon de ces sommes, que, quand il lui en a été parlé, il n'a point paru s'en souvenir ; et que, toutes les fois que des personnes graves l'ont questionné sur son dévouement à ces deux individus, ses réponses ont indiqué une si entière abnégation de ses idées, de ses intérêts, qu'il existe nécessairement en cette affaire une cause occulte sur laquelle l'exposante appelle l'œil de la justice, attendu qu'il est impossible que cette cause ne soit pas criminelle, abusive et tortionnaire, ou d'une nature appréciable par la médecine légale, si toutefois cette obsession n'est pas de celles qui rentrent dans l'abus des forces morales, et qu'on ne peut qualifier qu'en se servant du terme extraordinaire de *possession*. »

— Diable! reprit Popinot, que dis-tu de cela, toi, docteur? Ces faits-là sont bien étranges!

— Ils pourraient être, répondit Bianchon, un effet du pouvoir magnétique.

— Tu crois donc aux bêtises de Mesmer, à son baquet, à la vue au travers des murailles?

— Oui, mon oncle, dit gravement le docteur. En vous entendant lire cette requête, j'y pensais. Je vous déclare que j'ai vérifié, dans une autre sphère d'action, plusieurs faits analogues, relativement à l'empire sans bornes qu'un homme peut acquérir sur un autre. Je suis, contrairement à l'opinion de mes confrères, entièrement convaincu de la puissance de la volonté considérée comme force motrice. J'ai vu, tout compérage et charlatanisme à part, les effets de cette *possession*. Les actes promis au *magnétiseur* par le *magnétisé*, pendant le sommeil, ont été scrupuleusement accomplis dans l'état de veille. La volonté de l'un était devenue la volonté de l'autre.

— Toute espèce d'acte?

— Oui.

— Même criminel ?

— Même criminel.

— Il faut que ce soit toi pour que je t'écoute.

— Je vous en rendrai témoin, dit Bianchon.

— Hum! hum ! fit le juge. En supposant que la cause de cette prétendue *possession* appartînt à cet ordre de faits, elle serait difficile à constater et à faire admettre en justice.

— Je ne vois pas, si cette dame Marboutin est affreusement laide et vieille, quel autre moyen de séduction elle pourrait avoir, dit Bianchon.

— Mais, reprit le juge, en 1814, époque à laquelle la séduction aurait éclaté, cette femme devait avoir quatorze ans de moins; et si elle a été liée dix ans auparavant avec monsieur d'Espard, ces calculs de date nous reportent à vingt-quatre ans en arrière; époque à laquelle madame Marboutin pouvait être jeune, jolie, et avoir conquis, par des moyens fort naturels, pour elle aussi bien que pour son fils, sur monsieur d'Espard un empire auquel certains hommes ne savent pas se soustraire. Si la cause de cet empire semble répréhensible aux yeux de la justice, il est justifiable aux yeux de la nature. Madame Marboutin aura pu se fâcher du mariage contracté probablement vers ce temps par le marquis d'Espard avec mademoiselle de Blamont-Chauvry, et il pourrait n'y avoir au fond de ceci qu'une rivalité de femme, puisque le marquis ne demeure plus depuis long-temps avec madame d'Espard.

— Mais cette laideur repoussante, mon oncle?

— La puissance des séductions, reprit le juge, est en raison directe avec la laideur; vieille question! D'ailleurs, et la petite-vérole, docteur? Mais continuons.

« Que dès l'année 1815, pour fournir aux sommes exigées par ces deux personnes, monsieur le marquis d'Espard a été se loger avec ses deux enfans rue de la Montagne-Sainte-Geneviève, dans un appartement dont le dénuement est indigne de son nom et de sa qualité (on se loge comme on veut!); qu'il y détient ses deux enfans, le comte Clément d'Espard et le vicomte Camille d'Espard, dans les habitudes d'une vie en désaccord avec leur avenir, avec leur nom et leur fortune; que souvent le manque d'argent est tel, que récemment le propriétaire, un sieur Maraist, fit saisir les meubles garnissant les lieux; que quand cette voie de poursuite fut effectuée en sa présence, le marquis d'Espard a aidé l'huissier qu'il a traité comme un homme de qualité, en lui prodiguant toutes les marques de courtoisie et d'attention qu'il aurait eues pour une personne élevée au-dessus de lui en dignité. »

L'oncle et le neveu se regardèrent en riant.

« Que, d'ailleurs, tous les actes de sa vie, en dehors des faits allégués à l'égard de la dame veuve Marboutin et du sieur baron Marboutin son fils, sont empreints de folie. Que depuis bientôt dix ans, il s'occupe si exclusivement de la Chine, de ses coutumes, de ses mœurs, de son histoire, qu'il rapporte tout aux habitudes chinoises ; que, questionné sur ce point, il confond les affaires du temps, les événemens de la veille avec les faits relatifs à la Chine, qu'il censure les actes du gouvernement et la conduite du roi, quoique d'ailleurs il l'aime personnellement, en les comparant à la politique chinoise.

» Que cette monomanie a poussé le marquis d'Espard à des actions dénuées de sens ; que, contre les habitudes de son rang et les idées qu'il professait sur le devoir de la noblesse, il a entrepris une affaire commerciale pour laquelle il souscrit journellement des obligations à terme qui menacent aujourd'hui son honneur et sa fortune, attendu qu'elles emportent pour lui la qualité de négociant, et peuvent, faute de paiement, le faire déclarer en faillite ; que ces obligations, contractées envers les marchands de papier, les imprimeurs, les lithographes et les coloristes qui ont fourni les élémens nécessaires à cette publication, intitulée : *Histoire pittoresque de la Chine* et paraissant par livraisons, sont d'une telle importance, que ces mêmes fournisseurs ont supplié l'exposante de requérir l'interdiction du marquis d'Espard afin de sauver leurs créances. »

— Cet homme est un fou, s'écria Bianchon.

— Tu crois cela, toi ! dit le juge. Il faut l'entendre. Qui n'écoute qu'une cloche n'a qu'un son.

— Mais il me semble... dit Bianchon.

— Mais il me semble, dit Popinot, que si quelqu'un de mes parens voulait s'emparer de l'administration de mes biens, et qu'au lieu d'être un simple juge de qui les collègues peuvent examiner tous les jours l'état moral, je fusse duc et pair, un avoué quelque peu rusé comme est Plumet pourrait dresser une requête semblable contre moi...

« Que l'éducation de ses enfans a souffert de cette monomanie, et qu'il leur a fait apprendre, contrairement à tous les usages de l'enseignement, les faits de l'histoire chinoise qui contredisent les doctrines de la religion catholique, et leur a fait apprendre les dialectes chinois. »

— Ici l'avoué me paraît drôle! dit Bianchon.

— La requête a été dressée par quelque premier clerc qui n'était pas très Chinois, dit le juge.

« Qu'il laisse souvent ses enfans dénués des choses les plus nécessaires; que l'exposante, malgré ses instances, ne peut les voir, et que le sieur marquis d'Espard les lui amène une seule fois par an; que sachant les privations auxquelles ils sont soumis, elle a fait de vains efforts pour leur donner les choses les plus nécessaires à l'existence et desquelles ils manquaient... »

— Oh! madame la marquise, voici des farces! Qui prouve trop ne prouve rien! Mon cher enfant! dit le juge en laissant le dossier sur ses genoux, quelle est la mère qui jamais a manqué de cœur, d'esprit, d'entrailles, au point de rester au-dessous des inspirations suggérées par l'instinct animal? Une mère est aussi rusée pour arriver à ses enfans qu'une jeune fille peut l'être pour conduire à bien une intrigue d'amour! Si ta marquise avait voulu nourrir ou vêtir ses enfans, le diable ne l'en aurait certes pas empêchée! hein? Elle est un peu trop longue la couleuvre pour un vieux juge! Continuons:

« Que l'âge auquel arrivent lesdits enfans exige, dès à présent, qu'il soit pris des précautions pour les soustraire à la funeste influence de cette éducation, qu'il y soit pourvu selon leur rang, et qu'ils n'aient point sous les yeux l'exemple que leur donne la conduite de leur père;

» Qu'à l'appui des faits présentement allégués, il existe des preuves dont le tribunal obtiendra facilement la répétition. Maintes fois, monsieur d'Espard a nommé le juge de paix du douzième arrondissement un mandarin de troisième classe; il a souvent appelé les professeurs du collége Henri IV, des *lettrés*. A propos des choses les plus simples, il a dit: Que cela ne se passait pas ainsi en Chine; il fait, dans le cours d'une conversation ordinaire, allusion soit à la dame Marboutin, soit à des événemens arrivés sous le règne de Louis XIV, et demeure alors plongé dans une mélancolie noire; il s'imagine parfois être en Chine. Plusieurs de ses voisins, notamment les sieurs Edme Becker, étudiant en médecine, Jean-Baptiste Frémiot, professeur, domiciliés dans la même maison, pensent, après avoir pratiqué le marquis d'Espard, que sa monomanie, en tout ce qui est relatif à la Chine, est une conséquence d'un plan formé par le sieur baron

Marboutin et la dame veuve Marboutin pour achever l'anéantissement des facultés morales du marquis d'Espard ; attendu que le seul service que paraît rendre à monsieur d'Espard la dame Marboutin, est de lui procurer tout ce qui a rapport à l'empire de la Chine.

« Qu'enfin l'exposante offre de prouver au tribunal que les sommes absorbées par les sieur et dame veuve Marboutin, de 1814 à 1828, ne s'élèvent pas à moins d'un million de francs.

« A la confirmation des faits qui précèdent, l'exposante offre à monsieur le président le témoignage des personnes qui voient habituellement monsieur le marquis d'Espard, et dont les noms et qualités sont désignés ci-dessous, parmi lesquelles beaucoup l'ont suppliée de provoquer l'interdiction de monsieur le marquis d'Espard, comme le seul moyen de mettre sa fortune à l'abri de sa déplorable administration, et ses enfans loin de sa funeste influence.

« Ce considéré, monsieur le président, et vu les pièces ci-jointes, l'exposante requiert qu'il vous plaise, attendu que les faits qui précèdent prouvent évidemment l'état de démence et d'imbécillité de monsieur le marquis d'Espard, ci-dessus nommé, qualifié et domicilié, ordonner que pour parvenir à l'interdiction d'icelui, la présente requête et les pièces à l'appui seront communiquées à monsieur le procureur du roi, et commettre l'un de messieurs les juges du tribunal à l'effet de faire le rapport au jour que vous voudrez bien indiquer, pour être sur le tout, par le tribunal, statué ce qu'il appartiendra, et vous ferez justice, etc. »

— Et voici, dit Popinot, l'ordonnance du président qui me commet! Hé bien, que veut de moi la marquise d'Espard? Je sais tout. J'irai demain avec un greffier chez monsieur le marquis, car ceci ne me paraît pas clair du tout.

— Écoutez, cher oncle, je ne vous ai jamais demandé le moindre petit service qui eût trait à vos fonctions judiciaires; eh bien, je vous prie d'avoir pour madame d'Espard une complaisance que mérite sa situation. Si elle venait ici, vous l'écouteriez; allez l'entendre chez elle; madame d'Espard est une femme maladive, nerveuse, délicate, qui se trouverait mal dans votre nid à rats; allez-y le soir, au lieu d'y accepter à dîner, puisque la loi vous défend de boire et de manger chez vos justiciables.

— La loi ne vous défend-elle pas de recevoir des legs de vos morts? dit Popinot croyant apercevoir une teinte d'ironie sur les lèvres de son neveu.

— Allons, mon oncle, quand ce ne serait que pour deviner le vrai de cette affaire, accordez-moi ma demande. Vous viendrez là comme juge d'instruction, puisque les choses ne vous semblent pas claires. Diantre! l'interrogatoire de la marquise n'est pas moins nécessaire que celui de son mari.

— Tu as raison, dit le magistrat, elle pourrait bien être la folle. J'irai.

— Je viendrai vous prendre, écrivez sur votre agenda : *Demain soir à neuf heures chez madame d'Espard.* — Bien, dit Bianchon en voyant son oncle noter le rendez-vous.

Le lendemain soir, à neuf heures, le docteur Bianchon monta le poudreux escalier de son oncle, et le trouva travaillant à la rédaction de quelque jugement épineux. L'habit demandé par Lavienne n'avait pas été apporté par le tailleur, en sorte que monsieur Popinot prit son vieil habit plein de taches et fut le Popinot *incomptus* de qui l'aspect excitait le rire sur les lèvres de ceux auxquels sa vie intime était inconnue. Bianchon obtint cependant de mettre en ordre la cravate de son oncle, de lui boutonner son habit, dont il cacha les taches en croisant le revers des basques de droite à gauche et présentant ainsi la partie encore neuve du drap. Mais en quelques instans le juge retroussa son habit sur sa poitrine par la manière dont il mit ses mains dans ses goussets en obéissant à son habitude; l'habit, démesurément plissé par devant et par derrière, forma comme une bosse au milieu du dos et produisit entre le gilet et le pantalon une solution de continuité par laquelle se montra la chemise. Pour son malheur, Bianchon ne s'aperçut de ce surcroît de ridicule qu'au moment où son oncle se présenta chez la marquise.

Une légère esquisse de la vie de la personne chez laquelle se rendaient en ce moment le docteur et le juge, est ici nécessaire pour rendre intelligible la conférence que Popinot allait avoir avec elle.

IV.

CE QUI FUT DIT ENTRE UNE FEMME A LA MODE ET LE JUGE POPINOT.

Madame d'Espard était, depuis deux ans, très à la mode à Paris, où la Mode élève, abaisse tour à tour des personnages qui, tantôt grands, tantôt petits, c'est-à-dire tour à tour en vue et oubliés, deviennent plus tard des personnes insupportables comme le sont tous les ministres disgraciés et toutes les majestés déchues. Incommodes par leurs prétentions fanées, ces flatteurs du passé savent tout, médisent de tout, et sont les amis de tout le monde, comme les dissipateurs ruinés.

Pour avoir été quittée par son mari vers l'année 1815, madame d'Espard devait s'être mariée au commencement de l'année 1812; ses enfans avaient donc nécessairement, l'un quinze et l'autre treize ans. Par quel hasard une mère de famille, âgée d'environ trente-cinq ans, était-elle à la mode? Quoique la Mode soit capricieuse, et que nul ne puisse à l'avance désigner ses favoris, que souvent elle exalte la femme d'un banquier ou quelque personne d'une élégance et de beauté douteuses, il doit sembler surnaturel que la Mode eût pris des allures constitutionnelles en adoptant la *présidence d'âge*. Ici la Mode avait fait comme tout le monde, elle acceptait madame d'Espard pour une jeune femme. La marquise avait trente-cinq ans sur les registres de l'état civil, et vingt-deux ans le soir dans un salon.

Mais combien de soins et d'artifices ! Des boucles artificieuses lui cachaient les tempes ; elle se condamnait chez elle au demi-jour en faisant la malade, afin de rester dans les teintes protectrices d'une lumière passée à la mousseline ; comme Diane de Poitiers, elle pratiquait l'eau froide pour ses bains ; comme elle encore, la marquise couchait sur le crin, dormait sur des oreillers de maroquin pour conserver sa chevelure, mangeait peu, ne buvait que de l'eau, combinait ses mouvemens afin d'éviter la fatigue, et mettait une exactitude monastique dans les moindres actes de sa vie.

Ce rude système a, dit-on, été poussé jusqu'à l'emploi de la glace au lieu d'eau, jusqu'aux alimens froids, par une illustre Polonaise qui, de nos jours, allie une vie déjà séculaire aux occupations, aux mœurs de la petite maîtresse. Destinée à vivre autant que vécut Marion de Lorme, à laquelle des biographes accordent cent trente ans, l'ancienne gouvernante de la Pologne montre, à près de cent ans, un esprit et un cœur jeunes, une gracieuse figure, une taille charmante ; elle peut dans sa conversation, où les mots pétillent comme les sarmens au feu, comparer les hommes et les livres de la littérature actuelle aux hommes et aux livres du dix-huitième siècle ; de Varsovie, elle commande ses bonnets chez Herbault ; grande dame, elle a le dévouement d'une petite fille ; elle nage, elle court comme un lycéen, et sait se jeter sur une causeuse aussi gracieusement qu'une jeune coquette ; elle insulte la mort et se rit de la vie ; elle étonna jadis l'empereur Alexandre, et peut aujourd'hui surprendre l'empereur Nicolas par la magnificence de ses fêtes ; elle fait verser des larmes à quelque jeune homme épris ; elle a l'âge qu'il lui plaît d'avoir ; elle est un véritable conte de fée, si toutefois elle n'est pas la fée du conte.

Madame d'Espard avait-elle connu madame Z........k? Voulait-elle la recommencer? Quoi qu'il en soit, la marquise prouvait la bonté de ce régime : son teint était pur, son front n'avait point de rides, son corps gardait, comme celui de la bien-aimée de Henri II, la souplesse, la fraîcheur, attraits cachés qui ramènent et fixent l'amour auprès d'une femme. Les précautions si simples de ce régime indiqué par l'art, par la nature, peut-être aussi par l'expérience, trouvaient d'ailleurs en elle un système général qui les corroborait. La marquise était douée d'une profonde indifférence pour tout ce qui n'était pas elle ; les hommes l'amusaient, mais aucun d'eux ne lui avait causé ces grandes excitations qui remuent profondément les deux natures et brisent l'une par l'autre ; elle n'avait ni haine ni amour ; offensée, elle se vengeait froidement et tranquillement, à son aise, en attendant l'occasion de satisfaire la mauvaise pensée qu'elle conservait sur quiconque s'était mal posé dans son souvenir. Elle ne se remuait pas, ne s'agitait point ; elle parlait, car elle savait qu'en disant deux mots une femme peut faire tuer trois hommes. Elle s'était vue quittée par monsieur d'Espard avec un singulier plaisir ; il emmenait deux enfans qui, pour le moment, l'ennuyaient, et qui, plus tard, pouvaient nuire à ses prétentions. Ses amis les plus intimes, comme ses adorateurs les moins persévérans, ne lui voyant aucuns de ces bijoux à la Cornélie qui vont et viennent en avouant, sans le savoir, l'âge d'une mère, tous la prenaient pour une jeune femme. Les deux enfans, de qui la marquise paraissait tant s'inquiéter dans sa requête, étaient aussi bien que leur père inconnus du monde comme le passage nord-est est inconnu des marins. Monsieur d'Espard passait pour un original qui avait abandonné sa femme sans avoir contre elle le plus petit sujet de plainte.

Maîtresse d'elle-même à vingt-deux ans, et maîtresse de sa fortune, qui consistait en vingt-six mille livres de rente, la marquise hésita long-temps avant de prendre un parti et de décider son existence. Quoiqu'elle profitât des dépenses que son mari avait faites dans son hôtel, qu'elle gardât les ameublemens, les équipages, les chevaux, enfin toute une maison montée, elle mena d'abord une vie retirée pendant les années 16, 17 et 18, époque à laquelle les familles se remettaient des désastres occasionnés par les tourmentes politiques. Appartenant d'ailleurs à l'une des maisons les plus considérables et les plus illustres du faubourg Saint-Germain, ses parens lui conseillèrent de vivre en famille, après la séparation forcée à laquelle la condamnait l'inexplicable caprice de son mari.

En 1820, la marquise sortit de sa léthargie, parut à la cour, dans les fêtes, et reçut chez elle. De 1825 à 1828, elle tint un grand état de maison, se fit remarquer par son goût et par sa toilette; elle eut son jour, ses heures de réception; puis elle s'assit bientôt sur le trône où précédemment avaient brillé madame la vicomtesse de Beauséant, la duchesse de Langeais, madame Firmiani, laquelle, après son mariage avec monsieur de Camps, avait résigné le sceptre aux mains de la marquise d'Aiglemont, à qui madame d'Espard l'arracha. Le monde ne savait rien de plus sur la vie intime de la marquise d'Espard. Elle paraissait devoir demeurer long-temps à l'horizon parisien, comme un soleil près de se coucher, mais qui ne se coucherait jamais. La marquise s'était étroitement liée avec une duchesse non moins célèbre par sa beauté que par son dévouement à la personne d'un prince alors en disgrâce, mais habitué à toujours entrer en dominateur dans les gouvernemens à venir. Madame d'Espard était également l'amie d'une étrangère près de laquelle un illustre et rusé diplomate russe analysait les affaires publiques. Enfin une vieille comtesse accoutumée à battre les cartes du grand jeu politique l'avait maternellement adoptée. Pour tout homme à haute vue, madame d'Espard se préparait ainsi à faire succéder une sourde, mais réelle influence, au règne public et frivole qu'elle devait à la mode. Son salon prenait une consistance politique. Ces mots : *Qu'en dit-on chez madame d'Espard? Le salon de madame d'Espard est contre telle mesure*, commençaient à se répéter par un assez grand nombre de sots pour donner à son troupeau de fidèles l'autorité d'une coterie. Quelques blessés politiques, pansés, chatouillés par elle, tels que le favori de Louis XVIII, qui ne pouvait plus se faire prendre en considération, et d'anciens ministres prêts à revenir au pouvoir, la disaient aussi forte en diplomatie que l'était à Londres la femme de l'ambassadeur russe. La marquise avait plusieurs fois donné, soit à des députés, soit à des pairs, des mots et des idées qui, de la tribune, avaient retenti en Europe. Elle avait souvent bien jugé de quelques événemens sur lesquels ses habitués n'osaient émettre un avis. Les principaux personnages de la cour venaient jouer aux wisth chez elle le soir. Elle avait d'ailleurs les qualités de ses défauts. Elle passait pour être discrète et l'était; son amitié paraissait à toute épreuve; elle servait ses protégés avec une persistance qui prouvait qu'elle tenait moins à se faire des créatures qu'à grandir son crédit. Cette conduite était inspirée par sa passion dominante, la vanité. Les conquêtes et les plaisirs auxquels tiennent tant les femmes lui semblaient à elle des moyens; elle voulait vivre sur tous les points du plus grand cercle que puisse décrire la vie.

Parmi les hommes encore jeunes auxquels l'avenir appartenait et qui se pressaient aux grands jours, dans ses salons, se remarquaient surtout messieurs de Marsay, de Ronquerolles, de Montriveau, de la Roche-Hugon, de Sérizy, Féraud, etc. Souvent elle admettait un homme sans vouloir recevoir sa femme, et son pouvoir était assez fort déjà pour imposer ces dures conditions à certaines personnes ambitieuses telles que deux célèbres banquiers royalistes, messieurs de Nucingen et Ferdinand du Tillet. Elle avait si bien étudié le fort et le faible de la vie parisienne, qu'elle s'était toujours conduite de façon à ne laisser à aucun homme le moindre avantage sur elle. On aurait pu promettre une somme énorme d'un billet ou d'une lettre où elle se serait compromise, sans pouvoir en trouver un seul. Si la sécheresse de son âme lui permettait de jouer son rôle au naturel, son extérieur ne la servait pas moins bien. Elle avait une taille jeune; sa voix était à commandement, souple, fraîche, claire et dure; elle possédait éminemment les secrets de cette attitude aristocratique par laquelle une femme efface le passé; elle connaissait bien l'art de mettre un espace immense entre elle et l'homme qui se croit des droits à la familiarité après un bonheur de hasard. Son regard imposant savait tout nier. Dans sa conversation, les grands et beaux sentimens, les nobles déterminations paraissaient découler naturellement d'une âme et d'un cœur purs; mais elle était en réalité tout calcul, et bien capable de flétrir un homme maladroit dans ses transactions, au moment où elle transigerait sans honte au profit de ses intérêts personnels.

En essayant de s'attacher à cette femme, Rastignac avait bien deviné le plus habile des instrumens; mais il ne s'en était pas encore servi; loin de pouvoir le manier, il se faisait déjà broyer par lui. Ce jeune *condottiere* de l'intelligence, condamné, comme Napoléon, à toujours livrer bataille en sachant qu'une seule défaite était le tombeau de sa fortune, avait rencontré dans sa protectrice un dangereux adversaire. Pour la première fois de sa vie turbulente, il jouait une partie sérieuse avec un partner digne de lui. Dans la conquête de madame d'Espard il apercevait un ministère. Aussi la servait-il avant de s'en servir : dangereux début!

L'hôtel d'Espard exigeait un nombreux domestique, le train de la marquise était considérable. Ses grandes réceptions avaient lieu au rez-de-chaussée, mais elle habitait le premier étage de sa maison. La tenue d'un grand escalier magnifiquement orné, ses appartemens décorés dans le goût noble qui jadis respirait à Versailles, annonçaient une immense fortune. Quand le juge vit s'ouvrir devant le cabriolet de son neveu la porte cochère, il examina par un rapide coup-d'œil la loge, le suisse, la cour, les écuries, les dispositions de cette demeure, les fleurs qui garnissaient l'escalier, l'exquise propreté des rampes, des murs, des tapis, et compta les valets en livrée qui, au coup de cloche, arrivèrent sur le palier. Ses yeux qui, la veille, sondaient au fond de son parloir la grandeur des misères sous les vêtemens boueux du peuple, étudièrent avec la même rapidité de vision l'ameublement et le décor des pièces par lesquelles il passa, pour y découvrir les misères de la grandeur.

— Monsieur Popinot!

— Monsieur Bianchon!

Ces deux noms furent dits à l'entrée du boudoir où se trouvait la marquise, jolie pièce récemment remeublée et qui donnait sur le jardin de l'hôtel.

En ce moment madame d'Espard était assise dans un de ces fauteuils *rococo* que madame avait mis à la mode. Rastignac occupait près d'elle, à sa gauche, une chauffeuse dans laquelle il s'était établi comme le *primo* d'une dame italienne. Debout, à l'angle de la cheminée, se tenait un troisième personnage. Ainsi que le savant docteur l'avait deviné, la marquise était une femme d'un tempérament sec et nerveux; sans son régime, son teint eût pris la couleur rougeâtre que donne un constant échauffement; mais elle ajoutait encore à sa blancheur factice par les nuances et les tons vigoureux des étoffes dont elle s'entourait ou avec lesquelles elle s'habillait; elle aimait le brun rouge, le marron, le bistre à reflets d'or. Son boudoir, copié sur celui d'une célèbre lady alors à la mode à Londres, était en velours couleur de tan; mais elle y avait ajouté de nombreux agrémens dont les jolis dessins atténuaient la pompe excessive de cette royale couleur. Elle était coiffée comme une jeune personne, en bandeaux terminés par des boucles qui faisaient ressortir l'ovale un peu long de sa figure; mais autant la forme ronde est ignoble, autant la forme oblongue est majestueuse. Les doubles miroirs à facettes qui allongent ou aplatissent à volonté les figures donnent une preuve évidente de cette règle applicable à la physiognomonie.

En apercevant Popinot, qui s'arrêta sur la porte comme un animal effrayé, tendant le cou, la main gauche dans son gousset, la droite armée d'un chapeau dont la coiffe était crasseuse, la marquise jeta sur Rastignac un regard dans lequel la moquerie était en germe. L'aspect un peu niais du bonhomme s'accordait si bien avec sa grotesque tournure et son air effaré, qu'en voyant la figure contristée de Bianchon, qui se sentait humilié dans son oncle, Rastignac ne put s'empêcher de rire en détournant la tête. La marquise salua par un geste de tête, et fit un pénible effort pour se soulever dans son fauteuil, où elle retomba non sans grâce, en paraissant s'excuser de son impolitesse sur sa débilité jouée.

En ce moment, le personnage qui se trouvait debout entre la cheminée et la porte salua légèrement, avança deux chaises en les présentant par un geste au docteur et au juge; puis, quand il les vit assis, il se remit le dos contre la tenture, et se croisa les bras.

Un mot sur cet homme.

Il est de nos jours un peintre, Decamps, qui possède au plus haut degré l'art d'intéresser à ce qu'il présente à vos regards, que ce soit une pierre ou un homme. Sous ce rapport, son crayon est plus savant que son pinceau. Qu'il dessine une chambre nue et qu'il y laisse un balai sur la muraille, s'il le veut, vous frémirez : vous croirez que ce balai vient d'être l'instrument d'un crime et qu'il est trempé de sang ; ce sera le balai dont s'est servi la veuve Bancal pour nettoyer la salle où Fualdès fut égorgé. Oui, le peintre ébouriffera le balai comme l'est un homme en colère, il en hérissera les brins comme si c'étaient vos cheveux frémissans ; il en fera comme un truchement entre la poésie secrète de son imagination et celle qui se déploiera dans la vôtre. Après vous avoir effrayé par la vue de ce balai, demain il en dessinera quelque autre auprès duquel un chat endormi, mais mystérieux dans son sommeil, vous affirmera que ce balai sert à la femme d'un cordonnier allemand pour se rendre au Broken. Ou bien ce sera quelque balai pacifique auquel il suspendra l'habit d'un employé au Trésor. Decamps a dans son pinceau ce que Paganini a dans son archet, une puissance magnétiquement communicative. Eh bien ! il faudrait dans le style ce génie saisissant, ce *chique* du crayon pour peindre l'homme droit, maigre et grand, vêtu de noir, à longs cheveux noirs, qui resta debout sans mot dire. Ce seigneur avait une figure à lame de couteau, froide, âpre, dont le teint ressemblait aux eaux de la Seine quand elle est trouble et qu'elle charrie les charbons de quelque bateau coulé. Il regardait à terre, écoutait et jugeait ; sa pose effrayait, il était là comme le célèbre balai auquel Decamps a donné le pouvoir accusateur de révéler un crime. Parfois, la marquise essaya, durant la conférence, d'obtenir un avis tacite en arrêtant pendant un instant ses yeux sur ce personnage; mais quelque vive que fût sa muette interrogation, il demeura grave et raide autant que la statue du Commandeur.

Le bon Popinot, assis au bord de sa chaise, en face du feu, son chapeau entre les jambes, regardait les candélabres dorés en or moulu, la pendule, les curiosités entassées sur la cheminée, l'étoffe et les agrémens de la tenture, enfin tous ces jolis riens si coûteux dont s'entoure une femme à la mode. Il fut tiré de sa contemplation bourgeoise par madame d'Espard, qui lui disait d'une voix flûtée : — Monsieur, je vous dois un million de remerciemens....

— Un million de remerciemens, se dit le bonhomme en lui-même, c'est trop, il n'y en a pas un.

— ...... Pour la peine que vous daignez....

— Daignez! pensa-t-il, elle se moque de moi.

— ...... Daignez prendre en venant voir une pauvre plaideuse, trop malade pour pouvoir sortir...

Ici le juge coupa la parole à la marquise en lui jetant un regard d'inquisiteur par lequel il examina l'état sanitaire de la pauvre plaideuse. — Elle se porte comme un charme! dit-il.

— Madame, répondit-il en prenant un air respectueux, vous ne me devez rien. Quoique ma démarche ne soit pas dans les habitudes du tribunal, nous ne devons rien épargner pour arriver à la découverte de la vérité dans ces sortes d'affaires. Nos jugemens sont alors déterminés moins par le texte de la loi que par les inspirations de notre conscience. Or, que je sache la vérité dans mon cabinet ou ici, pourvu que je la sache, tout sera bien.

Pendant que Popinot parlait, Rastignac serrait la main à Bianchon, et la marquise faisait au docteur une petite inclination de tête pleine de gracieuses faveurs.

— Quel est ce monsieur? dit Bianchon à l'oreille de Rastignac, en lui montrant l'homme noir.

— Le chevalier d'Espard, le frère du marquis.

— Monsieur votre neveu m'a dit, répondit la marquise à Popinot, combien vous aviez d'occupations, et je sais déjà que vous êtes assez bon pour vouloir cacher un bienfait, afin de dispenser vos obligés de la reconnaissance. Il paraît que ce tribunal vous fatigue extrêmement. Pourquoi ne double-t-on pas le nombre des juges?

— Ah! madame, *c'est pas l'embarras*, dit Popinot, ça n'en serait pas plus mal. Mais quand ça se fera, les poules auront des dents.

En entendant cette phrase, qui allait si bien à la physionomie du juge, le chevalier d'Espard le toisa d'un coup d'œil, et eut l'air de se dire : Nous en aurons facilement raison.

La marquise regarda Rastignac, qui se pencha vers elle.

— Voilà, lui dit-il, comment sont faits les gens chargés de prononcer sur les intérêts et sur la vie des particuliers.

Comme la plupart des hommes vieillis dans un

métier, Popinot se laissait volontiers aller aux habitudes qu'il y avait contractées, habitude de pensée d'ailleurs. Sa conversation sentait le juge d'instruction; il aimait à questionner ses interlocuteurs et à les presser entre des conséquences inattendues, à leur faire dire plus qu'ils ne voulaient en faire savoir. Monsieur Pozzo di Borgo s'amuse, dit-on, à surprendre les secrets de ses interlocuteurs, et à les embarrasser dans ses piéges diplomatiques; il déploie ainsi, par une invincible accoutumance, son esprit trempé de ruse. Aussitôt que Popinot eut, pour ainsi dire, toisé le terrain sur lequel il se trouvait, il jugea qu'il était nécessaire d'avoir recours aux finesses les plus habiles, les mieux déguisées et les mieux entortillées, en usage au Palais pour surprendre la vérité. Bianchon demeurait froid et sévère comme un homme qui se décide à subir un supplice en taisant ses douleurs; mais, intérieurement, il souhaitait à son oncle le pouvoir de marcher sur cette femme comme on marche sur une vipère; comparaison que lui inspira la longue robe, la courbe de la pose, le col allongé, la petite tête et les mouvemens onduleux de la marquise.

— Eh bien! monsieur, reprit madame d'Espard, quelle que soit ma répugance à faire de l'égoïsme, je souffre depuis trop long-temps pour ne pas souhaiter que vous la finissiez promptement. Aurai-je bientôt une solution heureuse?

— Madame, je ferai tout ce qu'il dépendra de moi pour la terminer, dit Popinot d'un air plein de bonhomie. Ignorez-vous la cause qui a nécessité la séparation existant entre vous et le marquis d'Espard? demanda le juge en regardant la marquise.

— Oui, monsieur, répondit-elle en se posant pour débiter un récit préparé. Au commencement de l'année 1816, monsieur d'Espard, qui, depuis trois mois, avait tout-à-fait changé d'humeur, me proposa d'aller vivre auprès de Briançon, dans une de ses terres, sans avoir égard à ma santé que ce climat aurait ruinée, ni sans tenir compte de mes habitudes. Je refusai de le suivre; mon refus lui inspira des reproches si mal fondés que, dès ce moment, j'eus des soupçons sur la rectitude de son esprit. Le lendemain il me quitta, me laissant son hôtel, la libre disposition de mes revenus, et alla se loger rue de la Montagne-Sainte-Geneviève, en emmenant mes deux enfans.

— Permettez, madame, dit le juge en interrompant, quels étaient ces revenus?

— Vingt-six mille livres de rente, répondit-elle en parenthèse. Je consultai sur-le-champ monsieur Jennequin, pour savoir ce que j'avais à faire, reprit-elle; mais il paraît que les difficultés sont telles pour ôter à un père le gouvernement de ses enfans, que j'ai dû me résigner à demeurer seule à vingt-deux ans, âge auquel beaucoup de jeunes femmes peuvent faire des sottises. Vous avez sans doute lu ma requête, monsieur; vous connaissez les principaux faits sur lesquels je me fonde pour demander l'interdiction de monsieur d'Espard?

— Avez-vous fait, madame, demanda le juge, des démarches auprès de lui pour obtenir vos enfans?

— Oui, monsieur; mais elles ont été toutes inutiles. Il est bien cruel pour une mère d'être privée de l'affection de ses enfans, surtout quand ils peuvent donner des jouissances auxquelles tiennent toutes les femmes.

— L'aîné doit avoir seize ans, dit le juge.

— Quinze! répondit vivement la marquise.

Ici Bianchon regarda Rastignac, et madame d'Espard se mordit les lèvres.

— En quoi l'âge de mes enfans vous importe-t-il?

— Ha! madame, dit le juge sans avoir l'air de faire attention à la portée de ses paroles, un jeune garçon de quinze ans, et son frère, âgé sans doute de treize ans, ont des jambes et de l'esprit; ils pourraient venir vous voir en cachette; s'ils ne viennent pas, ils obéissent à leur père, et pour lui obéir en ce point il faut l'aimer beaucoup.

— Je ne vous comprends pas, dit la marquise.

— Vous ignorez peut-être, répondit Popinot, que votre avoué prétend, dans votre requête, que vos chers enfans sont très-malheureux près de leur père...

Madame d'Espard dit avec une charmante innocence : — Je ne sais pas ce que l'avoué m'a fait dire.

— Pardonnez-moi ces inductions, mais la justice

pèse tout, reprit Popinot. Ce que je vous demande, madame, est inspiré par le désir de bien connaître l'affaire. Selon vous, monsieur d'Espard vous aurait quittée sur le prétexte le plus frivole. Au lieu d'aller à Briançon, où il voulait vous emmener, il est resté à Paris. Ce point n'est pas clair. Connaissait-il cette dame Marboutin avant son mariage?

— Non, monsieur, répondit la marquise avec une sorte de déplaisir, visible seulement pour Rastignac et le chevalier d'Espard.

Elle se trouvait blessée d'être mise sur la sellette par ce juge dont elle se proposait de pervertir le jugement; mais, comme l'attitude de Popinot restait niaise à force de préoccupation, elle finit par attribuer ses questions au génie *interrogant* du bailli de Voltaire.

— Mes parens, dit-elle en continuant, m'ont mariée à l'âge de seize ans avec monsieur d'Espard, de qui le nom, la fortune, les habitudes répondaient à ce que ma famille exigeait de l'homme qui devait être mon mari. Monsieur d'Espard avait alors vingt-six ans, il était gentilhomme dans l'acception anglaise de ce mot; ses manières me plurent, il paraissait avoir beaucoup d'ambition, et j'aime les ambitieux, dit-elle en regardant Rastignac. Si monsieur d'Espard n'avait pas rencontré cette dame Marboutin, ses qualités, son savoir, ses connaissances l'auraient porté, selon le jugement de ses amis d'alors, au gouvernement des affaires. Le roi Charles X, alors MONSIEUR, le tenait haut dans son estime. La pairie, une charge à la cour, une place élevée l'attendaient. Cette femme lui a tourné la tête et a détruit l'avenir de toute une famille.

— Quelles étaient alors les opinions religieuses de monsieur d'Espard?

— Il était, dit-elle, il est encore d'une haute piété.

— Vous ne pensez pas que madame Marboutin ait agi sur lui au moyen du mysticisme?

— Non, monsieur.

— Vous avez un bel hôtel, madame, dit brusquement Popinot en retirant ses mains de ses goussets, et se levant pour écarter les basques de son habit et se chauffer. Ce boudoir est fort bien, voilà des chaises magnifiques, vos appartemens sont bien somptueux; vous devez gémir en effet, en vous trouvant ici, de savoir vos enfans mal logés, mal vêtus et mal nourris. Pour une mère, je n'imagine rien de plus affreux!

— Oui, monsieur. Je voudrais tant procurer quelques plaisirs à ces pauvres petits que leur père fait travailler du matin au soir à ce déplorable ouvrage sur la Chine.

— Vous donnez de beaux bals, ils s'y amuseraient, mais ils y prendraient peut-être le goût de la dissipation; cependant, leur père pourrait bien vous les envoyer une ou deux fois par hiver.

— Il me les amène au jour de l'an et le jour de ma naissance. Ces jours-là, monsieur d'Espard me fait la grâce de dîner avec eux chez moi.

— Cette conduite est bien singulière, dit Popinot en prenant l'air d'un homme convaincu. Avez-vous vu cette dame Marboutin?

— Un jour, mon beau-frère qui, par intérêt pour son frère...

— Ah! monsieur, dit le juge en interrompant la marquise, est le frère de monsieur d'Espard?

Le chevalier s'inclina.

— Monsieur d'Espard, qui a suivi cette affaire, m'a menée à l'Oratoire où cette femme va au prêche, car elle est protestante. Je l'ai vue, elle n'a rien d'attrayant, elle ressemble à une bouchère, elle est extrêmement grasse, horriblement marquée de la petite vérole, elle a les mains et les pieds d'un homme, elle louche, enfin c'est un monstre.

— Inconcevable! dit le juge en paraissant le plus niais de tous les juges du royaume. Et cette créature demeure ici près, rue Verte, dans un hôtel! Il n'y a donc plus de bourgeois!

— Un hôtel où son fils a fait des dépenses folles.

— Madame, dit le juge, j'habite le faubourg Saint-Marceau, je ne connais pas ces sortes de dépenses : qu'appelez-vous des dépenses folles?

— Mais, dit la marquise, une écurie, cinq chevaux, trois voitures, une calèche, un coupé, un cabriolet.

— Cela coûte donc beaucoup? dit Popinot étonné.

— Énormément! dit Rastignac en l'interrompant. Un train pareil demande pour l'écurie, pour l'entretien des voitures et l'habillement des gens, entre quinze et seize mille francs.

— Croyez-vous, madame? demanda le juge d'un air surpris.

— Oui, au moins.

— Et l'ameublement de l'hôtel a dû coûter *gros*?

— Plus de cent mille francs, répondit la marquise, qui ne put s'empêcher de sourire de la vulgarité du juge.

— Les juges, madame, reprit le bonhomme, sont assez incrédules, ils sont même payés pour l'être, et je le suis. Monsieur le baron Marboutin et sa mère auraient, si cela est, étrangement spolié monsieur d'Espard. Voici une écurie qui, selon vous, coûterait seize mille francs par an. La table, les gages des gens, les grosses dépenses de maison devraient aller au double, ce qui exigerait cinquante ou soixante mille francs par an. Croyez-vous que ces gens, naguère si misérables, puissent avoir une aussi grande fortune? Un million donne à peine quarante mille livres de rente.

— Monsieur, le fils et la mère ont placé les fonds donnés par monsieur d'Espard en rentes sur le grand-livre, quand elles étaient à 60 ou 80. Je crois que leurs revenus doivent monter à plus de soixante mille francs. Le fils a d'ailleurs de très-beaux appointemens.

— S'ils dépensent soixante mille francs, dit le juge, combien dépensez-vous donc?

— Mais, répondit madame d'Espard, à peu près autant.

Le chevalier fit un mouvement, la marquise rougit, Bianchon regarda Rastignac; mais le juge prit un air de bonhomie qui trompa madame d'Espard et non le chevalier.

— Ces gens, madame, dit Popinot, peuvent être traduits devant le juge extraordinaire.

— Telle était mon opinion, reprit la marquise enchantée. Menacés de la police correctionnelle, ils auraient transigé.

— Madame, dit Popinot, quand monsieur d'Espard vous quitta, ne vous donna-t-il pas une procuration pour gérer et administrer vos biens?

— Je ne comprends pas le but de ces questions, dit vivement la marquise. Il me semble que si vous preniez en considération l'état où me met la démence de mon mari, vous devriez vous occuper de lui et non de moi.

— Madame, dit le juge, nous y arrivons. Avant de confier à vous ou à d'autres l'administration des biens de monsieur d'Espard, s'il était interdit, le tribunal doit savoir comment vous avez gouverné les vôtres. Si monsieur d'Espard vous a remis une procuration, il vous aurait témoigné de la confiance, et le tribunal apprécierait ce fait. Vous pouvez avoir acheté, vendu des immeubles, placé des fonds?

— Non, monsieur, il n'est pas dans les habitudes des Blamont-Chauvry de faire le commerce, dit-elle, vivement piquée dans son orgueil nobiliaire et oubliant son affaire. Mes biens sont restés intacts; d'ailleurs, monsieur d'Espard ne m'a pas donné de procuration.

Le chevalier mit la main sur ses yeux pour ne pas laisser voir la vive contrariété que lui faisait éprouver le peu de prévoyance de sa belle-sœur, qui se perdait par ses réponses. Il commençait à voir combien Popinot avait marché droit au fait, malgré les détours de son interrogatoire.

— Madame, dit le juge en montrant le chevalier, monsieur, sans doute, vous appartient par les liens du sang? nous pouvons parler à cœur ouvert devant ces messieurs.

— Parlez, dit la marquise étonnée de cette précaution.

— Eh bien! madame, j'admets que vous ne dépensiez que soixante mille francs par an, et cette somme semblera bien employée à qui voit vos écuries, votre hôtel, votre nombreux domestique, et les habitudes d'une maison dont le luxe me semble supérieur à celui des Marboutin.

La marquise fit un geste d'assentiment.

— Or, reprit le juge, si vous ne possédez que vingt-six mille francs de rentes, entre nous soit dit, vous pourriez avoir une centaine de mille francs de dettes. Le tribunal serait donc en droit de croire qu'il existe, dans les motifs qui vous portent à demander l'interdiction de monsieur votre mari, un intérêt personnel, un besoin d'acquitter vos dettes, si... vous... en... aviez. Les sollicitations qui m'ont été faites m'ont intéressé à votre situation, examinez-la bien, confessez-vous. Il serait encore temps, dans le cas où mes suppositions seraient justes, d'éviter le scandale d'un blâme qu'il serait dans les attributions du tribunal d'exprimer dans les *attendu* de son jugement, si vous ne rendiez pas votre position nette et claire. Nous sommes forcés d'examiner les motifs des demandeurs aussi bien que d'écouter les défenses de l'homme à interdire, de rechercher si les requérans ne sont pas guidés par la passion, égarés par des cupidités malheureusement trop communes...

La marquise était sur le gril Saint-Laurent.

— ..... Et j'ai besoin d'avoir des explications à ce sujet, disait le juge. Madame, je ne demande pas à compter avec vous, mais seulement à savoir comment vous avez suffi à un train de soixante mille livres de rente avec un revenu de vingt-six mille francs. Il est beaucoup de femmes qui accomplissent ce phénomène dans leur ménage, mais vous n'êtes pas de ces femmes-là. Parlez. Vous pouvez avoir des moyens fort légitimes, des grâces royales, quelques ressources dans les indemnités récemment accordées ; dans ce cas, l'autorisation de votre mari eût été nécessaire pour les recueillir.

La marquise était muette.

— Songez, dit Popinot, que monsieur d'Espard peut vouloir se défendre ; son avocat aura le droit de rechercher si vous avez des créanciers. Ce boudoir est fraîchement meublé; vos appartemens n'ont pas le mobilier que vous laissait, en 1816, monsieur le marquis. Si, comme vous me faisiez l'honneur de me le dire, les ameublemens sont coûteux pour des Marboutin, ils ne le sont pas moins pour vous, qui êtes une grande dame. Si je suis juge, je suis homme, je puis me tromper : éclairez-moi. Songez aux devoirs que la loi m'impose, aux recherches rigoureuses qu'elle exige alors qu'il s'agit de prononcer l'interdiction d'un père de famille qui se trouve dans toute la force de l'âge. Aussi, excuserez-vous, madame la marquise, les objections que j'ai l'honneur de vous soumettre, et sur lesquelles il vous est facile de me donner quelques explications. Quand un homme est interdit pour le fait de démence, il lui faut un curateur; qui serait le curateur?

— Son frère, dit la marquise.

Le chevalier salua. Il y eut un moment de silence qui fut gênant pour ces cinq personnes en présence. En se jouant, le juge avait découvert la plaie de cette femme. La figure bourgeoisement bonnasse de Popinot, de qui la marquise, le chevalier et Rastignac étaient disposés à rire, avait acquis à leurs yeux sa physionomie véritable. En le regardant à la dérobée, tous trois apercevaient les mille significations de cette bouche éloquente. L'homme ridicule devenait un juge perspicace : son attention à évaluer le boudoir était expliquée ; il était parti de l'éléphant doré qui soutenait la pendule pour questionner ce luxe, et venait de lire au fond du cœur de cette femme.

— Si le marquis d'Espard est fou de la Chine, dit Popinot en montrant la garniture de la cheminée, j'aime à voir que les produits vous en plaisent également. Mais peut-être est-ce à monsieur le marquis que vous devez les charmantes chinoiseries que voici, dit-il en désignant de précieuses babioles.

Cette raillerie de bon goût fit sourire Bianchon, pétrifia Rastignac, et la marquise mordit ses lèvres minces.

— Monsieur, dit madame d'Espard, au lieu d'être le défenseur d'une femme placée dans la cruelle alternative de voir sa fortune et ses enfans perdus, ou de passer pour l'ennemie de son mari, vous m'accusez ! vous soupçonnez mes intentions ! Avouez que votre conduite est étrange....

— Madame, répondit vivement le juge, la circonspection que le tribunal apporte en ces sortes d'affaires vous aurait donné dans tout autre juge un critique peut-être moins indulgent que je ne le suis. D'ailleurs, croyez-vous que l'avocat de monsieur d'Espard sera très-complaisant ? Ne saura-t-il pas envenimer des intentions qui peuvent être pures et désintéressées ? Votre vie lui appartiendra, il la fouillera sans mettre à ses recherches la respectueuse déférence que j'ai pour vous.

— Monsieur, je vous remercie, répondit ironiquement la marquise. Admettons pour un moment que je doive trente mille, cinquante mille francs, ce serait d'abord une bagatelle pour les maisons d'Espard et de Blamont-Chauvry ; mais si mon mari ne jouit pas de ses facultés intellectuelles, serait-ce un obstacle à son interdiction?

— Non, madame, répondit Popinot.

— Quoique vous m'ayez interrogée avec un esprit de ruse que je ne devais pas supposer chez un juge dans une circonstance où la franchise suffisait pour tout apprendre, reprit-elle, et que je me regarde comme autorisée à ne plus rien dire, je vous répondrai sans détour que mon état dans le monde, que tous ces efforts faits pour me conserver des relations sont en désaccord avec mes goûts. J'ai commencé la vie par demeurer long-temps dans la solitude; l'intérêt de mes enfans a parlé; j'ai senti que je devais remplacer leur père. En recevant mes amis, en entretenant toutes ces relations, en contractant ces dettes, j'ai garanti leur avenir, je leur ai préparé de brillantes carrières où ils trouveront aide et soutien; pour avoir ce qu'ils ont acquis ainsi, bien des calculateurs, magistrats ou banquiers, paieraient volontiers tout ce qu'il m'en a coûté.

— J'apprécie votre dévouement, madame, répondit le juge, il vous honore, et je ne blâme en rien votre conduite. Le magistrat appartient à tous, il doit tout connaître, car il lui faut tout peser.

Le tact de la marquise, et son habitude de juger les hommes, lui firent deviner que monsieur Popinot ne pourrait être influencé par aucune considération; elle avait compté sur quelque magistrat ambitieux, elle rencontrait un homme de conscience ; elle songea soudain à d'autres moyens pour assurer le succès de son affaire. Les domestiques apportèrent le thé. En voyant ces dispositions, Popinot dit à la marquise :

— Madame a-t-elle d'autres explications à me donner ?

— Monsieur, lui répondit-elle avec hauteur, faites votre métier, interrogez monsieur d'Espard, et vous me plaindrez, j'en suis certaine.

Elle releva la tête en regardant Popinot avec une fierté mêlée d'impertinence. Le bonhomme la salua respectueusement.

— Il est gentil, ton oncle, dit Rastignac à Bianchon ; il ne comprend donc rien ! il ne sait donc pas ce qu'est la marquise d'Espard ! il ignore donc son influence, son pouvoir occulte sur le monde ! elle aura demain chez elle le garde-des-sceaux...

— Mon cher, que veux-tu que j'y fasse ? dit Bianchon, ne t'ai-je pas prévenu ? Ce n'est pas un homme coulant !

— Non, dit Rastignac, c'est un homme à couler.

Le docteur fut forcé de saluer la marquise et son muet chevalier pour courir après Popinot qui, n'étant pas homme à demeurer dans une situation gênante, trottinait dans les salons.

— Cette femme-là doit cent mille écus, dit le juge en montant dans le cabriolet de son neveu.

— Que pensez-vous de l'affaire ?

— Moi, dit le juge, je n'ai jamais d'opinion avant d'avoir tout examiné. Demain, de bon matin, je manderai madame Marboutin par-devant moi, dans mon cabinet, à quatre heures, pour lui demander des explications sur les faits qui lui sont relatifs, car elle est compromise.

— Je voudrais bien savoir la fin de cette affaire.

— Eh, mon Dieu, ne vois-tu pas que la marquise est l'instrument de ce grand homme sec qui n'a pas soufflé mot? il y a un peu de Caïn chez lui; mais du Caïn qui cherche sa massue dans le Code civil.

— Ah! Rastignac, s'écria Blanchon, que fais-tu dans cette galère?

— Nous sommes accoutumés à voir de ces petits complots dans les familles; il ne se passe pas d'années qu'il n'y ait des jugemens de non-lieu sur des demandes en interdiction. Dans nos mœurs, on n'est pas déshonoré pour ces sortes de tentatives, tandis que nous envoyons aux galères un pauvre diable pour avoir cassé la vitre qui le séparait d'une sébile pleine d'or. Notre code n'est pas sans défauts.

— Mais les faits de la requête?

— Mon garçon, tu ne connais donc pas encore les romans judiciaires que les cliens imposent à leurs avoués? Si les avoués se condamnaient à ne présenter que la vérité, ils ne gagneraient pas l'intérêt de leurs charges.

Le lendemain, à quatre heures après midi, une grosse dame qui ressemblait assez à une futaille à laquelle on aurait mis une robe et une ceinture, suait et soufflait en montant l'escalier du juge Popinot; elle était à grand'peine sortie d'un landau vert qui lui seyait à merveille; la femme ne se concevait pas sans le landau, ni le landau sans la femme.

— C'est moi, mon cher monsieur, dit-elle en se présentant à la porte du cabinet du juge. Madame Marboutin, que vous avez demandée, ni plus ni moins que si elle était une voleuse. Ces paroles communes furent prononcées d'une voix commune, scandées par les sifflemens obligés d'un asthme, et terminées par un accès de toux. — Quand je traverse les endroits humides, vous ne sauriez croire comme je souffre, monsieur; je ne ferai pas de vieux os, sauf votre respect. Enfin me voilà.

Le juge resta tout ébahi à l'aspect de cette prétendue maréchale d'Ancre. Madame Marboutin avait une figure percée d'une infinité de trous, très-colorée, à front bas, un nez retroussé, une figure ronde comme une boule, car chez la bonne femme tout était rond. Elle avait les yeux vifs d'une campagnarde, l'air franc, la parole joviale, des cheveux châtains retenus par un faux bonnet sous un chapeau vert, orné d'un vieux bouquet d'oreilles d'ours; ses seins volumineux excitaient le rire en faisant craindre une grotesque explosion à chaque tousserie; ses grosses jambes étaient de celles qui font dire d'une femme, par les gamins de Paris, qu'elle est bâtie sur pilotis; la veuve avait une robe verte garnie de chinchilla qui lui allait comme une tache de cambouis sur le voile d'une mariée; enfin, chez elle, tout était d'accord avec son dernier mot : — Me voilà.

— Madame, lui dit Popinot, vous êtes soupçonnée d'avoir employé la séduction sur monsieur le marquis d'Espard, pour vous faire attribuer des sommes considérables.

— De quoi, de quoi? dit-elle, la séduction! Mais, mon cher monsieur, vous êtes un homme respectable, et d'ailleurs comme magistrat, vous devez avoir du bon sens ; regardez-moi, dites-moi si je suis femme à séduire quelqu'un? Je ne peux pas nouer les cordons de mes souliers, ni me baisser. Voilà vingt ans que, Dieu merci, je ne peux pas mettre de corset sous peine de mort violente. J'étais mince comme une asperge à dix-sept ans, et jolie, je peux le dire aujourd'hui; j'ai donc épousé Marboutin, un brave homme, conducteur des bateaux de sel; j'ai eu mon fils, qui est un beau garçon, il est ma gloire, et, sans me mépriser, c'est mon plus bel ouvrage; c'était un soldat flatteur pour Napoléon qu'il a servi dans la garde impériale. Hélas la mort de mon homme, qui a péri noyé, m'a fait une révolution; j'ai eu la petite-vérole, je suis restée deux ans dans ma chambre sans bouger, et j'en suis sortie grosse comme vous me voyez, laide à perpétuité, et malheureuse comme les pierres... Voilà mes séductions!

— Mais, madame, quels sont donc alors les motifs que peut avoir monsieur d'Espard pour vous avoir donné des sommes...

*In*menses, monsieur, dites-le moi, je le veux bien; mais quant aux motifs, je ne suis pas autorisée à les déclarer.

— Vous auriez tort. En ce moment sa famille, justement inquiète, va le poursuivre....

— Dieu de Dieu! dit la bonne femme en se levant avec vivacité, serait-il donc susceptible d'être tourmenté à mon égard? le roi des hommes, un homme qui n'a pas son pareil! Plutôt qu'il lui arrive le moindre chagrin, et j'oserais dire un cheveu de moins sur la tête, nous rendrons tout, monsieur le juge, mettez cela sur vos papiers. Dieu de Dieu! je cours dire à Marboutin ce qu'il en est. Ah! voilà du propre!

Et la petite vieille se leva, sortit, roula par les escaliers, et disparut.

— Elle ne ment pas, celle-là, se dit le juge. Allons, je saurai tout demain, car demain j'irai chez le marquis d'Espard.

Les gens qui ont dépassé l'âge auquel l'homme dépense sa vie à tort et à travers connaissent l'influence exercée sur les événemens majeurs par des actes en apparence indifférens, et ne s'étonneront pas de l'importance attachée au petit fait que voici. Le lendemain, monsieur Popinot eut un coryza, maladie sans danger, connue sous le nom impropre et ridicule de *rhume de cerveau*. Incapable de soupçonner la gravité d'un délai, le juge, qui se sentit un peu de fièvre, garda la chambre et n'alla pas interroger monsieur d'Espard. Cette journée perdue fût, dans cette affaire, ce que fut, à la journée des dupes, le bouillon pris par Marie de Médicis, qui, retardant sa conférence avec Louis XIII, permit à Richelieu d'arriver le premier à Saint-Germain et de ressaisir son royal captif.

Avant de suivre le magistrat et son greffier chez le marquis d'Espard, peut-être est-il nécessaire de jeter un coup d'œil sur la maison, sur l'intérieur et les affaires de ce père de famille, représenté comme un fou dans la requête de sa femme.

V.

LE FOU.

Il se rencontre çà et là dans les vieux quartiers de Paris plusieurs bâtimens où l'archéologue reconnaît un certain désir d'orner la ville, et cet amour de la propriété qui porte à donner de la durée aux constructions. La maison où demeurait alors monsieur d'Espard, rue de la Montagne-Sainte-Geneviève, était un de ces antiques monumens bâtis en pierre de taille, et qui ne manquait pas d'une certaine richesse dans l'architecture; mais le temps avait noirci la pierre, et les phases de nos mœurs en avaient altéré le dehors et le dedans. Les hauts personnages, qui jadis habitaient le quartier de l'Université, s'en étant allés avec les grandes institutions ecclésiastiques, cette demeure avait abrité des industries et des habitans auxquels elle n'était pas destinée. Dans le dernier siècle, une imprimerie en avait dégradé les parquets, sali les boiseries, les murailles, et détruit les principales dispositions intérieures. Autrefois l'hôtel d'un cardinal, cette noble maison était aujourd'hui livrée à d'obscurs locataires.

Le caractère de son architecture indiquait qu'elle avait été bâtie durant les règnes de Henri III, de Henri IV et de Louis XIII, à l'époque où se construisaient aux environs les hôtels Mignon, Serpente, le palais de la princesse Palatine et la Sorbonne. Un vieillard se souvenait de l'avoir entendu, dans le dernier siècle, nommer l'hôtel Duperron. Il paraissait vraisemblable que cet illustre cardinal l'avait construite ou seulement habitée. Il existe en effet à l'angle de la cour un perron composé de plusieurs marches, par lequel on entre dans la maison; et l'on descend au jardin par un autre perron construit au milieu de la façade intérieure. Malgré les dégradations, le luxe déployé par l'architecte dans les balustrades et dans la tribune de ces deux perrons annonce la naïve intention de rappeler le nom du propriétaire, espèce de calembour sculpté que se permettaient souvent nos ancêtres. Enfin, à l'appui de cette preuve, les archéologues peuvent voir dans les tympans qui ornent les deux principales façades quelques traces des cordons du chapeau romain.

Monsieur le marquis d'Espard occupait le rez-de-chaussée, sans doute afin d'avoir la jouissance du jardin qui pouvait passer dans ce quartier pour spacieux, et se trouver à l'exposition du midi, deux avantages qu'exigeait impérieusement la santé de ses enfans. La situation de la maison, dans une rue dont le nom indique la pente rapide, procurait à ce rez-de-chaussée une assez grande élévation pour qu'il n'y eût jamais d'humidité. Monsieur d'Espard avait dû louer son appartement pour une très-modique somme, car les loyers étaient peu chers à l'époque où il vint dans ce quartier afin d'être au centre des colléges et de veiller de près à l'éducation de ses enfans. D'ailleurs, l'état dans lequel il prit des lieux où tout était à réparer avait nécessairement décidé le propriétaire à se montrer fort accommodant. Monsieur d'Espard avait donc pu, sans être taxé de folie, faire chez lui quelques dépenses pour s'y établir convenablement. La hauteur des pièces, leur disposition, leurs boiseries dont il avait conservé seulement les cadres, l'agencement des plafonds, tout respirait cette grandeur que le sacerdoce a imprimée aux choses entreprises ou créées par lui, et que les artistes retrouvent aujourd'hui dans les plus légers fragmens qui en subsistent, ne fût-ce qu'un livre, un habillement, un pan de bibliothèque, ou quelque fauteuil. Les peintures ordonnées par le marquis offraient ces tons bruns aimés par la Hollande, par l'ancienne bourgeoisie parisienne, et qui fournissent aujourd'hui de beaux effets aux peintres de genre. Les panneaux étaient tendus de papiers unis qui s'accordaient avec les peintures ; les fenêtres avaient des rideaux d'étoffe peu coûteuse, mais choisie de manière à produire un effet en harmonie avec l'aspect général. Les meubles étaient rares et bien distribués. Quiconque entrait dans cette demeure, ne pouvait se défendre d'un sentiment doux et paisible, inspiré par le calme profond, par le silence qui y régnait, par la modestie et par l'unité de la couleur, en donnant à cette expression le sens qu'y attachent les peintres. Une certaine noblesse dans les détails, l'exquise propreté des meubles, un accord parfait entre les choses et les personnes, tout amenait sur les lèvres le mot *suave*. Peu de personnes étaient admises dans ces appartemens habités par le marquis et ses deux fils, dont l'existence pouvait sembler mystérieuse à tout le voisinage.

Dans un des corps de logis en retour sur la rue, au troisième étage, il existait trois grandes chambres qui restaient dans l'état de délabrement et de nudité grotesque où les avait mises l'imprimerie. Ces trois pièces, distinées à l'exploitation de l'histoire pittoresque de la Chine, étaient disposées de manière à contenir un bureau, un magasin et un cabinet où se tenait monsieur d'Espard pendant une partie de la journée, car après le déjeûner jusqu'à quatre heures du soir, monsieur d'Espard demeurait dans son cabinet, au troisième étage, pour surveiller la publication qu'il avait entreprise. Les personnes qui venaient le voir le trouvaient habituellement là. Souvent, au retour de leurs classes, ses deux enfans montaient à ce bureau. L'appartement du rez-de-chaussée formait donc un sanctuaire où le père et ses fils étaient réunis depuis le dîner jusqu'au lendemain. Sa vie de famille était ainsi soigneusement murée. Il avait pour tous domestiques une cuisinière, vieille femme depuis long-temps attachée à sa maison, et un valet de chambre âgé de quarante ans, qui le servait avant qu'il n'épousât mademoiselle de Blamont. La gouvernante des enfans était restée près d'eux. Les soins minutieux dont témoignait la tenue de l'appartement annonçaient l'esprit d'ordre, le maternel amour que cette femme déployait pour les intérêts de son maître dans la conduite de sa maison et dans le gouvernement des enfans. Graves et peu communicatifs, ces trois braves gens semblaient avoir compris la pensée qui dirigeait la vie intérieure du marquis. Ce contraste entre leurs habitudes et celles de la part des valets constituait une singularité qui jetait sur cette maison un air de mystère, et qui servait beaucoup la calomnie à laquelle monsieur d'Espard donnait lui-même prise.

Des motifs louables lui avaient fait prendre la résolution de ne se lier avec aucun des locataires de la maison. En entreprenant l'éducation de ses enfans, il désirait les garantir de tout contact avec des étrangers ; peut-être aussi voulut-il éviter les ennuis du voisinage. Chez un homme de sa qualité, par un temps où le libéralisme agitait particulièrement le quartier latin, cette conduite devait exciter contre lui de petites passions, des sentimens dont la niaiserie n'est comparable qu'à leur bassesse, et qui engendraient des commérages de portiers, des propos envenimés de porte à porte, ignorés de monsieur d'Espard et de ses gens. Son valet de chambre passait pour être un jésuite, sa cuisinière était une sournoise, la gouvernante s'entendait avec madame Marboutin pour dépouiller le fou, et le fou était le marquis.

Les locataires arrivèrent insensiblement à taxer de folie une foule de choses observées chez monsieur d'Espard, et passées au tamis de leurs jugemens sans qu'ils y trouvassent des motifs raisonnables. Croyant peu au succès de sa publication sur la Chine, ils avaient fini par persuader au propriétaire de la maison que monsieur d'Espard était sans argent, au moment même où, par un oubli que commettent beaucoup de gens occupés, il avait laissé le receveur des contributions lui envoyer une contrainte pour le paiement de sa cote arriérée. Le propriétaire avait alors réclamé dès le premier janvier son terme par l'envoi d'une quittance que la portière s'était amusée à garder. Le 15 un commandement avait été signifié ; la portière l'avait tardivement remis à monsieur d'Espard, qui prit cet acte pour un malentendu, sans croire à de mauvais procédés de la part d'un homme chez lequel il demeurait depuis douze ans. Le marquis fut saisi par un huissier pendant que son valet de chambre allait porter l'argent du terme chez son propriétaire. Cette saisie, insidieusement racontée aux personnes avec lesquelles il était en relation pour son entreprise, en avait alarmé quelques-unes qui doutaient déjà de la solvabilité de monsieur d'Espard, à cause des sommes énormes que lui soutiraient, dit-on, monsieur Marboutin et sa mère. Les soupçons des locataires, des créanciers et du propriétaire étaient d'ailleurs presque justifiés par la grande économie que le marquis apportait dans ses dépenses. Il se conduisait en homme ruiné. Ses domestiques payaient immédiatement dans le quartier les plus menus objets nécessaires à la vie, et agissaient comme des gens qui ne veulent pas de crédit. S'ils eussent demandé quoi que ce soit sur parole, ils auraient peut-être éprouvé des refus, tant les commérages calomnieux avaient obtenu de créance dans le quartier. Il est des marchands qui aiment celles de leurs pratiques qui les paient mal, quand ils ont avec elles des rapports constans; tandis qu'ils en haïssent d'excellentes qui se tiennent sur une ligne trop élevée pour leur permettre des accointances, mot vulgaire mais expressif. Les hommes sont ainsi. Dans presque toutes les classes, ils accordent au compérage, ou à des âmes viles qui les flattent, les facilités, les faveurs refusées à la supériorité qui les blesse, quelle que soit la manière dont elle se révèle. Le boutiquier qui crie contre la cour a ses courtisans.

Enfin les façons du marquis et celles de ses enfans devaient engendrer de mauvaises dispositions chez leurs voisins, et les porter insensiblement à un degré de malfaisance auquel les gens ne reculent plus devant une lâcheté, quand elle nuit à l'adversaire qu'ils se sont créé. Monsieur d'Espard était gentilhomme, comme sa femme était une grande dame; deux types magnifiques, déjà si rares en France que l'observateur peut y compter les personnes qui en offrent une complète réalisation. Ces deux personnages reposent sur des idées primitives, sur des croyances pour ainsi dire innées, sur des habitudes prises dès l'enfance, et qui n'existent plus. Pour croire au sang pur, à une race privilégiée, pour se mettre par la pensée au-dessus des autres hommes, ne faut-il pas, dès sa naissance, avoir mesuré l'espace qui sépare les patriciens du peuple? Pour commander, ne faut-il pas ne point avoir connu d'égaux? Ne faut-il pas enfin que l'éducation inculque les idées que la nature inspire aux grands hommes à qui elle a mis une couronne au front avant que leur mère n'y puisse mettre un baiser? Ces idées et cette éducation ne sont plus possibles en France, où depuis quarante ans le hasard s'est arrogé le droit de faire des nobles en les trempant dans le sang des batailles, en les dorant de gloire, en les couronnant de l'auréole du génie; où l'abolition des substitutions et des majorats, en émiettant les héritages, force le noble à s'occuper de ses affaires au lieu de s'occuper des affaires de l'état, et où la grandeur personnelle ne peut plus être qu'une grandeur acquise après de longs et patiens travaux: ère toute nouvelle. Considéré comme un débris de ce grand corps nommé la féodalité, monsieur d'Espard méritait une admiration respectueuse. S'il se croyait par le sang au-dessus des autres hommes, il croyait également à toutes les obligations de la noblesse ; il possédait les vertus et la force qu'elle exige. Il avait élevé ses enfans dans ses principes, et leur avait communiqué dès le berceau la religion de sa caste. Un sentiment profond de leur dignité, l'orgueil du nom, la certitude d'être grands par eux-mêmes, enfantèrent chez eux une fierté royale, le courage des preux, et la bonté protectrice des seigneurs châtelains ; leurs manières en harmonie avec leurs idées, et qui eussent paru belles chez des princes, blessaient tout le monde rue de la Montagne-Sainte-Geneviève, pays d'égalité s'il en fut, où l'on croyait d'ailleurs monsieur d'Espard ruiné, où, depuis le plus petit jusqu'au plus grand, tout le monde refusait les privilèges de la noblesse à un noble sans argent, par la raison que chacun les laisse usurper aux bourgeois enrichis. Ainsi, le défaut de communications entre cette famille et les autres personnes existait au moral comme au physique.

Chez le père aussi bien que chez les enfans, l'extérieur et l'âme étaient en harmonie. Monsieur d'Espard, alors âgé d'environ cinquante ans, aurait pu servir de modèle pour exprimer l'aristocratie nobiliaire au dix-neuvième siècle. Il était mince et blond ; sa figure avait cette distinction native dans la coupe et dans l'expression générale qui annonçait des sentimens élevés ; mais elle portait l'empreinte d'une froideur calculée qui commandait un peu trop le respect. Son nez aquilin, tordu dans le bout, de gauche à droite, légère déviation qui n'était pas sans grâce; ses yeux bleus, son front haut, assez saillant aux sourcils pour former un épais cordon qui arrêtait la lumière en ombrant l'œil, indiquaient un esprit droit, susceptible de persévérance, une grande loyauté, mais donnaient en même temps un air étrange à sa physionomie. Cette cambrure du front aurait pu faire croire en effet à quelque peu de folie, et ses épais sourcils rapprochés ajoutaient encore à cette apparente bizarrerie. Il avait les mains blanches et soignées des gentilshommes, ses pieds étaient étroits et recourbés. Son parler indécis, non-seulement dans la prononciation qui ressemblait à celle d'un bègue, mais encore dans l'expression des idées, sa pensée et sa parole produisaient dans l'esprit de l'auditeur l'effet d'un homme qui va et vient, qui, pour employer un mot de la langue familière, tatillonne, touche à tout, s'interrompt dans ses gestes, et n'achève rien. Ce défaut, purement extérieur, contrastait avec la décision de sa bouche pleine de fermeté, avec le caractère tranché de sa physionomie. Sa démarche un peu saccadée seyait à sa manière de parler. Ces singularités contribuaient à confirmer sa prétendue folie. Malgré son élégance, il était pour sa personne d'une économie systématique, et portait pendant trois ou quatre ans la même redingote noire, brossée avec un soin extrême par son vieux valet de chambre.

Quant à ses enfans, tous deux étaient beaux et

doués d'une grâce qui n'excluait pas l'expression d'un dédain aristocratique ; ils avaient cette vive coloration, cette fraîcheur de regard, cette transparence dans la chair qui dénonce des mœurs pures, l'exactitude dans le régime, la régularité des travaux et des amusemens. Tous deux avaient des cheveux noirs et des yeux bleus, le nez tordu comme celui de leur père ; mais peut-être leur mère leur avait-elle transmis cette dignité du parler, du regard et de la contenance, héréditaire chez les Blamont-Chauvry. Leur voix fraîche comme le cristal possédait le don d'émouvoir et cette mollesse qui exerce de si grandes séductions ; enfin, ils avaient la voix qu'une femme aurait voulu entendre, après avoir reçu la flamme de leurs regards. Ils conservaient surtout la modestie de leur fierté, une chaste réserve, un *noli me tangere*, qui, plus tard, aurait pu paraître un effet du calcul, tant cette contenance inspirait l'envie de les connaître. L'aîné, le comte Clément de Négrepelisse, entrait dans sa seizième année ; depuis deux ans, il avait quitté la jolie petite veste anglaise que conservait encore son frère, le vicomte Camille d'Espard. Le comte, qui depuis environ six mois n'allait plus au collége Henri IV, était vêtu comme un jeune homme adonné aux premiers bonheurs que procure l'élégance. Son père n'avait pas voulu lui faire faire inutilement une année de philosophie, il tâchait de donner à ses connaissances une sorte de lien par l'étude des mathématiques transcendantes. En même temps, le marquis lui apprenait les langues orientales, le droit diplomatique de l'Europe, le blason et l'histoire aux grandes sources, l'histoire dans les chartes, dans les pièces authentiques, dans les recueils d'ordonnances. Camille était entré récemment en rhétorique.

Le jour où monsieur Popinot se proposa de venir interroger monsieur d'Espard fut un jeudi, jour de congé. Avant que leur père ne s'éveillât, sur les neuf heures, les deux frères jouaient dans le jardin. Clément se défendait mal contre les instances de son frère qui désirait aller au tir pour la première fois, et qui lui demandait d'appuyer sa demande auprès du marquis. Le vicomte abusait toujours un peu de sa faiblesse, et prenait souvent plaisir à lutter avec son frère. Tous deux se mirent donc à se quereller et à se battre en jouant comme des écoliers. En courant dans le jardin, l'un après l'autre, ils firent assez de bruit pour éveiller leur père qui se mit à sa fenêtre, sans être aperçu par eux, grâce à la chaleur du combat. Le marquis se plut à considérer ses deux enfans qui s'entrelaçaient comme deux serpens, et montraient leurs têtes animées par le déploiement de leurs forces : leurs visages étaient blancs et roses, leurs yeux lançaient des éclairs, leurs membres se tordaient comme des cordes au feu ; ils tombaient, se relevaient, se reprenaient comme deux athlètes dans un cirque, et causaient à leur père un de ces bonheurs qui récompenserait les plus vives peines d'une vie agitée.

Deux personnes, l'une au second, l'autre au premier étage de la maison, regardèrent dans le jardin, et dirent aussitôt que le vieux fou s'amusait à faire battre ses enfans. Aussitôt plusieurs têtes parurent aux fenêtres, le marquis les aperçut, dit un mot à ses fils qui tout-à-coup grimpèrent à sa fenêtre, sautèrent dans sa chambre, et Clément obtint aussitôt la permission demandée par Camille. Il ne fut bruit dans la maison que du nouveau trait de folie du marquis.

Quand Popinot se présenta vers midi, accompagné de son greffier, à la porte où il demanda monsieur d'Espard, la portière le conduisit au troisième étage, en lui racontant comme quoi monsieur d'Espard, pas plus tard que ce matin, avait fait battre ses deux enfans, et riait comme un monstre qu'il était, en voyant le cadet qui mordait l'aîné jusqu'au sang, et comment sans doute il voulait les voir se détruire.

— Demandez-moi pourquoi! ajouta-t-elle, il ne le sait pas lui-même.

Au moment où la portière disait au juge ce mot décisif, elle l'avait amené sur le palier du troisième étage, en face d'une porte placardée d'affiches qui annonçaient les livraisons successives de l'Histoire pittoresque de la Chine. Ce palier fangeux, cette rampe sale, cette porte où l'imprimerie avait laissé ses stygmates, cette fenêtre délabrée et les plafonds où les apprentis s'étaient plu à dessiner des monstruosités avec la flamme fumeuse de leurs chandelles, les tas de papiers et d'ordures amoncelés dans les coins à dessein ou par insouciance ; enfin, tous les détails du tableau qui s'offrait aux regards, s'accordaient si bien avec les faits allégués par la marquise que, malgré son impartialité, le juge ne put s'empêcher d'y croire.

— Vous y êtes, messieurs, dit la portière ; voilà la manufacture où les Chinois mangent de quoi nourrir tout le quartier.

Le greffier regarda le juge en souriant, et monsieur Popinot eut quelque peine à conserver son sérieux. Tous deux entrèrent dans la première chambre, où se trouvait un vieil homme qui sans doute faisait à la fois le service d'un garçon de bureau, d'un garçon de magasin et d'un caissier ; c'était le maître Jacques de la Chine. De longues planches, sur lesquelles étaient entassées les livraisons publiées, garnissaient les murs de cette chambre. Au fond, une cloison en bois et en grillage, intérieurement ornée de rideaux verts, formait un cabinet, et une chattière destinée à recevoir ou à donner les écus indiquait le siége de la caisse.

— Monsieur d'Espard? dit Popinot en s'adressant à cet homme vêtu d'une blouse grise.

Le garçon de magasin ouvrit la porte de la seconde chambre, où le magistrat et son greffier aperçurent un vieillard vénérable, à chevelure blanche, simplement vêtu, décoré de la croix de Saint-Louis, assis devant un bureau, et qui cessa de comparer des feuilles coloriées, pour regarder les deux survenans. Cette pièce était un bureau modeste, rempli de livres et d'épreuves ; il s'y trouvait une table en bois noir, où sans doute venait travailler une personne absente en ce moment.

— Monsieur est monsieur d'Espard ? dit Popinot.

— Non, monsieur, répondit le vieillard en se levant. Que désirez-vous de lui ? ajouta-t-il en s'avançant vers eux, et témoignant par son maintien des manières élevées et des habitudes dues à l'éducation d'un gentilhomme.

— Nous voudrions lui parler d'affaires qui lui sont entièrement personnelles, répondit Popinot.

— D'Espard, voici des messieurs qui te demandent, dit alors ce personnage en entrant dans la dernière pièce où monsieur d'Espard était au coin de la cheminée occupé à lire les journaux.

Ce dernier cabinet avait un tapis usé, les fenêtres étaient garnies de rideaux en toile grise, il y avait quelques chaises en acajou, deux fauteuils, un secrétaire à cylindre, un bureau à la Tronchin, puis sur la cheminée une méchante pendule et deux vieux candélabres. Le vieillard précéda monsieur Popinot et son greffier, leur avança deux chaises, comme s'il était le maître du logis. Monsieur d'Espard le laissa faire.

Après des salutations respectives pendant lesquelles le juge observa le prétendu fou, monsieur d'Espard demanda naturellement quel était l'objet de cette visite.

Ici Popinot regarda le vieillard et le marquis d'un air assez significatif.

— Je crois, monsieur le marquis, répondit-il, que la nature de mes fonctions et l'enquête qui m'amènent exigent que nous soyons seuls, quoiqu'il soit dans l'esprit de la loi que, dans ce cas, les interrogatoires reçoivent une sorte de publicité domestique. Je suis juge au tribunal de première instance du département de la Seine, et commis par monsieur le président pour vous interroger sur les faits articulés dans une requête en interdiction présentée par madame d'Espard.

Le vieillard se retira.

VI.

L'INTERROGATOIRE.

Quand le juge et son justiciable furent seuls, le greffier ferma la porte, s'établit sans cérémonie au bureau à la Tronchin, où il déroula ses papiers et prépara son procès-verbal.

Monsieur Popinot n'avait pas cessé de regarder monsieur d'Espard; il observait l'effet produit sur lui par cette déclaration, si cruelle pour un homme plein de raison.

Monsieur d'Espard, de qui la figure était ordinairement pâle comme le sont les figures des personnes blondes, devint subitement rouge de colère; il eut un léger tressaillement, s'assit, posa son journal sur la cheminée, et baissa les yeux. Il reprit bientôt la dignité du gentilhomme, et contempla le juge, comme pour chercher sur sa physionomie les indices de son caractère.

— Comment, monsieur, n'ai-je pas été prévenu d'une semblable requête? lui demanda-t-il.

— Monsieur le marquis, les personnes de qui l'interdiction est requise n'étant pas censées jouir de leur raison, la signification de la requête est inutile. Le devoir du tribunal est de vérifier avant tout les allégations des requérans.

— Rien n'est plus juste, répondit monsieur d'Espard. Eh bien! monsieur, veuillez m'indiquer la manière dont je dois me conduire...

— Vous n'avez qu'à répondre à mes demandes, en n'omettant aucun détail. Quelque délicates que soient les raisons qui vous auraient porté à agir de manière à donner à madame d'Espard le prétexte d'une semblable requête, parlez sans crainte. Il est inutile de vous faire observer que la magistrature connaît ses devoirs, et qu'en semblable occurrence le secret le plus profond...

— Monsieur, dit monsieur d'Espard, de qui les traits accusèrent une douleur vraie, si de mes explications il résultait un blâme de la conduite tenue par madame d'Espard, qu'en adviendrait-il?

— Le tribunal pourrait exprimer une censure dans les motifs de son jugement.

— Cette censure est-elle facultative? Si je stipulais avec vous, avant de vous répondre, qu'il ne serait rien dit de blessant pour madame d'Espard au cas où votre rapport me serait favorable, le tribunal aurait-il égard à ma prière ?

Le juge regarda monsieur d'Espard, et ces deux hommes échangèrent alors des pensées d'une égale noblesse.

— Noël, dit Popinot à son greffier, retirez-vous dans l'autre pièce. Si vous êtes utile, je vous rappellerai. — Si, comme je suis en ce moment disposé à le croire, il se rencontre en cette affaire des malentendus, je puis vous promettre, monsieur, que, sur votre demande, le tribunal agirait avec courtoisie, reprit-il en s'adressant au marquis. Il est un premier fait allégué par madame d'Espard, le plus grave de tous, et sur lequel je vous prie de m'éclairer, dit le juge après une pause. Il s'agit de la dissipation de votre fortune au profit d'une dame Marboutin, veuve d'un conducteur de bateaux, ou plutôt au profit de son fils le colonel, que vous auriez placé, pour qui vous auriez épuisé la faveur dont vous jouissez auprès du roi, enfin envers lequel vous auriez poussé la protection jusqu'à lui procurer un bon mariage ; et la requête donne à penser que cette amitié dépasse en dévouement même les attachemens que la morale réprouve....

Une rougeur subite colora le visage et le front de monsieur d'Espard ; il lui vint même des larmes aux yeux, ses cils furent humectés ; mais un sentiment d'orgueil réprima cette sensibilité qui, chez un homme, passe pour de la faiblesse.

— En vérité, monsieur, répondit le marquis d'une voix altérée, vous me jetez dans une étrange perplexité. Les motifs de ma conduite étaient condamnés à mourir avec moi.... Pour en parler, je dois vous découvrir des plaies secrètes, vous livrer l'honneur de ma famille, et, chose délicate que vous apprécierez, parler de moi. J'espère, monsieur, que tout sera secret entre nous. Vous saurez trouver dans les formules judiciaires un mode qui permette de rédiger un jugement sans qu'il y soit question de mes révélations....

— Sous ce rapport, tout est possible, monsieur le marquis.

— Monsieur, dit monsieur d'Espard, quelque temps après mon mariage, ma femme avait fait de si grandes dépenses, que je fus obligé d'avoir recours à un emprunt. Vous savez quelle fut la situation des familles nobles pendant la révolution. Il ne m'avait point été permis d'avoir d'intendant ni d'homme d'affaires ; aujourd'hui les gentilshommes sont à peu près tous forcés de faire eux-mêmes leurs affaires. La plupart de mes titres de propriété avaient été rapportés du Languedoc, de la Provence et du Comtat à Paris par mon père, qui craignait, avec assez de raison, les recherches dont les titres de famille, et ce qu'on nommait alors les parchemins des privilégiés, étaient devenus l'objet. Nous sommes Négrepelisse en notre nom. D'Espard est un titre acquis sous Henri IV par une alliance qui nous a donné les biens et les titres de la maison d'Espard, à la condition de mettre en abîme sur nos armes l'écusson des d'Espard, vieille famille du Béarn, alliée à la maison d'Albret par les femmes. Aux jours de cette alliance nous perdîmes Négrepelisse, petite ville aussi célèbre dans les guerres de religion que le fut alors celui de mes ancêtres qui en portait le nom. Le capitaine de Négrepelisse fut ruiné par l'incendie de ses biens, car les protestans n'épargnèrent pas un ami de Montluc. La couronne fut injuste envers monsieur de Négrepelisse, il n'eut ni le bâton de maréchal, ni gouvernement, ni indemnité. Le roi Charles IX, qui l'aimait, mourut sans avoir pu le récompenser. Henri IV moyenna son mariage avec mademoiselle d'Espard, et lui procura les domaines de cette maison; mais tous les biens de Négrepelisse avaient déjà passé dans les mains des créanciers. Mon grand-père, le marquis d'Espard, fut, comme moi, mis assez jeune à la tête de ses affaires par la mort de son père, lequel, après avoir dissipé la fortune de sa femme, ne lui laissa que les terres substituées de la maison d'Espard, grevées d'un douaire. Le jeune marquis d'Espard se trouva donc d'autant plus gêné qu'il avait une charge à la cour; mais il était particulièrement bien vu de Louis XIV, et la faveur du roi était un brevet de fortune. Ici, monsieur, fut faite sur notre écusson une tache inconnue, horrible, une tache de boue et de sang que je suis occupé à laver. Je découvris ce secret dans les titres relatifs à la terre de Négrepelisse, et dans des liasses de correspondances.

En ce moment solennel, le marquis parlait sans bégaiement, et il ne lui échappait aucune des répétitions qui lui étaient habituelles ; mais chacun a pu observer que les personnes qui, dans les choses ordinaires de la vie, sont affectées de ces deux défauts, s'en débarrassent au moment où quelque passion vive anime leur discours.

— La révocation de l'édit de Nantes eut lieu, reprit-il. Peut-être ignorez-vous, monsieur, que, pour beaucoup de favoris ce fut une occasion de fortune. Louis XIV donna aux grands de sa cour les terres confisquées sur les familles protestantes qui ne se mirent pas en règle pour la vente de leurs biens. Quelques personnes en faveur allèrent, comme on disait alors, à la chasse aux protestans. J'ai acquis la certitude que la fortune actuelle de deux familles ducales se compose de terres confisquées sur de malheureux négocians. Je ne vous expliquerai point, à vous, homme de justice, les manœuvres employées pour tendre des piéges aux réfugiés qui avaient de grandes fortunes à emporter ; qu'il vous suffise de savoir que la terre de Négrepelisse, composée de vingt-deux clochers et de droits sur la ville, que celle de Gravenges qui jadis nous avait appartenu, se trouvaient entre les mains d'une famille protestante. Mon grand-père y rentra par la donation que lui en fit Louis XIV. Cette donation reposait sur des actes marqués au coin d'une épouvantable iniquité. Le propriétaire de ces deux terres, croyant pouvoir rentrer en France, avait simulé une vente et allait en Suisse rejoindre sa famille, qu'il y avait envoyée tout d'abord. Il voulait sans doute profiter de tous les délais accordés par l'ordonnance afin de régler les affaires de son commerce. Cet homme fut arrêté par un ordre du gouverneur, son fidéi-commissaire déclara la vérité, le pauvre négociant fut pendu, mon père eut les deux terres. J'aurais voulu pouvoir ignorer la part que mon aïeul prit à cette intrigue; mais le gouverneur était son oncle maternel, et j'ai lu malheureusement une lettre par laquelle il le priait de s'adresser à Déodatus, mot convenu entre les courtisans pour parler du roi. Il règne dans cette lettre, à propos de la victime, un ton de plaisanterie qui m'a fait horreur. Enfin, monsieur, les sommes envoyées par la famille réfugiée pour racheter la vie du pauvre homme furent gardées par le gouverneur, qui n'en dépêcha pas moins le négociant.

Le marquis d'Espard s'arrêta.

— Ce malheureux se nommait Marboutin, reprit-il. Ce nom doit vous expliquer ma conduite. Je n'ai pas pensé sans une vive douleur à la honte secrète qui pesait sur ma famille. Cette fortune permit à mon grand-père d'épouser une Navarreins-Lansac, héritière des biens de cette branche cadette, beaucoup plus riche alors que ne l'était la branche aînée de Navarreins. Mon père se trouva dès lors un des plus considérables propriétaires du royaume. Il put épouser ma mère, qui était une demoiselle d'Uxelles. Quoique mal acquis, ces biens nous ont étrangement profité ! Résolu de promptement réparer le mal, j'écrivis en Suisse, et n'eus de repos qu'au moment où je fus sur la trace des héritiers du protestant. Je finis par savoir que les Marboutin, réduits à la dernière misère, avaient quitté Fribourg, et qu'ils étaient revenus habiter la France. Enfin, je découvris dans monsieur Marboutin, simple lieutenant de cavalerie sous Bonaparte, l'héritier de cette malheureuse famille. A mes yeux, monsieur, son droit était clair. Pour que la prescription s'établisse, ne faut-il pas que les détenteurs puissent être attaqués? or, à quel pouvoir les réfugiés se seraient-ils adressés? Leur tribunal était là-haut, ou plutôt, monsieur, le tribunal était là, dit le marquis en se frappant le cœur. Je n'ai pas voulu que mes enfans pussent penser de moi ce que j'ai pensé de mon père et de mon grand-père; j'ai voulu leur léguer un écu sans souillure, je n'ai pas voulu que la noblesse fût un mensonge en ma personne. Enfin politiquement parlant, les émigrés qui réclament contre les confiscations révolutionnaires doivent-ils garder encore des biens qui sont le fruit de confiscations obtenues par des crimes? J'ai rencontré chez monsieur Marboutin et chez sa mère une probité revêche; à les entendre, il semblait qu'ils me spoliassent; malgré mes instances, ils n'ont accepté que la valeur qu'avaient les terres au jour où ma famille les reçut. Ce prix fut arrêté entre nous à la somme de onze cent mille francs qu'ils me laissèrent la facilité de payer à ma convenance, sans intérêt.

Pour obtenir ce résultat, j'ai dû me priver de mes revenus pendant long-temps. Ici, monsieur, commença la perte de quelques illusions que je m'étais faites sur le caractère de madame d'Espard. Quand je lui proposai de quitter Paris, et d'aller en province où, avec la moitié de ses revenus, nous pourrions vivre honorablement, et arriver ainsi plus promptement à une restitution dont je lui parlai, sans lui dire la gravité des faits, madame d'Espard me traita de fou ; je découvris alors son vrai caractère, elle eût approuvé sans scrupule la conduite de mon grand-père, et se serait moquée des huguenots. Effrayé de sa froideur, de son peu d'attachement pour ses enfans qu'elle m'abandonnait sans regret, je résolus de lui laisser sa fortune, après avoir payé nos dettes communes. Ce n'était pas d'ailleurs à elle à payer mes sottises, me dit-elle. N'ayant plus assez de revenus pour vivre et pourvoir à l'éducation de mes enfans, je me décidai à les élever moi-même, à en faire des hommes de cœur, des gentilshommes. En plaçant mes revenus dans les fonds publics, j'ai pu m'acquitter beaucoup plus promptement que je ne l'espérais, car je profitai des chances que présenta l'augmentation des rentes. En me réservant quatre mille livres pour mes fils et moi, je n'aurais pu payer que vingt mille écus par an, ce qui aurait exigé près de dix-huit années pour achever ma libération, tandis que dernièrement j'ai soldé les onze cent mille francs dus. Ainsi, j'ai le bonheur d'avoir accompli cette restitution sans avoir causé le moindre tort à mes enfans. Voilà, monsieur, la raison des paiemens faits à madame Marboutin et à son fils.

— Ainsi, dit le juge en contenant l'émotion que lui donnait ce récit, madame la marquise connaissait les motifs de votre retraite ?

— Oui, monsieur.

Popinot fit un haut-le-corps assez expressif, il se leva soudain et ouvrit la porte du cabinet.

— Noël, allez-vous-en! dit-il à son greffier. — Monsieur, reprit le juge, quoique ce que vous venez de me dire suffise pour m'éclairer, je désirerais vous entendre relativement aux autres faits allégués en la requête. Ainsi, vous avez entrepris ici une affaire commerciale en dehors des habitudes d'un homme de qualité.

— Nous ne saurions parler de cette affaire ici, dit le marquis en faisant signe au juge de sortir.

— Nouvion, reprit-il en s'adressant au vieillard, je descends chez moi, mes enfans vont revenir, tu dîneras avec nous.

— Monsieur le marquis, dit Popinot sur l'escalier, ceci n'est donc pas votre appartement?

— Non, monsieur. J'ai loué ces chambres pour y mettre les bureaux de cette entreprise. Voyez, reprit-il en montrant une affiche, cette histoire est publiée sous le nom d'un des plus honorables libraires de Paris, et non par moi.

Le marquis fit entrer le juge au rez-de-chaussée,

en lui disant : — Voici mon appartement, monsieur.

Popinot fut naturellement ému par la poésie plutôt trouvée que cherchée qui respirait sous ces lambris. Le temps était magnifique, les fenêtres étaient ouvertes, l'air du jardin répandait au salon des senteurs végétales ; les rayons du soleil égayaient et animaient les boiseries un peu brunes de ton. A cet aspect, Popinot jugea qu'un fou serait peu capable d'inventer l'harmonie suave qui le saisissait en ce moment.

— Il me faudrait un appartement semblable, pensait-il. — Vous quitterez bientôt ce quartier ? demanda-t-il à haute voix.

— Je l'espère, répondit le marquis ; mais j'attendrai que mon plus jeune fils ait fini ses études, et que le caractère de mes enfans soit entièrement formé avant de les introduire dans le monde et près de leur mère. D'ailleurs, après leur avoir donné la solide instruction qu'ils possèdent, je veux la compléter en les faisant voyager dans les capitales de l'Europe afin de leur faire voir les hommes et les choses, et les habituer à parler les langues qu'ils ont apprises. Monsieur, dit-il en faisant asseoir le juge dans le salon, je ne pouvais vous entretenir de la publication sur la Chine devant un vieil ami de ma famille, le comte de Nouvion, revenu de l'émigration sans aucune espèce de fortune, et avec qui j'ai fait cette affaire, moins pour moi que pour lui. Sans lui confier les motifs de ma retraite, je lui dis que j'étais ruiné comme lui, mais que j'avais assez d'argent pour entreprendre une spéculation dans laquelle il pouvait s'employer utilement. Mon précepteur fut l'abbé Grozier, qu'à ma recommandation, Charles X nomma son bibliothécaire à la bibliothèque de l'Arsenal, qui lui fut rendue quand il était MONSIEUR. L'abbé Grozier possédait des connaissances profondes sur la Chine, sur ses mœurs et ses coutumes; il m'avait fait son héritier à un âge où il est difficile qu'on ne se fanatise pas pour ce que l'on apprend. A vingt-cinq ans, je savais le chinois, et j'avoue que je n'ai jamais pu me défendre d'une admiration exclusive pour ce peuple qui a conquis ses conquérans, dont les annales remontent incontestablement à une époque beaucoup plus reculée que ne le sont les temps mythologiques ou bibliques; qui, par ses institutions immuables, a conservé l'intégrité de son territoire, dont les monumens sont gigantesques, dont l'administration est parfaite, chez lequel les révolutions sont impossibles, qui a jugé le beau idéal comme un principe d'art infécond, qui a poussé le luxe et l'industrie à un si haut degré que nous ne pouvons le surpasser en aucun point, tandis qu'il nous égale là où nous nous croyons supérieurs. Mais, monsieur, s'il m'arrive souvent de plaisanter en comparant à la Chine la situation des états européens, je ne suis pas Chinois, je suis un gentilhomme français. Si vous aviez des doutes sur la finance de cette entreprise, je puis vous prouver que nous comptons deux mille cinq cents souscripteurs à ce monument littéraire, iconographique, statistique et religieux, dont l'importance a été généralement appréciée, car nos souscripteurs appartiennent à toutes les nations de l'Europe; nous n'en avons que douze cents en France. Notre ouvrage coûtera environ trois cents francs, et monsieur le comte de Nouvion y trouvera six à sept mille livres de rente pour sa part. Son bien-être fut le secret motif de cette entreprise. Pour mon compte, je n'ai en vue que la possibilité de donner à mes enfans quelques douceurs. Les cent mille francs que j'ai gagnés, bien malgré moi, paieront leurs leçons d'armes, leurs chevaux, leur toilette, leurs spectacles, leurs maîtres d'agrément, les toiles qu'ils barbouillent, les livres qu'ils veulent acheter, enfin toutes ces petites fantaisies que les pères ont tant de plaisir à satisfaire. S'il avait fallu refuser ces jouissances à mes pauvres enfans si méritans, si courageux dans le travail, le sacrifice que je fais à notre nom m'aurait été doublement pénible. En effet, monsieur, les douze années pendant lesquelles je me suis retiré du monde pour élever mes enfans m'ont valu l'oubli le plus complet à la cour. J'ai déserté la carrière politique, j'ai perdu toute ma fortune historique, toute une illustration nouvelle que je pouvais léguer à mes enfans; mais notre maison n'aura rien perdu, mes fils seront des hommes distingués. Si la pairie m'a manqué, ils la conquerront noblement en se consacrant aux affaires de leur pays, et lui rendront de ces services qui ne s'oublient pas. Tout en purifiant le passé de notre maison, je lui assurais un glorieux avenir : n'est-ce pas avoir accompli une belle tâche, quoique secrète et sans gloire? Avez-vous maintenant, monsieur, quelques autres éclaircissemens à me demander?

En ce moment, le bruit de plusieurs chevaux retentit dans la cour.

— Les voici, dit le marquis.

Bientôt les deux jeunes gens, de qui la mise était à la fois élégante et simple, entrèrent dans le salon, bottés, éperonnés, gantés, agitant gaiement leur cravache. Leur figure animée rapportait la fraîcheur du grand air, ils étaient étincelans de santé. Tous deux vinrent serrer la main de leur père, échangèrent avec lui, comme entre amis, un coup d'œil plein de muette tendresse, et saluèrent froidement le juge. Popinot regarda comme tout-à-fait inutile d'interroger le marquis sur ses relations avec ses fils.

— Vous êtes-vous bien amusés? leur demanda monsieur d'Espard.

— Oui, mon père. J'ai, pour la première fois, abattu six poupées en douze coups! dit Camille.

— Où avez-vous été vous promener?

— Au bois, où nous avons vu notre mère.

— S'est-elle arrêtée?

— Nous allions si vite en ce moment, qu'elle ne nous a sans doute pas vus, répondit le jeune comte.

— Mais alors pourquoi n'avez-vous pas été vous présenter?

— J'ai cru remarquer, mon père, qu'elle n'est pas contente de se voir abordée par nous en public, dit Clément à voix basse. Nous sommes un peu trop grands.

Le juge avait l'oreille assez fine pour entendre cette phrase, qui attira quelques nuages sur le front du marquis. Popinot se plut à contempler le spectacle que lui offraient le père et les enfans ; ses yeux, empreints d'une sorte d'attendrissement, revenaient sur la figure de monsieur d'Espard, de qui les traits, la contenance et les manières lui représentaient la probité sous sa plus belle forme, la probité spirituelle et chevaleresque, la noblesse dans toute sa beauté.

— Vous, vous voyez, monsieur, lui dit le marquis en reprenant son bégaiement, vous voyez que la justice, que la justice peut entrer ici, ici, à toute heure, oui, à toute heure ici. S'il y a des fous, s'il y a des fous, ce ne peut être que les enfans qui sont un peu fous de leur père, et le père qui est très-fou de ses enfans ; mais c'est une folie de bon aloi.

En ce moment, la voix de madame Marboutin se fit entendre dans l'antichambre, et la bonne femme entra dans le salon malgré les observations du valet de chambre.

— Je ne vais pas par quatre chemins, moi, criait elle. — Oui, monsieur le marquis, dit-elle en faisant un salut à la ronde, il faut que je vous parle à l'instant même. Parbleu ! je suis venue encore trop tard, puisque voilà monsieur le juge criminel.

— Criminel ! dirent les deux enfans.

— Il y avait de bien bonnes raisons pour que je ne vous trouve pas chez vous, puisque vous étiez ici. Ah, bah ! la justice est toujours là quand il s'agit de mal faire. Je viens, monsieur le marquis, vous dire que je suis d'accord avec mon fils de tout vous rendre puisqu'il y va de notre honneur qui est menacé. Mon fils et moi nous aimons mieux tout vous restituer que de vous causer le plus léger chagrin. En vérité, faut être bête comme des pots sans anse pour vouloir vous interdire...

— Interdire ! crièrent les deux enfans en se serrant contre leur père. Qu'y a-t-il ?

— Chut, madame, dit Popinot.

— Mes enfans, laissez-nous, dit le marquis.

Les deux jeunes gens allèrent au jardin.

— Madame, dit le juge, les sommes que monsieur le marquis vous a remises vous sont légitimement dues, quoiqu'elles vous aient été données en vertu d'un principe de probité très-étendu. Si les gens qui possèdent des biens confisqués, même par des manœuvres perfides, étaient, après cent cinquante ans, obligés à des restitutions, il se trouverait, en France, peu de propriétés légitimes. Les biens de Jacques Cœur ont enrichi vingt familles nobles, les confiscations abusives prononcées par les Anglais au profit de leurs adhérens, quand l'Anglais possédait une partie de la France, ont fait la fortune de plusieurs maisons princières. Notre législation permet à monsieur le marquis de disposer de ses revenus à titre gratuit, sans qu'il puisse être accusé de dissipation. L'interdiction d'un homme se base sur l'absence de toute raison dans ses actes ; et ici la cause des remises qui vous sont faites est puisée dans les motifs les plus sacrés, les plus honorables. Ainsi vous pouvez tout garder sans remords, et laisser le monde mal interpréter cette belle action. A Paris, la vertu la plus pure est l'objet des plus sales calomnies. Il est malheureux que l'état actuel de notre société rende la conduite de monsieur le marquis sublime ; je voudrais, pour l'honneur de notre pays, que de semblables actes y fussent trouvés tout simples ; mais les mœurs sont telles que je suis forcé, par comparaison, de regarder monsieur d'Espard comme un homme auquel il faudrait décerner une couronne au lieu de le menacer d'un jugement d'interdiction. Pendant tout le cours d'une longue vie judiciaire, je n'ai rien vu ni entendu qui m'ait plus ému que ce que je viens de voir et d'entendre. Mais il n'y a rien d'extraordinaire à trouver la vertu sous sa plus belle forme, alors qu'elle est mise en pratique par des hommes qui appartiennent à la classe la plus élevée. Après m'être expliqué de cette manière, j'espère, monsieur le marquis, que vous serez certain de mon silence, et que vous n'aurez aucune inquiétude sur le jugement à intervenir, s'il y a jugement.

— Eh bien ! à la bonne heure, dit madame Marboutin, en voilà un juge ! Tenez, mon cher monsieur, je vous embrasserais si je n'étais pas si laide ; vous parlez comme un livre.

Le marquis tendit sa main à monsieur Popinot, et Popinot y frappa doucement de la sienne en jetant à ce grand homme de la vie privée un regard plein d'harmonies pénétrantes, auquel monsieur d'Espard répondit par un gracieux sourire. Ces deux natures si pleines, si riches, l'une bourgeoise et divine, l'autre noble et sublime, s'étaient mises à l'unisson doucement, sans choc, sans éclat de passion, comme si deux lumières pures se fussent confondues. Le père de tout un quartier se sentait digne de presser la main de cet homme deux fois noble, et le marquis éprouvait au fond de son cœur un mouvement qui l'avertissait que la main du juge était une de celles d'où s'échappent incessamment les trésors d'une inépuisable bienfaisance.

— Monsieur le marquis, ajouta Popinot en le saluant, je suis heureux d'avoir à vous dire que, dès les premiers mots de cet interrogatoire, j'avais jugé mon greffier inutile. Puis il s'approcha du marquis, l'entraîna dans l'embrasure d'une croisée, et lui dit : — Il est temps que vous rentriez chez vous, monsieur; je crois qu'en cette affaire madame la marquise a subi des influences que vous devez combattre dès aujourd'hui.

Popinot sortit, se retourna plusieurs fois dans la cour et dans la rue; il était encore attendri par le souvenir de cette scène; elle appartenait à ces effets qui s'implantent dans la mémoire pour y refleurir à certaines heures où l'âme cherche des consolations.

— Cet appartement me conviendrait bien, se dit-il en arrivant chez lui.

Le lendemain, vers dix heures du matin, monsieur Popinot, qui, la veille, avait rédigé son rapport, s'achemina au Palais, dans l'intention de faire prompte et bonne justice. Au moment où il entrait au vestiaire pour y prendre sa robe et mettre son rabat, le garçon de salle lui dit que monsieur le président du tribunal le priait de passer dans son cabinet, où il l'attendait. Popinot s'y rendit aussitôt.

—Bonjour, cher monsieur Popinot, lui dit le magistrat en l'emmenant dans l'embrasure de la fenêtre.

— Monsieur le président, s'agit-il de quelque affaire sérieuse?

— Une niaiserie, dit le président. Le garde-des-sceaux, avec lequel j'ai eu l'honneur de dîner hier, m'a pris à part dans un coin; il avait su que vous aviez été prendre le thé chez madame d'Espard, dans l'affaire de laquelle vous avez été commis, et il m'a fait entendre qu'il était convenable que vous ne siégiez point dans cette cause...

— Ah! monsieur le président, je puis affirmer que je suis sorti de chez madame d'Espard au moment où le thé fut servi; d'ailleurs, ma conscience...

— Oui, oui, dit le président, le tribunal tout entier, la cour, le palais, vous connaissent; je ne vous répéterai pas ce que j'ai dit de vous à Sa Grandeur; mais vous savez! *la femme de César ne doit pas être soupçonnée*. Aussi n'en faisons-nous pas une affaire de discipline, mais une question de convenance. Entre nous, il s'agit moins de vous que du tribunal.

— Mais, monsieur le président, si vous connaissiez l'espèce, dit le juge en essayant de tirer son rapport de sa poche.

— Je suis persuadé d'avance que vous avez apporté dans cette affaire la plus stricte indépendance. Et moi-même, simple juge, j'ai souvent pris bien plus qu'une tasse de thé avec les gens que j'avais à juger; mais il suffit que le garde-des-sceaux en ait parlé, que l'on puisse causer de vous, pour que le tribunal évite une discussion à ce sujet. Tout conflit avec l'opinion publique est dangereux pour un corps constitué, même quand il a raison contre elle, parce que les armes ne sont pas égales; le journalisme peut tout dire, tout supposer, et notre dignité nous interdit tout, même la réponse. D'ailleurs, j'en ai conféré avec votre président, et monsieur La Giraudais vient d'être commis sur la récusation que vous allez donner. C'est une chose arrangée.

En voyant monsieur La Giraudais, un juge-suppléant récemment nommé qui s'avança pour le saluer, monsieur Popinot ne put retenir un sourire ironique. Ce jeune homme blond, pâle, plein d'ambition cachée, semblait prêt à pendre et à dépendre, au bon plaisir des rois de la terre, les innocens aussi bien que les coupables, et à suivre l'exemple des Laubardemont plutôt que celui des Molé. Monsieur Popinot se retira en les saluant.

Paris, février 1836.

LES MARANA.

I.

LA MARANA.

Malgré la discipline que le maréchal Suchet avait introduite dans son corps d'armée, il ne put empêcher, lors de la prise de Tarragone, un premier moment de trouble et de désordre. A entendre aujourd'hui quelques militaires de bonne foi, cette ivresse de la victoire ressembla singulièrement à un pillage que, néanmoins, le maréchal sut promptement réprimer. L'ordre rétabli, chaque régiment parqué dans son quartier, le commandant de place nommé, vinrent les administrateurs militaires. Alors la ville reprit une physionomie métisse, et tout s'y organisa naturellement à la française; mais on laissa les Espagnols libres de persister, *in petto*, dans leurs goûts nationaux.

Ce premier moment de pillage qui dura pendant une période de temps assez difficile à déterminer, eut, comme tous les événemens sublunaires, sa cause occulte; et cette cause est facile à révéler.

Il y avait à l'armée du maréchal un régiment presque entièrement composé d'Italiens, et commandé par un certain colonel Eugène, homme d'une bravoure extraordinaire; un second Murat, qui, pour s'être mis trop tard en guerre, n'eut ni grand-duché de Berg, ni royaume de Naples, ni balle à Pizzo; mais s'il n'obtint pas de couronnes, il fut très-bien placé pour choisir des balles, et il ne serait pas étonnant qu'il en eût rencontré quelques-unes.

Dans ce régiment, se trouvaient les débris de la légion italienne. Or, la légion italienne était pour l'Italie ce que sont pour la France les bataillons coloniaux. Son dépôt, établi à l'île d'Elbe, avait servi à déporter honorablement et les fils de famille qui donnaient des craintes pour leur avenir, et ces grands hommes manqués dont la société marque d'avance la vie au fer chaud, en les appelant des *mauvais sujets*. Tous gens incompris pour la plupart, dont l'existence peut devenir, ou belle au gré d'un sourire de femme qui les relève de leur brillante ornière, ou épouvantable, à la fin d'une orgie, sous l'influence de quelque méchante réflexion échappée à un compagnon d'ivresse.

Napoléon avait donc incorporé tous ces hommes d'énergie dans le 6e de ligne, espérant les métamorphoser presque tous en généraux, sauf les déchets occasionnés par le boulet; mais les calculs de l'empereur ne furent parfaitement justes que relativement aux ravages de la mort. Ce régiment, souvent décimé, toujours le même, acquit une grande réputation de valeur sur la scène militaire, et la plus détestable de toutes dans la vie privée.

Au siége de Tarragone, les Italiens perdirent leur célèbre capitaine Bianchi, le même qui, pendant la campagne, avait parié manger le cœur d'une sentinelle espagnole, et le mangea. Ce divertissement de bivouac est raconté dans les conversations par lesquelles cet ouvrage est terminé, et il s'y trouve sur le 6ᵉ de ligne des détails qui confirment tout ce qu'on en dit ici.

Quoique Bianchi fût le prince des démons incarnés auxquels ce régiment devait sa double réputation, il avait cependant cette espèce d'honneur chevaleresque qui, à l'armée, fait excuser les plus grands excès; et, pour tout dire en un mot, il eût été, dans l'autre siècle, un admirable flibustier. Quelques jours auparavant, il s'était distingué par une action d'éclat que le maréchal avait voulu reconnaître. Bianchi refusa grade, pension, décoration nouvelle, et réclama pour toute récompense la faveur de monter le premier à l'assaut de Tarragone. Le maréchal accorda la requête et oublia sa promesse. Mais Bianchi le fit souvenir de Bianchi. L'enragé capitaine planta, le premier, le drapeau français sur la muraille, et y fut tué par un moine.

Cette digression historique était nécessaire pour expliquer comment le 6ᵉ de ligne entra le premier dans Tarragone, et pourquoi le désordre, assez naturel dans une ville emportée de vive force, dégénéra si promptement en un léger pillage.

Il y avait à ce régiment deux officiers peu remarquables parmi ces hommes de fer, mais qui joueront néanmoins dans cette histoire, par *juxta*-position, un rôle assez important.

Le premier, capitaine d'habillement, officier moitié militaire, moitié civil, passait, en style soldatesque, pour *faire ses affaires.* Il se prétendait brave, se vantait, dans le monde, d'appartenir au 6e de ligne, savait relever sa moustache en homme prêt à tout briser ; mais ses camarades ne l'estimaient point. Sa fortune le rendait prudent ; aussi l'avait-on, pour deux raisons, surnommé le *capitaine des corbeaux :* d'abord, il sentait la poudre d'une lieue, et fuyait les coups de fusil à tire-d'ailes ; puis ce sobriquet renfermait encore un innocent calembour militaire, que du reste il méritait, et dont un autre se serait fait gloire.

Le capitaine Montefiore, de l'illustre famille des Montefiore de Milan, mais à qui les lois du royaume d'Italie interdisaient de porter son titre, était un des plus jolis garçons de l'armée. Cette beauté pouvait être une des causes occultes de sa prudence aux jours de bataille. Une blessure qui lui eût déformé le nez, coupé le front, ou couturé les joues, aurait détruit l'une des plus belles figures italiennes dont jamais femme ait rêveusement dessiné les proportions délicates. Son visage, assez semblable au type qui a fourni le jeune Turc mourant à Girodet dans son tableau de la Révolte du Caire, était un de ces visages mélancoliques dont les femmes sont presque toujours dupes.

Le marquis de Montefiore possédait des biens substitués, et, pour un certain nombre d'années, il en avait engagé tous les revenus, afin de payer des escapades italiennes qui ne se concevraient point à Paris. Il s'était ruiné à soutenir un théâtre de Milan, pour imposer au public une mauvaise cantatrice qui, disait-il, l'aimait à la folie. Le capitaine Montefiore avait donc un très-bel avenir, et ne se souciait pas de le jouer contre un méchant morceau de ruban rouge.

Si ce n'était pas un brave, c'était au moins un philosophe, et il avait des précédens, s'il est permis de parler ici notre langage parlementaire. Philippe II ne jura-t-il pas, à la bataille de Saint-Quentin, de ne plus se retrouver au feu, sauf celui des bûchers de l'inquisition, et le duc d'Albe ne l'approuva-t-il pas de penser que le plus mauvais commerce du monde était le troc involontaire d'une couronne d'or contre une balle de plomb? Donc, Montefiore était philippiste en sa qualité de marquis, philippiste en sa qualité de joli garçon, et, au demeurant, profond politique, comme l'était Philippe II.

Il se consolait de son surnom et de la mésestime du régiment en pensant que ses camarades étaient des chenapans, dont l'opinion pourrait bien un jour ne pas obtenir grande créance, si, par hasard, ils survivaient à cette guerre d'extermination. Puis, sa figure étant un brevet de valeur, il se voyait forcément nommé colonel, soit par quelque phénomène de faveur féminine, soit par une habile métamorphose du capitaine d'habillement en officier d'ordonnance, de l'officier d'ordonnance en aide-de-camp de maréchal. Pour lui, la gloire était une simple question d'habillement. Alors, un jour, je ne sais quel journal dirait en parlant de lui : *le brave colonel Montefiore*, etc. Alors il aurait cent mille scudi de rente, épouserait une fille de haut lieu, et personne n'oserait ni contester sa bravoure ni vérifier ses blessures. Enfin, le capitaine Montefiore avait un ami dans la personne du quartier-maître, Provençal né aux environs de Nice, et nommé Diard.

Un ami, soit au bagne, soit dans une mansarde d'artiste, console de bien des malheurs. Or, Montefiore et Diard étaient deux philosophes. Tous deux voyaient la guerre dans ses résultats, non dans son action, et ils donnaient tout simplement aux morts le nom de niais. Le hasard en avait fait des soldats, tandis qu'ils auraient dû être assis autour des tapis verts d'un congrès. La nature avait jeté Montefiore dans le moule des Rizzio; Diard, dans le creuset des diplomates. Tous deux étaient doués de cette organisation fébrile, mobile, à demi féminine, également forte pour le bien et pour le mal, dont il peut émaner, suivant le caprice de ces singuliers tempéramens, un crime aussi bien qu'une action généreuse, un acte de grandeur d'âme ou une lâcheté. Leur sort dépend à tout moment de la pression plus ou moins vive produite sur leur appareil nerveux par des passions violentes et fugitives.

Diard était un assez bon comptable, mais aucun soldat ne lui aurait confié ni sa bourse ni son testament, peut-être par suite de l'antipathie qu'ont les militaires contre les bureaucrates. Le quartier-maître ne manquait ni de bravoure ni d'une sorte de générosité juvénile, sentimens dont certains hommes se dépouillent en vieillissant, en raisonnant ou en calculant. Journalier comme peut l'être la beauté d'une femme blonde, Diard était, du reste, vantard, grand parleur, et parlait de tout. Il se disait artiste, et ramassait, à l'imitation de deux célèbres généraux, les ouvrages d'art, uniquement, assurait-il, afin de n'en pas priver la postérité. Ses camarades eussent été fort embarrassés d'asseoir un jugement vrai sur lui. Beaucoup d'entre eux, habitués à recourir à sa bourse, suivant l'occurrence, le croyaient riche; mais il était joueur, et les joueurs n'ont rien en propre. Il était joueur autant que Montefiore, et tous les officiers jouaient avec eux, parce que, à la honte des hommes, il n'est pas rare de voir, autour d'un tapis vert, des gens qui, la partie finie, ne se saluent pas et ne s'estiment point. Montefiore avait été l'adversaire de Bianchi dans le pari du cœur espagnol.

Montefiore et Diard se trouvèrent aux derniers rangs lors de l'assaut, mais les plus avancés au cœur de la ville, dès qu'elle fut prise. Il arrive de ces hasards dans les mêlées. Seulement, les deux amis étaient coutumiers du fait. Se soutenant l'un l'autre, ils s'engagèrent bravement à travers un labyrinthe de petites rues étroites et sombres, allant tous deux à leurs affaires, l'un cherchant des madones peintes, l'autre des madones vivantes.

En je ne sais quel endroit de Tarragone, Diard reconnut à l'architecture du porche un couvent dont la porte était enfoncée, et il sauta dans le cloître pour y arrêter la fureur des soldats. Il y arriva fort à propos, et empêcha deux Parisiens de fusiller une Vierge de l'Albane qu'il leur acheta, malgré les moustaches dont les deux voltigeurs l'avaient décorée par fanatisme militaire.

Montefiore, resté seul, aperçut en face du couvent la maison d'un marchand de draperies, d'où partit un coup de feu tiré sur lui, au moment où, la regardant de haut en bas, il y fut arrêté par une foudroyante œillade qu'il échangea vivement avec une jeune fille curieuse, dont la tête s'était glissée dans le coin d'une jalousie.

Tarragone prise d'assaut, Tarragone en colère, faisant feu par toutes les croisées ; Tarragone violée, les cheveux épars, à demi nue, ses rues flamboyantes, inondées de soldats français tués ou tuant, valait bien un regard, le regard d'une Espagnole intrépide. N'était-ce pas le combat de taureaux agrandi ?

Montefiore oublia le pillage, et n'entendit plus, pendant un moment, ni les cris, ni la mousquetade, ni les grondemens de l'artillerie. Le profil de cette Espagnole était ce qu'il avait vu de plus divinement délicieux, lui, libertin d'Italie, lui, lassé d'Italiennes, lassé de femmes, et rêvant une femme impossible, parce qu'il était las des femmes. Il put encore tressaillir, lui, le débauché, qui avait gaspillé sa fortune pour réaliser les mille folies, les mille passions d'un homme jeune, blasé, le plus abominable monstre que puisse engendrer notre société.

Il lui passa par la tête une bonne idée que lui inspira, sans doute, le coup de fusil du boutiquier patriote : ce fut de mettre le feu à la maison. Mais il se trouvait seul, sans moyens d'action. Le centre de la bataille était sur la grande place, où quelques entêtés se défendaient encore.

D'ailleurs, il lui survint une meilleure idée. Diard sortit du couvent. Montefiore ne lui dit rien de sa découverte, et alla faire plusieurs courses avec lui dans la ville. Mais, le lendemain, le capitaine italien fut militairement logé chez le marchand de draperies.

La maison de ce bon Espagnol était composée au rez-de-chaussée d'une vaste boutique, sombre, extérieurement armée de gros barreaux en fer, comme le sont à Paris les vieux magasins de la rue des Lombards, et qui communiquait avec un parloir éclairé par une cour intérieure.

Cette espèce d'arrière-boutique formait une grande chambre, où respirait tout l'esprit du moyen âge : vieux tableaux enfumés, vieilles tapisseries, antique *brazero*, le chapeau à plumes suspendu à un clou, le fusil des guérillas et le manteau de Bartholo. La cuisine attenait à ce lieu de réunion, à cette pièce unique, où l'on mangeait, où l'on se réchauffait à la sourde lueur du brasier, en fumant des cigares, et discourant pour animer les cœurs à la haine contre les Français. Des brocs d'argent, la vaisselle précieuse ornaient une crédence, à la mode ancienne. Mais le jour, parcimonieusement distribué, ne laissait briller que faiblement les objets éclatans, et, comme dans un tableau de l'école hollandaise, là tout devenait brun, même les figures.

Entre la boutique et ce salon si beau de couleur et de vie patriarcale, se trouvait un escalier assez obscur qui conduisait à un magasin où des jours, habilement pratiqués, permettaient d'examiner les étoffes. Puis, au-dessus était l'appartement du marchand et de sa femme.

Enfin, le logement de l'apprenti et d'une servante avait été ménagé dans une mansarde établie sous un toit en saillie sur la rue, et soutenue par des arcs-boutans qui prêtaient à ce logis une physionomie bizarre. Mais leurs chambres furent prises par le marchand et par sa femme, qui abandonnèrent à l'officier leur propre appartement, sans doute afin d'éviter toute querelle.

Montefiore se donna pour un ancien sujet de l'Espagne, persécuté par Napoléon, et qui le servait contre son gré. Ces demi-mensonges eurent le succès qu'il en attendait. Il fut invité à partager le repas de la famille, comme le voulaient son nom, sa naissance et son titre. Montefiore avait ses raisons en cherchant à capter la bienveillance du marchand ; il sentait sa madone, comme l'ogre sentait la chair fraîche du petit Poucet et de ses frères.

Malgré la confiance qu'il sut inspirer au drapier, celui-ci garda le plus profond secret sur cette madone ; et non-seulement le capitaine n'aperçut aucune trace de jeune fille durant la première journée qu'il passa sous le toit de l'honnête Espagnol, mais encore il ne put entendre aucun bruit ni saisir aucun indice qui lui en révélât la présence dans cet antique logis.

Cependant tout résonnait si bien entre les planchers de cette construction, presque entièrement bâtie en bois, que pendant le silence des premières heures de la nuit Montefiore espéra deviner en quel lieu se trouvait cachée la jeune inconnue. Imaginant qu'elle était la fille unique de ces vieilles gens, il la crut consignée par eux dans les mansardes, où ils avaient établi leur domicile pour tout le temps de l'occupation.

Mais aucune révélation ne trahit la cachette de ce précieux trésor. L'officier resta bien le visage collé aux petits carreaux en losange, et retenus par des branches de plomb, qui donnaient sur la cour intérieure, noire enceinte de murailles ; mais il n'y aperçut aucune lueur, si ce n'est celle que projetaient les fenêtres de la chambre où étaient les deux vieux époux, toussant, allant, venant, parlant. De la jeune fille... pas même l'ombre... Montefiore était trop fin pour risquer l'avenir de sa passion en se hasardant à sonder nuitamment la maison, ou à frapper doucement aux portes. Découvert par ce chaud patriote, soupçonneux comme doit l'être un Espagnol père et marchand de draperies, c'eût été se perdre infailliblement.

Le capitaine résolut donc d'attendre avec patience, espérant tout du temps et de l'imperfection des hommes, qui finissent toujours, même les scélérats, à plus forte raison les honnêtes gens, par oublier quelque précaution. Le lendemain, il découvrit où couchait la servante, en voyant une espèce de hamac dans la cuisine. Quant à l'apprenti, il dormait sur les comptoirs de la boutique.

Pendant cette seconde journée, au souper, Montefiore, maudissant Napoléon, réussit à dérider le front soucieux de son hôte, Espagnol grave, noir visage, semblable à ceux que l'on sculptait jadis sur le manche des rebecs; et sa femme retrouva un sourire gai de haine dans les plis de sa vieille figure. La lampe et les reflets du *brazero* éclairaient fantastiquement cette noble salle. L'hôtesse venait d'offrir un *cigaretto* à leur demi-compatriote. En ce moment, Montefiore entendit un soupir, le frôlement d'une robe et la chute d'une chaise, derrière un panneau de tapisserie.

— Allons, dit la femme en pâlissant, que lui arrive-t-il?

— Vous avez donc là quelqu'un? dit l'Italien sans donner signe d'émotion.

Le drapier laissa échapper un mot d'injure contre les filles.

Alarmée, sa femme ouvrit une porte secrète, et amena, toute pâle, demi-morte, la madone de l'Italien, à laquelle cet amoureux ravi ne parut faire aucune attention. Seulement, pour éviter toute affectation, il la regarda, se retourna vers l'hôte, et lui dit dans sa langue maternelle :

— Est-ce votre fille, seigneur?

Perez de Lagounia, tel était le nom du marchand, ayant eu de grandes relations commerciales à Gênes, à Florence, à Livourne, savait l'italien et répondit dans la même langue :

— Non ! Si c'eût été ma fille, j'eusse pris moins de précautions. Cette enfant nous est confiée, et j'aimerais mieux périr que de lui voir arriver le moindre malheur. Mais donnez donc de la raison à une fille de dix-huit ans !

— Elle est bien belle, dit froidement Montefiore.

— La beauté de la mère est assez célèbre, répondit le marchand.

Et ils continuèrent à fumer en s'observant. Quoique Montefiore se fût imposé la dure loi de ne pas jeter le moindre regard qui pût compromettre son apparente froideur, cependant, au moment où Perez tourna la tête pour cracher, il se permit de lancer un coup-d'œil à la dérobée sur cette fille, dont il rencontra les yeux pétillans. Mais alors, avec cette science de vision qui donne à un débauché, aussi bien qu'à un sculpteur le fatal pouvoir de déshabiller pour ainsi dire une femme, d'en deviner les formes par des inductions et rapides et sagaces, il vit un de ces chefs-d'œuvre dont la création exige toutes les splendeurs de l'amour.

C'était une figure blanche où le ciel de l'Espagne avait jeté quelques légers tons de bistre pour ajouter à l'expression d'un calme séraphique une ardente fierté de vierge; mais l'espèce de lueur infusée sous ce teint diaphane pouvait être due à un sang tout mauresque qui le vivifiait et le colorait, sans néanmoins permettre de voir le principe de cette vie et de cette éclatante couleur. Relevés sur le sommet de la tête, ses cheveux retombaient en boucles ondoyantes, entouraient de leurs reflets noirs de fraîches oreilles transparentes, et dessinaient les contours d'un cou faiblement azuré. Cette chevelure si luxuriante mettait artistement en relief des yeux clairs et brûlans, une bouche rouge. Enfin la basquine du pays rehaussait encore la cambrure d'une taille pleine de souplesse.

C'était, non pas la Vierge de l'Italie, mais la Vierge de l'Espagne, celle du Murillo, le seul artiste assez osé pour l'avoir peinte enivrée de bonheur par la conception du Christ, imagination délirante du plus hardi, du plus chaud des peintres.

Il y avait en cette fille trois choses réunies, dont une seule suffit à diviniser une femme : la pureté de la perle gisant au fond des mers, la sublime exaltation de la sainte Thérèse espagnole, et la volupté qui s'ignore. Sa présence eut toute la vertu d'un talisman. Montefiore ne vit plus rien de vieux autour de lui : la jeune fille avait tout rajeuni. L'apparition fut délicieuse, mais elle dura peu.

L'inconnue fut reconduite dans la chambre mystérieuse, où la servante lui porta dès lors ostensiblement et de la lumière et son repas.

— Vous faites bien de la cacher, dit Montefiore en italien. Je vous garderai le secret, car nous avons des généraux capables de vous l'enlever militairement.

L'enivrement de Montefiore alla jusqu'à lui suggérer l'idée d'épouser l'inconnue. Alors il demanda quelques renseignemens à son hôte. Perez lui raconta volontiers l'aventure à laquelle il devait sa pupille, et le prudent Espagnol fut engagé à faire cette confidence, autant par l'illustration des Montefiore, dont il avait entendu parler en Italie, que pour montrer combien étaient fortes les barrières qui la séparaient d'une séduction. Quoique le bonhomme eût une certaine éloquence de patriarche, en harmonie avec ses mœurs simples et conforme au coup d'escopette tiré sur Montefiore, ses discours gagneront à être résumés.

Au moment où la révolution française changea les mœurs des pays qui servirent de théâtre à ses guerres, il vint à Tarragone une fille de joie, chassée de Venise par la chute de Venise. La vie de cette créature était un tissu d'aventures romanesques et de vicissitudes étranges.

A elle, plus souvent qu'à toute autre femme de cette classe en dehors du monde, il arrivait, grâce au caprice d'un seigneur frappé de sa beauté extraordinaire, de se trouver pendant un certain temps gorgée d'or, de bijoux, entourée des mille délices de la richesse. C'étaient les fleurs, les carrosses, les pages, les caméristes, les palais, les tableaux, l'insolence, les voyages comme les faisait Catherine II; enfin, la vie d'une reine absolue dans ses caprices et obéie en tout.

Puis, sans que jamais ni elle, ni personne, nul savant, physicien, chimiste ou autre, ait pu découvrir par quel procédé s'évaporait son or, elle retombait sur le pavé, pauvre, dénuée de tout, ne conservant que sa toute puissante beauté, vivant d'ailleurs sans aucun souci du passé, du présent ni de l'avenir. Elle était jetée, maintenue en sa misère par quelque pauvre officier joueur, dont elle adorait la moustache, attachée à lui comme un chien à son maître, partageant avec lui seulement les maux de cette vie militaire qu'elle consolait; du reste, faite à tout, dormant aussi gaie sous le toit d'un grenier que sous la soie d'une opulente courtine.

Italienne, Espagnole, tout ensemble, elle observait très-exactement les pratiques religieuses, et plus d'une fois elle avait dit à l'amour : — Tu reviendras demain, aujourd'hui je suis toute à Dieu.

Mais cette fange pétrie d'or et de parfums, cette insouciance de tout, ces passions furieuses, cette religieuse croyance jetée à ce cœur comme un diamant dans la boue, cette vie commencée et finie à l'hôpital, ces chances du joueur transportées à l'âme, à l'existence entière ; enfin, cette haute alchimie où le vice attisait le feu du creuset dans lequel se fondaient les plus belles fortunes, se fluidifiaient et disparaissaient les écus des aïeux et l'honneur des grands noms ; tout cela procédait d'un génie particulier, fidèlement transmis de mère en fille depuis le moyen âge.

Cette femme avait nom LA MARANA. Dans sa famille, purement féminine, et depuis le treizième siècle, l'idée, la personne, le nom, le pouvoir d'un père avaient été complètement inconnus. Le mot de MARANA était, pour elle, ce que la dignité de STUART fut pour la célèbre race royale écossaise, un nom d'honneur substitué au nom patronimique, par l'hérédité constante de la même charge inféodée à la famille.

Jadis, en France, en Espagne et en Italie, quand ces trois pays eurent, du quatorzième au quinzième siècle, des intérêts communs qui les unirent ou les désunirent par une guerre continuelle, le mot de Marana servit à exprimer, dans sa plus large acception, une fille de joie. A cette époque, ces sortes de femmes avaient dans le monde un certain rang dont rien aujourd'hui ne peut donner l'idée. Ninon de Lenclos et Marion Delorme ont seules, en France, joué le rôle des Impéria, des Catalina, des Marana, qui, dans les siècles précédens, réunissaient chez elles la soutane, la robe et l'épée. Une Impéria bâtit à Rome je ne sais quelle église, dans un accès de repentir, comme Rhodope construisit jadis une pyramide. Ce nom infligé d'abord comme une flétrissure à la famille bizarre dont il est ici question, avait fini par devenir le sien, et ennoblir le vice en elle par l'incontestable antiquité du vice.

Or, un jour, la Marana du dix-neuvième siècle, un jour d'opulence ou de misère, on ne sait; ce problème fut un secret entre elle et Dieu; mais, certes, ce fut dans une heure de religion et de mélancolie, cette femme se trouva les pieds dans un bourbier et la tête dans les cieux. Alors elle maudit le sang de ses veines, elle se maudit elle-même, elle trembla d'avoir une fille, et jura, comme jurent ces sortes de femmes, avec la probité, avec la volonté du bagne, la plus forte volonté, la plus exacte probité qu'il y ait sous le ciel; elle jura donc devant un autel, en croyant à l'autel, de faire de sa fille une créature vertueuse, une sainte, afin de donner, à cette longue suite de crimes et de femmes perdues, un ange, pour elles toutes, dans le ciel.

Puis, le vœu fait, le sang de Marana parla, la courtisane se rejeta dans sa vie aventureuse, mais elle eut dans le cœur une pensée de plus.

Enfin, elle vint à aimer du violent amour des prostituées, comme Henriette Wilson aima lord Ponsomby, comme mademoiselle Dupuis aima Bolingbroke, comme la Camargo de Musset aime son Raphaël Garucci... non, elle n'aima pas, elle adora un de ces hommes à blonds cheveux, un homme à moitié femme, à laquelle elle prêta les vertus qu'elle n'avait pas, voulant garder pour elle tout ce qui était vice. Puis, de cet homme faible, de ce mariage insensé, de ce mariage qui n'est jamais béni par Dieu ni par les hommes, que le bonheur devrait justifier, mais qui n'est jamais absous par le bonheur, et dont rougissent un jour même les gens sans front, elle eut une fille, une fille à sauver, une fille pour laquelle elle désira une belle vie, et surtout les pudeurs qui lui manquaient.

Alors, qu'elle vécût heureuse ou misérable, opulente ou pauvre, elle eut au cœur un sentiment pur, le plus beau de tous les sentimens humains, parce qu'il est le plus désintéressé. L'amour a encore son égoïsme à lui, l'amour maternel n'en a plus. Elle fut mère comme aucune mère n'était mère; car, dans son naufrage éternel, la maternité pouvait être une planche de salut. Accomplir saintement une partie de sa tâche terrestre en envoyant un ange de plus dans le paradis, n'était-ce pas mieux qu'un tardif repentir, et la seule prière pure qu'elle osât élever jusqu'à Dieu?

Aussi, quand cette fille, quand sa Maria-Juana-Pepita! (elle aurait voulu lui donner pour patrones toutes les saintes de la Légende) Donc, lorsque cette petite créature lui fut accordée, elle eut une si haute idée de la majesté d'une mère qu'elle supplia le vice de lui octroyer une trêve. Elle se fit vertueuse, et vécut solitaire. Donc plus de fêtes, plus de nuits, plus d'amours. Toutes ses fortunes, toutes ses joies, étaient dans le frêle berceau de sa fille. Mais aussi les accens de cette voix enfantine lui bâtirent une oasis dans sa vie ardente. Son sentiment n'eut rien qui pût se mesurer à aucun autre. Ne comprenait-il pas tous les sentimens humains et toutes les espérances célestes? Aussi, ne voulant entacher sa fille d'aucune souillure autre que celle du péché originel de sa naissance qu'elle essaya de baptiser dans toutes les vertus sociales, exigea-t-elle du jeune père une fortune paternelle et le nom paternel. Sa fille ne fut donc plus une Juana Marana, mais la Juana de Mancini.

Puis, quand après sept années de joie et de baisers, d'ivresse et de bonheur, il fallut que la pauvre Marana se privât de cette idole, afin de ne pas lui courber le front sous la honte héréditaire, cette mère courageuse, renonçant à son enfant pour son enfant, lui chercha, non sans d'horribles douleurs, une autre mère, une famille, des mœurs et de saints exemples.

L'abdication d'une mère est un acte épouvantable ou sublime; mais là n'était-il pas sublime?

Donc, à Tarragone, un hasard heureux lui fit rencontrer les Lagounia dans une circonstance où elle put apprécier la probité du mari et la haute vertu de la femme. Elle arriva pour eux comme un ange libérateur. La fortune et l'honneur du marchand, momentanément compromis, nécessitaient un secours et prompt et secret. La Marana lui remit la somme dont se composait la dot de Juana, ne lui en demandant ni reconnaissance, ni intérêt. Dans sa jurisprudence, à elle, un contrat était une chose de cœur; un stylet, la justice du faible, et Dieu, le tribunal suprême. Après avoir avoué les malheurs de sa situation à dona Lagounia, elle confia fille et fortune au vieil honneur espagnol qui respirait pur et sans tache dans cette antique maison. Dona Lagounia, n'ayant point eu d'enfant, se trouva très-heureuse d'avoir une fille adoptive à élever.

Alors la courtisane se sépara, le cœur brisé, de sa chère Juana, certaine d'en avoir assuré l'avenir, et de lui avoir trouvé une mère, une mère qui ferait d'elle une Mancini, et non une Marana. En quittant la simple et modeste maison du marchand, où vivaient les vertus bourgeoises de la famille, où la religion, où la sainteté des sentimens et l'honneur étaient dans l'air, la pauvre fille de joie, mère déshéritée de son enfant, put supporter ses douleurs en voyant Juana, vierge, épouse et mère, mère heureuse pendant toute une longue vie. La courtisane laissa sur le seuil de cette maison une larme, une de ces larmes que recueillent les anges, et qui rayonnent jusque dans les cieux.

Depuis ce jour de deuil et d'espérance, la Marana, ramenée par d'invincibles pressentimens, était revenue à trois reprises pour revoir sa fille.

La première fois, Juana se trouvait en proie à une maladie dangereuse.

— Je le savais, dit-elle à Perez, en arrivant chez lui.

Dans son sommeil, et de loin, elle avait aperçu Juana mourante. Elle la servit, la veilla; puis, un matin, pendant que sa fille en convalescence dormait, elle la baisa au front, et partit sans s'être trahie. La mère chassait la courtisane.

Une seconde fois, la Marana vint dans l'église où communiait Juana de Mancini. Vêtue simplement, obscure, cachée dans le coin d'un pilier, la mère proscrite se reconnut dans sa fille telle qu'elle avait été un jour, céleste figure d'ange, pure comme l'est la neige tombée le matin même sur un piton des Alpes. Toujours un peu courtisane, même dans sa maternité, la Marana sentit au fond de son âme une jalousie plus forte que ne l'étaient tous ses amours ensemble, et sortit de l'église, incapable de résister plus long-temps au désir de tuer dona Lagounia, en la voyant là, toute heureuse, le visage rayonnant, être trop bien la mère.

Enfin, une dernière rencontre eut lieu entre la mère et la fille à Milan, où le marchand et sa femme étaient allés. La Marana, passant au Corso dans tout l'appareil d'une souveraine, apparut à sa fille, rapide comme un éclair, et n'en fut pas reconnue. Effroyable angoisse! Elle, la célèbre Marana, chargée de baisers, il lui en manquait un, un seul pour lequel elle aurait vendu tous les autres, le baiser frais et joyeux donné par une fille à sa mère, à sa mère honorée, à sa mère en qui resplendissent toutes les vertus domestiques. Juana vivante était donc réellement morte pour elle. Une pensée ranima cette courtisane, à laquelle le duc de Lina disait alors : — Qu'avez-vous, mon amour?

Pensée délicieuse!.... Juana était désormais sauvée. Elle serait la plus humble des femmes peut-être, mais non pas une infâme courtisane à qui plus d'un homme pouvait dire : — Qu'avez-vous, mon amour?

Enfin, le marchand et sa femme avaient accompli leurs devoirs avec une rigoureuse intégrité. La fortune de Juana, devenue la leur, s'était décuplée. Perez de Lagounia, le plus riche négociant de la province, portait à la jeune fille un sentiment à demi superstitieux. Après avoir préservé sa vieille maison d'une ruine déshonorante, la présence de cette céleste créature n'y avait-elle pas amené des prospérités inouïes! Sa femme, âme d'or et pleine de délicatesse, en fit une enfant religieuse, pure autant que belle. Juana pouvait être aussi bien l'épouse d'un seigneur que d'un riche commerçant : elle ne faillirait à aucune des vertus nécessaires en ses brillantes destinées.

Sans les événemens, Perez, qui avait rêvé d'aller à Madrid, l'eût mariée à quelque grand d'Espagne.

— Je ne sais où est aujourd'hui la Marana, dit Perez en terminant; mais, en quelque lieu du monde qu'elle puisse être, si elle apprend et l'occupation de notre province par vos armées et le siége de Tarragone, elle doit être en route pour y venir, afin de veiller sur sa fille.

Ce récit changea les déterminations du capitaine

italien. Il ne voulut plus faire de Juana de Mancini la marquise de Montefiore. Il reconnut le sang des Marana dans l'œillade que la jeune fille avait échangée avec lui à travers la jalousie, dans la ruse qu'elle venait d'employer pour servir sa curiosité, dans le dernier regard qu'elle lui avait jeté. Ce libertin voulait pour épouse une femme vertueuse. Cette aventure était pleine de périls, mais de ces périls dont l'homme le moins courageux ne s'épouvante jamais. Ils avivent l'amour et ses plaisirs. L'apprenti couché sur les comptoirs, la servante au bivouac dans la cuisine, Perez et sa femme ne dormant sans doute que du sommeil des vieillards, la sonoréité de la maison, une surveillance de dragon pendant le jour, tout était obstacle, tout faisait de cet amour un amour impossible. Mais il avait pour lui, contre tant d'impossibilités, le sang des Marana qui pétillait au cœur de cette curieuse Italienne, Espagnole par les mœurs, vierge de fait, impatiente d'aimer. La passion, la fille et Montefiore pouvaient tous trois défier l'univers entier.

Montefiore, poussé autant par l'instinct des hommes à bonnes fortunes que par ces espérances vagues que l'on ne s'explique point et auxquelles nous donnons le nom de pressentiment, mot d'une étonnante vérité, Montefiore donc passa les premières heures de cette nuit à sa croisée, occupé à regarder au-dessous de lui, dans la situation présumée de la cachette où les deux époux avaient logé l'amour et la joie de leur vieillesse.

Le magasin de l'entresol, pour me servir d'une expression française qui fera mieux comprendre les localités, séparait les deux jeunes gens; le capitaine ne pouvait donc pas recourir aux bruits significativement faits d'un plancher à l'autre, langage tout artificiel que les amans savent créer en semblable occasion. Mais le hasard vint à son secours, ou la jeune fille peut-être! Au moment où il se mit à sa croisée, il vit, sur la noire muraille de la cour, une zone de lumière au centre de laquelle se dessinait la silhouette de Juana. Les mouvemens répétés de son bras, son attitude, tout faisait deviner qu'elle se coiffait de nuit.

— Est-elle seule? se demanda Montefiore. Puis-je mettre sans danger au bout d'un fil une lettre chargée de quelques pièces de monnaie et en frapper la vitre ronde de l'œil-de-bœuf par lequel sa cellule est sans doute éclairée?

Aussitôt il écrivit un billet, le vrai billet de l'officier, du soldat déporté par sa famille à l'île d'Elbe, le billet du marquis déchu, jadis musqué, maintenant capitaine d'habillement. Puis il fit une corde avec tout ce qui fut ingrédient de cordage, y attacha le billet chargé de quelques écus, et le descendit dans le plus profond silence jusqu'au milieu de cette lueur sphérique.

— Les ombres, en se projetant, me diront si sa mère ou sa servante sont avec elle. Si elle n'est pas seule, pensa Montefiore, je remonterai vivement ma corde.

Mais quand, après mille peines faciles à comprendre, l'argent frappa la vitre, une seule figure, le svelte buste de Juana s'agita sur la muraille. Elle ouvrit le carreau bien doucement, vit le billet, le prit et resta debout en le lisant.

Montefiore s'était nommé, demandait un rendez-vous, et, en style de vieux roman, il offrait son cœur et sa main à Juana de Mancini.

Ruse infâme et vulgaire, mais dont le succès sera toujours certain! A l'âge d'innocence où était Juana, la noblesse de l'âme n'augmente-t-elle pas tous les dangers de l'âge? Un poëte de ce temps a dit avec grâce : La femme ne succombe que dans sa force. L'amant feint de douter de l'amour qu'il inspire au moment où il est le plus aimé. Confiante et fière, une jeune fille voudrait inventer des sacrifices à faire, et ne connaît ni le monde ni les hommes assez pour rester calme au sein de toutes ses passions soulevées, et accabler de son mépris l'homme qui peut accepter toute une vie offerte en expiation d'un reproche fallacieux.

Depuis la sublime constitution des sociétés, la jeune fille se trouve entre les horribles déchiremens que lui causent et les calculs d'une vertu prudente et les malheurs d'une faute. Elle perd souvent un amour, le plus délicieux en apparence, le premier, si elle résiste; et son époux, si elle est imprudente.

En jetant un coup-d'œil sur les vicissitudes de la vie sociale à Paris, il est impossible de douter de la nécessité d'une religion, en sachant que tous les soirs il n'y a pas trop de jeunes filles séduites. Mais Paris est situé dans le 48e degré de latitude, et Tarragone sous le 41e. Cette vieille question des climats est encore utile aux narrateurs pour justifier et les dénouemens brusques, et les imprudences ou les résistances de l'amour.

Montefiore avait les yeux attachés sur l'élégant profil noir dessiné au milieu de la lueur. Ni lui, ni Juana ne pouvaient se voir. Une malheureuse frise, bien fâcheusement placée, leur ôtait les bénéfices de la correspondance muette qui peut s'établir entre deux amoureux quand ils se penchent en dehors de leurs fenêtres. Aussi l'âme et l'attention du capitaine étaient-elles concentrées sur le cercle lumineux où, peut-être à son insu, la jeune fille allait innocemment lui laisser interpréter ses pensées par les gestes qui lui échapperaient.

Mais non. Les étranges mouvemens de Juana ne permettaient pas à Montefiore de concevoir la moindre espérance. Juana s'amusait à découper le billet. La vertu, la morale imitent souvent, dans leurs défiances, les prévisions inspirées par la jalousie aux Bartholos de la comédie. Juana, sans encre, sans plumes et sans papier, répondait à coups de ciseaux. Bientôt elle rattacha le billet, l'officier le remonta, l'ouvrit, le mit à la lumière de sa lampe et lut, en lettres à jour : *Venez!*

— Venir! se dit-il. Et le poison, l'escopette, la dague de Perez! Et l'apprenti à peine endormi sur le comptoir! Et la servante dans son hamac! Et cette maison aussi sonore que l'est une basse d'Opéra, et où j'entends d'ici le ronflement du vieux Perez! Venir!.... Elle n'a donc plus rien à perdre?

Réflexion poignante! Les débauchés seuls peuvent être aussi logiques, et punir une femme même de son dévouement. L'homme a inventé Satan et Lovelace; mais la vierge est un ange auquel il ne sait rien prêter que ses vices; elle est si grande, si belle, qu'il ne peut ni la grandir, ni l'embellir; il ne lui a été donné que le fatal pouvoir de la flétrir en l'attirant dans sa vie fangeuse.

Montefiore attendit l'heure la plus somnifère de la nuit; et, malgré ses réflexions, il descendit sans chaussure, muni de ses pistolets, allant pas à pas, s'arrêtant pour écouter le silence, avançant les mains, sondant les marches, voyant presque dans l'obscurité, prêt à rentrer chez lui s'il survenait le plus léger incident imprévu. Revêtu de son plus bel uniforme, l'Italien s'était mis sous les armes. Sa noire chevelure parfumée, sa tête séduisante, tout avait reçu l'éclat particulier que la toilette et les soins prêtent aux beautés naturelles; car, en semblable occurrence, il n'y a pas d'homme qui ne soit aussi femme qu'une femme.

Montefiore put arriver sans encombre à la porte secrète du cabinet où la jeune fille avait été logée, et qui était pratiqué dans un coin de la maison, élargie en cet endroit par un de ces rentrans capricieux assez fréquens là où les hommes sont obligés, par la cherté du terrain, de serrer les maisons les unes contre les autres.

Cette cellule appartenait exclusivement à Juana, qui s'y tenait pendant le jour, loin de tous les regards. Jusqu'alors, elle avait couché près de sa mère adoptive; mais l'exiguité des mansardes où s'étaient réfugiés les deux époux ne leur avait pas permis de prendre avec eux leur pupille.

Dona Lagounia avait donc laissé la jeune fille sous la garde et la clef de la porte secrète, sous la protection des idées religieuses les plus efficaces, car elles étaient devenues des superstitions, et sous la défense d'une fierté naturelle, d'une pudeur de sensitive, qui faisaient de la jeune Mancini une exception dans son sexe : elle en avait également les vertus les plus touchantes et les inspirations les plus passionnées. Aussi avait-il fallu toute la modestie, toute la sainteté de cette vie monotone pour calmer et rafraîchir ce sang brûlé des Marana qui pétillait dans son cœur, et dont sa mère adoptive appelait les piquantes attaques des tentations du démon.

Un léger sillon de lumière, tracé sur le plancher par la fente de la porte, permit à Montefiore d'en voir la place, et il y gratta doucement. Juana ouvrit. Montefiore entra palpitant, et reconnut tout d'abord sur la noble figure de cette récluse une expression de naïve curiosité, l'ignorance la plus complète des dangers qu'elle allait courir, et une sorte d'admiration candide. Il resta pendant un moment frappé par l'espèce de sainteté du tableau qui s'offrait à ses regards, et qui résultait d'une admirable harmonie entre cette fraîche cellule et cette délicieuse fille.

Les quatre murs étaient tendus d'une tapisserie à fond gris parsemé de fleurs violettes. Un petit bahut d'ébène sculpté, un antique miroir, un immense et vieux fauteuil, également en ébène et couvert en tapisserie; puis une table à pieds contournés; sur le plancher, un joli tapis; auprès de la table, une chaise : voilà tout. Mais sur la table, des fleurs et un ouvrage de broderie. Mais, au fond, un lit étroit et mince sur lequel Juana rêvait. Au-dessus du lit, trois tableaux; au chevet, un crucifix, un bénitier, une prière écrite en lettres d'or et encadrée. Les fleurs exhalaient de faibles parfums. Les bougies répandaient une douce lumière. Tout était calme, pur et sacré. Les idées rêveuses de Juana, mais Juana surtout, avaient communiqué leur charme aux choses, et son âme semblait y rayonner : c'était la perle dans sa nacre. Juana, vêtue de blanc, belle de sa seule beauté, ayant laissé son rosaire pour appeler l'amour, aurait inspiré du respect à Montefiore lui-même, si le silence, si la nuit, si Juana n'avaient pas été si amoureuses, si le petit lit blanc n'avait pas laissé voir les draps entr'ouverts et l'oreiller confident de mille confus désirs.

Montefiore demeura long-temps debout, ivre d'un bonheur inconnu, peut-être celui de Satan apercevant le ciel par une échappée des nuages qui en forment l'enceinte.

— Aussitôt que je vous ai vue, dit-il en pur toscan et d'une voix italiennement mélodieuse, je vous ai aimée. En vous ont été mon âme et ma vie, pour toujours, si vous le voulez.

Juana écoutait, en aspirant dans l'air le son de ces paroles que la langue de l'amour rendait magnifiques.

— Pauvre petite, comment avez-vous pu respirer si long-temps dans cette noire maison sans y périr? Vous, faite pour régner dans le monde, pour habiter le palais d'un prince, vivre de fête en fête, ressentir les joies que vous faites naître, voir tout à vos pieds, effacer les plus belles richesses par celles de votre beauté qui ne rencontrera point de rivale, vous avez vécu là, solitaire, avec ces deux marchands!

Question intéressée. Il voulait savoir si Juana n'avait point eu d'amant.

— Oui, répondit-elle. Mais qui donc vous a dit mes pensées les plus secrètes? Depuis quelques mois, je suis triste à mourir... Oui, j'aimerais mieux être morte que de rester plus long-temps dans cette maison. Voyez cette broderie : il n'y a pas un point qui n'y ait été fait sans mille pensées affreuses. Que de fois j'ai voulu m'évader pour aller me jeter à la mer! Pourquoi? je ne le sais déjà plus... De petits chagrins d'enfant, mais bien vifs, malgré leur niaiserie... Souvent, j'ai embrassé ma mère, le soir, comme on embrasse sa mère pour la dernière fois, en me disant intérieurement : — Demain, je me tuerai. Puis, je ne mourais pas. Les suicidés vont en enfer, et j'avais si grand'peur de l'enfer, que je me résignais à vivre, à toujours me lever, me coucher, travailler aux mêmes heures, et faire les mêmes choses. Je ne m'ennuyais pas, mais je souffrais... Et cependant mon père et ma mère m'adorent. Ah! je suis mauvaise, je le dis bien à mon confesseur.

— Vous êtes donc toujours restée ici sans divertissemens, sans plaisirs?

— Oh! je n'ai pas toujours été ainsi. Jusqu'à l'âge de quinze ans, les chants, la musique, les fêtes de l'église m'ont fait plaisir à voir. J'étais heureuse de me sentir comme les anges, sans péché, de pouvoir communier tous les huit jours; enfin, j'aimais Dieu. Mais, depuis trois ans, de jour en jour, tout a changé en moi. D'abord, j'ai voulu des fleurs ici, j'en ai eu de bien belles; puis j'ai voulu...

— Mais je ne veux plus rien, ajouta-t-elle après une pause en souriant à Montefiore. Ne m'avez-vous pas écrit tout à l'heure que vous m'aimeriez toujours?

— Oui, ma Juana, s'écria doucement Montefiore en prenant cette adorable fille par la taille et la serrant avec force contre son cœur, oui; mais laisse-moi te parler comme tu parles à Dieu. N'es-tu pas plus belle que la Marie des cieux? Écoute.

— Je te jure, reprit-il en la baisant dans ses cheveux, je jure, en prenant ton front comme le plus beau des autels, de faire de toi mon idole, de te prodiguer toutes les fortunes du monde. A toi mes carrosses, à toi mon palais de Milan, à toi tous les bijoux, les diamans de mon antique famille; à toi, chaque jour, de nouvelles parures; à toi les mille jouissances, toutes les joies du monde.

— Oui, dit-elle, j'aime bien tout cela; mais je sens dans mon âme que ce que j'aimerai le plus au monde, ce sera mon cher époux.

— *Mio caro sposo!*

Car il est impossible d'attacher aux deux mots français l'admirable tendresse, l'amoureuse élégance de sons dont la langue et la prononciation italiennes revêtent ces trois mots délicieux. Or l'italien était la langue maternelle de Juana.

— Je retrouverai, dit-elle en lançant à Montefiore un regard où brillait la pureté des chérubins, je retrouverai ma chère religion en *lui*. Lui et Dieu, Dieu et lui. — Ce sera donc vous? dit-elle.

— Et certes, ce sera vous! s'écria-t-elle. Tenez, venez voir le tableau que mon père m'a rapporté d'Italie.

Elle prit une bougie, fit un signe à Montefiore, et lui montra au pied du lit un Saint Michel terrassant le démon.

— Regardez, n'a-t-il pas vos yeux? Aussi, quand je vous ai vu dans la rue, cette rencontre m'a semblé un avertissement du ciel. Pendant mes rêveries du matin, avant d'être appelée par ma mère pour la prière, j'avais tant de fois contemplé cette peinture, cet ange, que j'avais fini par en faire mon époux. Mon Dieu ! je vous parle comme je me parle à moi-même. Je dois vous paraître bien folle ; mais si vous saviez comme une pauvre recluse a besoin de dire les pensées qui l'étouffent ! Seule, je parlais à ces fleurs, à ces bouquets de tapisserie, car ils me comprenaient mieux, je crois, que mon père et ma mère, toujours si graves.

— Juana, reprit Montefiore en lui prenant les mains et les baisant avec une passion qui éclatait dans ses yeux, dans ses gestes et dans le son de sa voix, parle-moi comme à ton époux, comme à toi-même. J'ai souffert tout ce que tu as souffert : entre nous il doit suffire de peu de paroles pour que nous comprenions notre passé ; mais il n'y en aura jamais assez pour exprimer nos félicités à venir. Mets ta main sur mon cœur ; sens-tu comme il bat ? Promettons-nous, devant Dieu qui nous voit et nous entend, d'être l'un à l'autre fidèles pendant toute notre vie. Tiens, prends cet anneau... Donne-moi le tien.

— Donner mon anneau ! s'écria-t-elle avec effroi ; mais il me vient de notre saint-père le pape ; il m'a été mis au doigt dans mon enfance par une belle dame qui m'a nourrie, qui m'a mise dans cette maison, et m'a dit de le garder toujours.

— Juana, tu ne m'aimeras donc pas ?...

— Ah ! dit-elle, le voici. Vous, n'est-ce donc pas mieux que moi ?

Elle tenait l'anneau en tremblant, et le serrait en regardant Montefiore avec une lucidité questionneuse et perçante. Cet anneau, c'était tout elle; elle le lui donna.

— Oh! ma Juana, dit Montefiore en la serrant dans ses bras; il faudrait être un monstre pour te tromper... Je t'aimerai toujours.

Juana était devenue rêveuse.

Montefiore, pensant en lui-même que dans cette première entrevue il ne fallait rien risquer qui pût effaroucher une jeune fille aussi pure, imprudente par vertu, s'en remit sur l'avenir, sur sa beauté, dont il connaissait le pouvoir, et sur l'innocent mariage de l'anneau, la plus magnifique des unions, la plus légère et la plus forte de toutes les cérémonies, l'hymen du cœur. Pendant le reste de la nuit et pendant la journée du lendemain, l'imagination de Juana devait être une complice pour lui. Donc, il s'efforça d'être aussi respectueux que tendre. Dans cette pensée, aidé par sa passion et plus encore par les désirs que lui inspirait Juana, il fut caressant et onctueux dans ses paroles. Il embarqua l'innocente fille dans tous les projets d'une vie nouvelle, lui peignit le monde sous les couleurs les plus brillantes, l'entretint de ces détails de ménage qui plaisent tant aux jeunes filles, fit avec elle de ces conventions disputées qui donnent des droits et de la réalité à l'amour. Puis, après avoir décidé l'heure accoutumée de leur rendez-vous nocturne, il laissa Juana heureuse, mais changée. La Juana pure et sainte n'existait plus. Dans le dernier regard qu'elle lui lança, dans le joli mouvement qu'elle fit pour apporter son front aux lèvres de son amant, il y avait déjà plus de passion qu'il n'est permis à une fille d'en montrer. La solitude, l'ennui, ses travaux en opposition avec sa nature, avaient fait tout cela. Pour la rendre sage et vertueuse, il aurait fallu peut-être l'habituer peu à peu au monde, ou le lui cacher à jamais.

— La journée, demain, me paraîtra bien longue! dit-elle en recevant sur le front un baiser chaste encore. Mais restez dans la salle, et parlez un peu haut pour que je puisse entendre votre voix; elle me remplit le cœur.

Montefiore devinant toute la vie de Juana n'en fut que plus satisfait d'avoir su contenir ses désirs pour en mieux assurer le contentement. Il remonta chez lui sans accident.

Dix jours se passèrent sans qu'aucun événement troublât la paix et la solitude de cette maison. Montefiore avait déployé toutes ses câlineries italiennes, pour le vieux Perez, pour dona Lagounia, pour l'apprenti, même pour la servante. Tous l'aimaient. Mais, malgré la confiance qu'il sut leur inspirer, jamais il ne voulut en profiter pour demander à voir Juana, pour faire ouvrir la porte de la délicieuse cellule. La jeune Italienne, affamée de voir son amant, l'en avait bien souvent prié; mais il s'y était toujours refusé par prudence.

D'ailleurs, il avait usé tout son crédit et toute sa science pour endormir les soupçons des deux vieux époux. Il les avait accoutumés à le voir, lui militaire, ne plus se lever qu'à midi. Le capitaine s'était dit malade.

Les deux amans ne vivaient donc plus que la nuit, au moment où tout dormait dans la maison. Si Montefiore n'avait pas été un de ces libertins auxquels l'habitude du plaisir permet de conserver leur sang-froid en toute occasion, ils eussent été dix fois perdus pendant ces dix jours. Un jeune amant, dans la candeur du premier amour, se serait laissé aller à de ravissantes imprudences auxquelles il est si difficile de résister. Mais l'Italien résistait même à Juana boudeuse, à Juana folle, à Juana faisant de ses longs cheveux une chaîne qu'elle lui passait autour du cou pour le retenir.

Cependant, l'homme le plus perspicace eût été fort embarrassé de deviner les secrets de leurs rendez-vous nocturnes. Il est à croire que, sûr du succès, l'Italien se donna les plaisirs ineffables d'une séduction allant à petits pas, d'un incendie qui gagne graduellement, et finit par tout embraser.

Le onzième jour, en dînant, il jugea nécessaire de confier, sous le sceau du secret, au vieux Perez, que la cause de sa disgrâce dans sa famille était un mariage disproportionné.

Cette fausse confidence était quelque chose d'horrible au milieu du drame nocturne qui se jouait dans cette maison. Montefiore, en joueur expérimenté, se préparait un dénouement dont il jouissait d'avance en artiste qui aime son art. Il comptait bientôt quitter sans regret la maison, Juana, son amour.

Or, quand Juana, risquant sa vie peut-être dans une question, demanderait à Perez où était son hôte, après l'avoir long-temps attendu, Perez lui dirait, sans connaître l'importance de sa réponse :

— Le marquis de Montefiore s'est réconcilié avec sa famille, qui consent à recevoir sa femme, et il est allé la présenter.

Alors Juana !.... Il ne s'était jamais demandé ce que deviendrait Juana ; mais il en avait étudié la noblesse, la candeur, toutes les vertus, et il était sûr du silence de Juana.

Il obtint une mission de je ne sais quel général.

Trois jours après, pendant la nuit, la nuit qui précédait son départ, Montefiore, voulant sans doute, comme un tigre, ne rien laisser de sa proie, au lieu de remonter chez lui, entra dès l'après-dîner chez Juana pour se faire une plus longue nuit d'adieux.

Juana, véritable Espagnole, véritable Italienne, ayant double passion, fut bien heureuse de cette hardiesse ; elle accusait tant d'ardeur ! Trouver dans l'amour pur du mariage les cruelles félicités d'un engagement illicite, cacher son époux dans les rideaux de son lit !... tromper à demi son père et sa mère adoptive, et pouvoir leur dire, en cas de surprise : — Je suis la marquise de Montefiore !

Pour une jeune fille romanesque, et qui, depuis trois ans, ne rêvait pas l'amour sans en rêver tous les dangers, n'était-ce pas une fête ?

La porte en tapisserie retomba sur eux, sur leurs

folies, sur leur bonheur, comme un voile qu'il est inutile de soulever.

Il était alors environ neuf heures, le marchand et sa femme lisaient leurs prières du soir; tout-à-coup le bruit d'une voiture attelée de plusieurs chevaux résonna dans la petite rue; des coups frappés en hâte retentirent dans la boutique, la servante courut ouvrir.

Aussitôt, en deux bonds, entra dans la salle antique une femme magnifiquement vêtue, quoiqu'elle sortît d'une berline de voyage horriblement crottée par la boue de mille chemins. Sa voiture avait traversé l'Italie, la France et l'Espagne. C'était la Marana! la Marana, qui, malgré ses trente-six ans, malgré ses joies, était dans tout l'éclat d'une *belta folgorante*, afin de ne pas perdre le superbe mot créé pour elle à Milan par ses passionnés adorateurs; la Marana, qui, maîtresse avouée d'un roi, avait quitté Naples, les fêtes de Naples, le ciel de Naples, l'apogée de sa vie d'or et de madrigaux, de parfums et de soie, en apprenant par son royal amant les événemens d'Espagne et le siége de Tarragone.

— A Tarragone, avant la prise de Tarragone! s'était-elle écriée. Je veux être dans dix jours à Tarragone.

Et, sans se soucier d'une cour ni d'une couronne, elle était arrivée à Tarragone, munie d'un firman quasi-impérial, munie d'or, qui lui permit de traverser l'empire français avec la vélocité d'une fusée et dans tout l'éclat d'une fusée. Pour les mères, il n'y a pas d'espace, une vraie mère pressent tout, et voit son enfant d'un pôle à l'autre.

— Ma fille! ma fille! cria la Marana.

A cette voix, à cette brusque invasion, à l'aspect de cette reine au petit pied, le livre de prière tomba des mains de Perez et de sa femme: cette voix retentissait comme la foudre, et les yeux de la Marana en lançaient les éclairs.

— Elle est là, répondit le marchand d'un ton calme, après une pause pendant laquelle il se remit de l'émotion que lui avaient causée cette brusque arrivée, le regard et la voix de la Marana.

— Elle est là, répéta-t-il en montrant la petite cellule.

— Oui, mais elle n'a pas été malade, elle est toujours....

Parfaitement bien, dit dona Lagounia.

— Mon Dieu! jette-moi maintenant dans l'enfer pour l'éternité si cela te plaît, s'écria la Marana en se laissant aller tout épuisée et à demi morte dans un fauteuil.

La fausse coloration due à ses anxiétés tomba soudain, elle pâlit. Elle avait eu de la force pour supporter les souffrances, elle n'en avait plus pour sa joie. La joie était plus violente que sa douleur, car elle contenait les échos de la douleur et les angoisses de la joie.

— Cependant, dit-elle, comment avez-vous fait? Tarragone a été prise d'assaut.

— Oui, reprit Perez. Mais en me voyant vivant,

comment m'avez-vous fait une question. Ne fallait-il pas me tuer pour arriver à Juana?

A cette réponse, la courtisane saisit la main calleuse de Perez, et la baisa en y jetant des larmes qui lui vinrent aux yeux. C'était tout ce qu'elle avait de plus précieux sous le ciel, elle qui ne pleurait jamais.

— Bon Perez ! dit-elle enfin. Mais vous devez avoir eu des militaires à loger?

— Un seul, répondit l'Espagnol. Par bonheur, nous avons le plus loyal des hommes, un homme jadis Espagnol, un Italien qui hait Bonaparte, un homme marié, un homme froid... Il se lève tard et se couche de bonne heure. Il est même malade en ce moment.

— Un Italien ! Quel est son nom?

— Le capitaine Montefiore...

— Alors ce ne peut pas être le marquis de Montefiore.

— Si, sénora, lui-même.

— A-t-il vu Juana?

— Non, dit dona Lagounia.

— Vous vous trompez, ma femme, reprit Perez. Le marquis a dû la voir pendant un bien court instant, il est vrai; mais je pense qu'il l'aura regardée le jour où elle est entrée ici pendant le souper.

— Ah ! je veux voir ma fille.

— Rien de plus facile, dit Perez. Elle dort. Si

elle a laissé la clef dans la serrure, il faudra cependant la réveiller.

En se levant pour prendre la double clef de la porte, les yeux du marchand tombèrent par hasard sur la haute croisée. Alors, dans le cercle de lumière projeté sur la noire muraille de la cour intérieure, par la grande vitre ovale de la cellule, il aperçut la silhouette d'un groupe que, jusqu'au gracieux Canova, nul autre sculpteur n'avait su deviner. L'Espagnol se retourna.

— Je ne sais pas, dit-il à la Marana, où nous avons mis cette clef.

— Vous êtes bien pâle, lui dit-elle.

— Je vais vous dire pourquoi, répondit-il en sautant sur son poignard, qu'il saisit, et dont il frappa violemment la porte de Juana en criant : — Juana, ouvrez! ouvrez!

Son accent exprimait un épouvantable désespoir qui glaça les deux femmes.

Et Juana n'ouvrit pas, parce qu'il lui fallut quelque temps pour cacher Montefiore. Elle ne savait rien de ce qui se passait dans la salle. Les doubles portières de tapisserie étouffaient les paroles.

— Madame, je vous ments en disant que je ne sais pas où est la clef. La voici, reprit-il en la tirant du buffet. Mais elle est inutile. Celle de Juana est dans la serrure, et sa porte est barricadée. Nous sommes trompés, ma femme! dit-il en se tournant vers elle. Il y a un homme chez Juana.

— Par mon salut éternel, la chose est impossible, lui dit sa femme.

— Ne jurez pas, dona Lagounia. Notre honneur est mort, et cette femme.... Il montra la Marana qui s'était levée et restait immobile, foudroyée par ces paroles. Cette femme a le droit de nous mépriser. Elle nous a sauvé vie, fortune, honneur, et nous n'avons su que lui garder ses écus.

— Juana, ouvrez, cria-t-il, ou je brise votre porte.

Et sa voix, croissant en violence, alla retentir jusque dans les greniers de la maison. Mais il était froid et calme; il tenait en ses mains la vie de Montefiore, et allait laver ses remords avec tout le sang de l'Italien.

— Sortez, sortez, sortez, sortez tous! cria la Marana en sautant, avec l'agilité d'une tigresse, sur le poignard, qu'elle arracha des mains de Perez étonné.

— Sortez, Perez, reprit-elle avec tranquillité, sortez, vous, votre femme, votre servante et votre apprenti. Il va y avoir un meurtre ici. Vous pourriez être fusillés tous par les Français. N'y soyez pour rien, cela me regarde seule. Entre ma fille et moi il ne doit y avoir que Dieu. Quant à l'homme, il m'appartient. La terre entière ne l'arracherait pas de mes mains. Allez, allez donc, je vous pardonne. Je le vois, cette fille est une Marana. Vous, votre religion, votre honneur, étiez trop faibles pour lutter contre mon sang.

Elle poussa un soupir affreux et leur montra des yeux secs. Elle avait tout perdu et savait souffrir, elle était courtisane.

La porte s'ouvrit. La Marana oublia tout, et Perez, faisant signe à sa femme, put rester à son poste. En vieil Espagnol intraitable sur l'honneur, il voulait aider à la vengeance de la mère trahie.

Juana, doucement éclairée, blanchement vêtue, se montra calme au milieu de sa chambre.

— Que me voulez-vous? dit-elle.

La Marana ne put réprimer un léger frisson.

— Perez, demanda-t-elle, ce cabinet a-t-il une autre issue?

Perez fit un geste négatif.

Alors elle s'avança dans la chambre.

— Juana, je suis votre mère, votre juge, et vous vous êtes mise dans la seule situation où je pusse me découvrir à vous. Vous êtes venue à moi, vous que je voulais au ciel. Ah! vous êtes tombée bien bas. Il y a chez vous un amant.

— Madame, il ne doit et ne peut s'y trouver que mon époux, répondit-elle. Je suis la marquise de Montefiore.

La Marana tressaillit.

— Il y en a donc deux? dit le vieux Perez de sa voix grave. Il m'a dit être marié.

— Montefiore, mon amour, cria la jeune fille en déchirant les rideaux et montrant l'officier, viens, ces gens te calomnient.

L'Italien se montra pâle et blême, il voyait un

poignard dans la main de la Marana, et connaissait la Marana.

Aussi, d'un bond s'élança-t-il hors de la chambre, en criant d'une voix tonnante : — Au secours ! au secours ! l'on assassine un Français. Soldats du 6e de ligne, courez chercher le capitaine Diard ! Au secours !

Perez avait étreint le marquis, et allait de sa large main lui faire un bâillon naturel, lorsque la courtisane l'arrêtant, lui dit : — Tenez-le bien, mais laissez-le crier. Ouvrez les portes, laissez-les ouvertes, et sortez, je vous le répète.

— Quant à toi, reprit-elle en s'adressant à Montefiore, crie, appelle au secours.... Quand les pas de tes soldats se feront entendre, tu auras cette lame dans le cœur.

— Es-tu marié ?

Montefiore, tombé sur le seuil de la porte, à deux pas de Juana, n'entendait plus, ne voyait plus rien, si ce n'est la lame du poignard, dont les rayons luisans l'aveuglaient.

— Il m'aurait donc trompé, dit lentement Juana. Il s'est dit libre.

— Il m'a dit être marié, reprit Perez de sa voix grave.

— Sainte Vierge ! s'écria dona Lagounia.

— Répondras-tu, âme de boue, dit la Marana à voix basse, en se penchant à l'oreille du marquis.

— Votre fille, dit Montefiore

— La fille que j'avais est morte ou va mourir,

répliqua la Marana. Je n'ai plus de fille. Ne prononce plus ce mot. Réponds, es-tu marié?

— Non, madame, dit enfin Montefiore, voulant gagner du temps. Je puis épouser votre fille.

— Mon noble Montefiore! dit Juana respirant.

— Alors pourquoi fuir et appeler au secours? demanda l'Espagnol.

Terrible lueur!

Juana ne dit rien, mais elle se tordit les mains et alla s'asseoir dans son fauteuil.

En cet instant, il se fit au dehors un tumulte assez facile à distinguer par le profond silence qui régnait au parloir.

Un soldat du 6e de ligne, passant par hasard dans la rue au moment où Montefiore criait au secours, avait été prévenir Diard. Le quartier-maître, qui rentrait heureusement chez lui, vint, accompagné de quelques amis.

— Pourquoi fuir, reprit Montefiore en entendant la voix de son ami, c'est que je vous disais vrai. Diard! Diard! cria-t-il d'une voix perçante.

Mais, sur un mot de son maître, qui voulait que tout chez lui fût du meurtre, l'apprenti ferma la porte, et les soldats furent obligés de l'enfoncer. Donc, avant qu'ils n'entrassent, la Marana put donner au coupable un coup de poignard; mais sa colère concentrée l'ayant empêchée de bien ajuster, la lame glissa sur l'épaulette de Montefiore. Néanmoins, elle y mit tant de force que l'Italien alla tomber aux pieds de Juana, qui ne s'en aperçut pas.

La Marana sauta sur lui; et, cette fois, pour ne pas le manquer, elle le prit à la gorge, le maintint avec un bras de fer, et le visa au cœur.

— Je suis libre et j'épouse! je le jure par Dieu, par ma mère, par tout ce qu'il y a de plus sacré au monde, je suis garçon, j'épouse, ma parole d'honneur!

Et il mordait le bras de la courtisane.

— Allez! ma mère, dit Juana, tuez-le. Il est trop lâche, je n'en veux pas pour époux, fût-il dix fois plus beau.

— Ah! je retrouve ma fille, cria la mère.

— Que se passe-t-il donc ici? demanda le quartier-maître survenant.

— Il y a, s'écria Montefiore, que l'on m'assassine, au nom de cette fille qui prétend que je suis son amant, qui m'a entraîné dans un piége, et que l'on veut me forcer d'épouser contre mon gré...

— Tu n'en veux pas, s'écria Diard, frappé de la beauté sublime que l'indignation, le mépris et la haine du monde entier prêtaient à Juana, déjà si belle; tu es bien difficile! S'il lui faut un mari, me voilà. Rengaînez vos poignards.

La Marana prit l'Italien, le releva, l'attira près du lit de sa fille, et lui dit à l'oreille :

— Si je t'épargne, rends-en grâce à ton dernier mot. Mais, souviens-t'en! Si ta langue flétrit jamais ma fille, nous nous reverrons.

— En quoi consiste sa dot? demanda-t-elle à Perez.

— Elle a deux cent mille piastres fortes...

— Ce ne sera pas tout, monsieur, dit-elle à Diard. Qui êtes-vous?

— Vous pouvez sortir, reprit-elle en se tournant vers Montefiore, qui, en entendant parler de deux cent mille piastres fortes, s'avança disant : — Je suis bien réellement libre...

Un regard de Juana lui ôta la parole.

— Vous êtes bien réellement libre de sortir, lui dit-elle.

Et il sortit.

— Hélas! monsieur, reprit la jeune fille en s'adressant à Diard, je vous remercie avec admiration. Mon époux est au ciel; ce sera Jésus-Christ. Demain j'entrerai au couvent de...

— Juana, ma Juana, tais-toi! cria la mère en la serrant dans ses bras. Puis elle lui dit à l'oreille : — Il te faut un autre époux.

Juana pâlit.

— Qui êtes-vous, monsieur? répéta-t-elle en regardant le Provençal.

— Je ne suis encore, dit-il, qu'un quartier-maître du 6e de ligne; mais pour une telle femme, on se sent le cœur de devenir maréchal de France. Je me nomme Pierre-François Diard. Mon père était prévôt des marchands; je ne suis donc pas un...

— Eh! vous êtes honnête homme, n'est-ce pas? s'écria la Marana. Si vous plaisez à la signora Juana de Mancini, vous pouvez être heureux l'un et l'autre.

— Juana, reprit-elle d'un ton grave, en devenant la femme d'un brave et digne homme, songe que tu seras mère. J'ai juré que tu pourrais embrasser au front tes enfans sans rougir..... (là, sa voix s'altéra légèrement). J'ai juré que tu serais une femme vertueuse. Attends-toi donc, dans cette vie, à bien des peines ; mais, quoi qu'il arrive, reste pure, et sois en tout fidèle à ton mari. Sacrifie-lui tout. Il sera le père de tes enfans.... Un père à tes enfans !... Va, entre un amant et toi, tu rencontreras toujours ta mère ; je la serai dans les dangers seulement... Vois-tu le poignard de Perez..., il est dans ta dot, dit-elle en prenant l'arme et la jetant sur le lit de Juana. Je l'y laisse comme une garantie de ton honneur, tant que j'aurai les yeux ouverts et les bras libres.

— Adieu, dit-elle en retenant ses pleurs, fasse le ciel que nous ne nous revoyions jamais.

A cette idée, ses larmes coulèrent en abondance.

— Pauvre enfant ! tu as été bien heureuse dans cette cellule..., plus que tu ne le crois...

— Faites qu'elle ne la regrette jamais..., dit-elle en regardant son futur gendre.

Ce récit, purement introductif, n'est point le sujet principal de cette scène, pour l'intelligence de laquelle il était nécessaire d'expliquer avant toutes choses comment il se fit que le capitaine Diard épousa Juana de Mancini ; comment Montefiore et Diard se connurent, et de faire comprendre quel cœur, quel sang, quelles passions animaient madame Diard.

Maintenant, passons à la véritable histoire, au dénouement du mariage qui eut lieu entre le capitaine d'habillement et la petite fille des Marana.

II.

HISTOIRE DE MADAME DIARD.

> Il était, vivante et sublime Élégie, toujours silencieux, résigné; toujours souffrant, sans pouvoir dire: *Je souffre.*
>
> (HISTOIRE INTELLECTUELLE DE LOUIS LAMBERT.)

Lorsque le quartier-maître eut rempli les longues et lentes formalités sans lesquelles il n'est pas permis à un militaire français de se marier, il était devenu passionnément amoureux de Juana de Mancini. Juana de Mancini avait eu le temps de réfléchir à sa destinée. Destinée affreuse! Juana n'avait pour Diard ni estime ni amour, et se trouvait néanmoins liée à lui par une parole, imprudente sans doute, mais nécessaire.

Le Provençal n'était ni beau, ni bien fait. Ses manières, dépourvues de distinction, se ressentaient également du mauvais ton de l'armée, des mœurs de sa province et d'une incomplète éducation. Pouvait-elle donc aimer Diard, cette jeune fille toute grâce et toute élégance, mue par un invincible instinct de luxe et de bon goût, et que sa nature entraînait d'ailleurs vers la sphère des hautes classes sociales?

Quant à l'estime, elle refusait même ce sentiment à Diard, précisément parce que Diard l'épousait; et cette répulsion était toute naturelle.

La femme est une sainte et belle créature, mais presque toujours incomprise, et mal jugée parce qu'elle est incomprise. Si Juana eût aimé Diard, elle l'eût estimé. L'amour crée dans la femme une femme nouvelle, et alors celle de la veille n'existe plus le lendemain. En revêtant la robe nuptiale d'une passion où il y va de toute la vie, elle la revêt pure et blanche. Renaissant vertueuse et pudique, il n'y a plus de passé pour elle : elle est tout avenir, et doit tout oublier, pour tout réapprendre.

En ce sens, le vers assez célèbre qu'un poëte moderne a mis aux lèvres de Marion Delorme était trempé dans le vrai, vers tout cornélien d'ailleurs.

> Et l'amour m'a refait une virginité.

Ce vers ne semblait-il pas une réminiscence de quelque tragédie de Corneille, tant y revivait la facture substantivement énergique du père de notre théâtre ? Et cependant le poëte a été forcé d'en faire le sacrifice au génie essentiellement vaudevilliste du parterre.

Donc Juana, sans amour, restait la Juana trompée, humiliée, dégradée. Juana ne pouvait pas honorer l'homme qui l'acceptait ainsi.

Elle sentait, dans toute la consciencieuse pureté du jeune âge, cette distinction, subtile en apparence, mais d'une vérité sacrée, légale selon le cœur, et que toutes les femmes appliquent instinctivement dans leurs sentimens, même les plus irréfléchis.

Juana devint profondément triste en découvrant l'étendue de la vie. Elle tourna souvent ses yeux pleins de larmes fièrement réprimées, et sur Perez et sur dona Lagounia, qui tous deux comprenaient les amères pensées dont ces larmes étaient grosses ; mais ils se taisaient. A quoi bon les reproches? Pourquoi des consolations? Plus vives elles sont, plus elles élargissent le malheur.

Un soir, Juana, stupide de douleur, entendit, à travers la portière de sa cellule, que les deux époux croyaient fermée, une plainte échappée à sa mère adoptive.

— La pauvre enfant mourra de chagrin.

— Oui, répliqua Perez d'une voix émue. Mais que pouvons-nous? Irais-je maintenant vanter la chaste beauté de ma pupille au comte d'Arcos, à qui j'espérais la marier?

— Une faute n'est pas le vice, dit la vieille femme, indulgente autant qu'un ange.

— Sa mère l'a donnée, reprit Perez.

— En un moment, et sans la consulter, s'écria dona Lagounia.

— Elle a bien su ce qu'elle faisait.

— En quelles mains ira notre perle!

— N'ajoute pas un mot, ou je cherche querelle

à ce... Diard! Et — ce serait un autre malheur.

En entendant ces terribles paroles, Juana comprit alors le bonheur dont elle avait troublé le cours. Les heures pures et candides de sa douce retraite auraient donc été récompensées par cette éclatante et splendide existence dont elle avait si souvent rêvé les délices; rêves qui avaient causé sa faute. Tomber du haut de la Grandesse à *monsieur* Diard!

Juana pleura, Juana devint presque folle. Elle flotta pendant quelques instans entre le vice et la religion; le vice était un prompt dénouement, la religion une vie entière de souffrances. La méditation fut orageuse et solennelle. Le lendemain était un jour fatal, celui du mariage. Juana pouvait encore rester Juana. Libre, elle savait jusqu'où irait son malheur; mariée, elle ignorait jusqu'où il devait aller. La religion triompha.

Dona Lagounia vint près de sa fille prier et veiller aussi pieusement qu'elle eût prié, veillé près d'une mourante.

— Dieu le veut, dit-elle à Juana.

La nature donne alternativement à la femme une force particulière qui l'aide à souffrir, et une faiblesse qui lui conseille la résignation. Juana se résigna sans arrière-pensée. Elle voulut obéir au vœu de sa mère, et traverser le désert de la vie pour arriver au ciel, tout en sachant qu'elle ne trouverait point de fleurs dans son pénible voyage.

Elle épousa Diard.

Quant au quartier-maître, s'il ne trouvait pas

grâce devant Juana, qui ne l'aurait absous ? Il aimait, il aimait avec ivresse. La Marana, si naturellement habile à pressentir l'amour, avait reconnu en lui l'accent de la passion, et deviné le caractère brusque, les mouvemens généreux, particuliers aux méridionaux. Dans le paroxisme de sa grande colère, elle n'avait aperçu que les belles qualités de Diard, et crut en voir assez pour assurer le bonheur de sa fille.

Les premiers jours de ce mariage furent heureux en apparence; ou, pour exprimer l'un de ces faits latens dont toutes les femmes ensevelissent les misères au fond de leur âme, Juana ne voulut point détrôner la joie de son mari. Double rôle, épouvantable à jouer, et que jouent tôt ou tard la plupart des femmes mal mariées.

De cette vie, un homme n'en peut raconter que les faits ; les cœurs féminins seuls en devineront les sentimens. N'est-ce pas une histoire impossible à retracer dans toute sa vérité? Juana, luttant à toute heure contre sa nature à la fois espagnole et italienne, ayant tari la source de ses larmes à pleurer en secret, était une de ces créations typiques destinées à représenter le malheur féminin dans sa plus vaste expression : douleur incessamment active, et dont la peinture exigerait des observations si minutieuses que, pour les gens avides d'émotions dramatiques, elle deviendrait insipide.

Cette analyse, où chaque épousée devrait retrouver quelques-unes de ses propres souffrances, pour les comprendre toutes, ne serait-elle pas un livre entier? Livre ingrat de sa nature, et dont le mérite consisterait en teintes fines, en nuances délicates que les critiques trouveraient molles et diffuses. D'ailleurs, qui pourrait aborder, sans porter un autre cœur en son cœur, ces touchantes et profondes élégies dont certaines femmes emportent les tragiques secrets dans la tombe : mélancolies incomprises, même de ceux qui les excitent; soupirs inexaucés; dévouemens sans récompenses, terrestres du moins; magnifiques silences méconnus; vengeances dédaignées; générosités perpétuelles et perdues; plaisirs souhaités et trahis; charités d'ange accomplies mystérieusement; enfin toutes les œuvres de la femme, toutes ses religions et son inextinguible amour?

Juana connut cette vie, et le sort ne lui fit grâce de rien. Elle fut toute la femme, mais la femme malheureuse et souffrante, la femme sans cesse offensée et pardonnant toujours, la femme pure comme un diamant sans tache; elle qui, de ce diamant, avait la beauté, l'éclat, et, dans cette beauté, dans cet éclat, une vengeance toute prête. Elle n'était certes pas fille à redouter le poignard ajouté à sa dot.

Cependant, animé par un amour vrai, par une de ces passions qui changent momentanément les plus détestables caractères, et mettent en lumière tout ce qu'il y a de beau dans une âme, Diard sut d'abord se comporter en homme d'honneur. Il força Montefiore à quitter le régiment, et même le corps d'armée, afin que sa femme ne le rencontrât point pendant le peu de temps qu'il comptait rester en Espagne.

Puis, le quartier-maître demanda son changement, et réussit à passer dans la garde impériale. Il voulait à tout prix acquérir un titre, des honneurs et une considération en rapport avec sa grande fortune.

Dans cette pensée, il se montra courageux à l'un de nos plus sanglans combats en Allemagne; mais il y fut trop dangereusement blessé pour rester au service. Menacé de perdre une jambe, il eut sa retraite, sans le titre de baron, sans les récompenses qu'il avait désiré gagner, et qu'il aurait peut-être obtenues s'il n'eût pas été Diard.

Cet événement, sa blessure, ses espérances trahies, contribuèrent à changer son caractère. Son énergie provençale, exaltée pendant un moment, tomba soudain. Néanmoins, il fut d'abord soutenu par sa femme, à laquelle ces efforts, ce courage, cette ambition avaient donné quelque croyance en son mari, et qui, plus que toute autre, devait se montrer ce que sont les femmes, consolantes et tendres dans les peines de la vie. Animé par quelques paroles de Juana, le chef de bataillon en retraite vint à Paris, et résolut de conquérir, dans la carrière administrative, une haute position qui commandât le respect, fît oublier le quartier-maître du 6e de ligne, et donnât un jour quelque beau titre à madame Diard.

Sa passion pour cette séduisante créature l'aidait à en deviner les vœux secrets. Elle se taisait, mais il la comprenait. Il n'en était pas aimé comme un amant rêve de l'être ; il le savait, et voulait se faire estimer, aimer, chérir. Il pressentait le bonheur, ce malheureux homme, en trouvant en toute occasion sa femme et douce et patiente ; mais cette douceur, cette patience trahissaient la résignation à laquelle il devait Juana. La résignation, la religion, était-ce l'amour ? Souvent il eût souhaité des refus là où il rencontrait une chaste obéissance ; souvent il aurait donné sa vie éternelle pour que Juana daignât pleurer sur son sein et ne déguisât pas ses pensées sous une riante figure qui mentait noblement. Beaucoup d'hommes jeunes, car, à un certain âge, nous ne luttons plus, veulent triompher d'une destinée mauvaise dont les nuages grondent de temps à autre à l'horizon de leur vie ; et au moment où ils roulent dans les abîmes du malheur, il faut leur savoir gré de ces combats ignorés.

Comme beaucoup de gens, Diard essaya de tout, et tout lui fut hostile.

Sa fortune lui permit d'entourer sa femme de toutes les jouissances du luxe parisien. Elle eut un grand hôtel, de grands salons, et tint une de ces grandes maisons où abondent et les artistes, peu jugeurs de leur nature, et quelques intrigans qui font nombre, et les gens disposés à s'amuser partout, et certains hommes à la mode, tous amoureux de Juana.

Ceux qui se mettent en évidence à Paris doivent ou dompter Paris ou subir Paris. Diard n'avait pas un caractère assez fort, assez compacte, assez persistant pour commander au monde de cette époque; parce que, à cette époque, chacun voulait s'élever. Les classifications sociales toutes faites sont peut-être un grand bien, même pour le peuple. Napoléon nous a confié les peines qu'il se donna pour imposer le respect à sa cour, où la plupart de ses sujets avaient été ses égaux.

Mais Napoléon était Corse, et Diard Provençal. A génie égal, un insulaire sera toujours plus complet que ne l'est l'homme de la terre ferme; et sous la même latitude, le bras de mer qui sépare la Corse de la Provence est, en dépit de la science humaine, un océan tout entier qui en fait deux patries.

De sa position fausse, qu'il faussa encore, dérivèrent pour Diard de grands malheurs. Peut-être y a-t-il des enseignemens utiles dans la filiation imperceptible des faits qui engendrèrent le dénouement de cette histoire.

D'abord, les railleurs de Paris ne voyaient pas, sans un malin sourire, les tableaux dont l'ancien quartier-maître décora son hôtel. Les chefs-d'œuvre achetés la veille furent enveloppés dans le reproche muet que chacun adressait à ceux qui avaient été pris en Espagne, et ce reproche était la vengeance des amours-propres que la fortune de Diard offensait.

Juana comprit quelques-uns de ces mots à double sens auxquels le Français excelle. Alors, par son conseil, son mari renvoya les tableaux à Tarragone.

Mais le public, décidé à mal prendre les choses, dit : — Ce Diard est fin, il a vendu ses tableaux.

De bonnes gens continuèrent à croire que les toiles qui restèrent dans ses salons n'étaient pas loyalement acquises.

Quelques femmes jalouses demandaient comment *un Diard* avait pu épouser une jeune fille et si riche et si belle. De là, des commentaires, des railleries sans fin, comme on sait les faire à Paris.

Cependant Juana rencontrait partout un respect commandé par sa vie pure et religieuse qui triomphait même des calomnies parisiennes; mais ce respect s'arrêtait à elle, et manquait à son mari. Sa perspicacité féminine et son regard brillant, en planant dans ses salons, ne lui apportaient que des douleurs.

Cette mésestime était encore une chose toute naturelle.

Les militaires, malgré les vertus dont l'imagination se plaît à les doter, ne pardonnèrent pas à l'ancien quartier-maître du 6e de ligne, précisément parce qu'il était riche, et voulait faire figure à Paris.

Or, à Paris, de la dernière maison du faubourg Saint-Germain au dernier hôtel de la rue Saint-Lazare, entre la butte du Luxembourg et celle de

Montmartre, tout ce qui s'habille et babille, s'habille pour sortir et sort pour babiller, tout ce monde de petits et de grands airs, ce monde vêtu d'impertinence et doublé d'humbles désirs, d'envie et de courtisanerie, tout ce qui est doré et dédoré, jeune et vieux, noble d'hier ou noble du quatrième siècle, tout ce qui se moque d'un parvenu, tout ce qui a peur de se compromettre, tout ce qui veut démolir un pouvoir, sauf à l'adorer s'il résiste; toutes ces oreilles entendent, toutes ces langues disent et toutes ces cervelles savent, en une seule soirée, où est né, où a grandi, ce qu'a fait ou n'a pas fait le nouveau venu qui prétend à des honneurs dans ce monde.

Il n'y a pas de cour d'assises pour la haute société; mais il y a le plus cruel de tous les procureurs-généraux, un être moral, insaisissable, à la fois juge et bourreau; il accuse et il marque. N'espérez lui rien cacher, dites-lui tout vous-même, car il veut tout savoir et sait tout. Ne demandez pas où est le télégraphe inconnu qui lui transmet à la même heure, en un clin d'œil, en tous lieux, une histoire, un scandale, une nouvelle. Ne demandez pas qui le remue. Ce télégraphe est un mystère social dont nous pouvons seulement constater les effets. Il y en a d'incroyables exemples, un seul suffit. L'assassinat du duc de Berry, frappé à l'Opéra, fut conté, dans la dixième minute qui suivit le crime, au fond de l'île Saint-Louis.

L'opinion émanée du 6e de ligne sur Diard filtra,

dans le monde, le soir même où il donna son premier bal.

Diard ne pouvait donc plus rien sur le monde. Dès lors, sa femme seule avait la puissance de faire quelque chose de lui ; car, à Paris, si un homme ne sait rien être par lui-même, sa femme, lorsqu'elle est jeune et spirituelle, lui offre encore des chances pour son élévation. Il s'en est rencontré de malades, de faibles en apparence, qui, sans se lever de leur divan, sans sortir de leur chambre, ont dominé la société, remué mille ressorts, et placé leurs maris là où elles voulaient être vaniteusement placées.

Mais Juana, dont l'enfance s'était naïvement écoulée dans sa cellule de Tarragone, ne connaissait aucun des vices, aucune des lâchetés, ni aucune des ressources du monde parisien ; elle le regardait en jeune fille curieuse, et n'en apprenait que ce que sa douleur, sa fierté blessée lui en révélaient. D'ailleurs, Juana avait le tact d'un cœur vierge qui recevait les impressions par avance, à la manière des sensitives. Et la jeune solitaire, devenue si promptement femme, comprit que si elle essayait de contraindre le monde à honorer son mari, ce serait mendier à l'espagnole, une escopette en main. Puis, la fréquence et la multiplicité des précautions qu'elle devait prendre n'en accuseraient-elles pas toute la nécessité? Entre ne pas se faire respecter et se faire trop respecter il y avait pour Diard tout un abîme. Soudain elle devina le monde, comme naguère elle avait deviné la vie ; et elle n'y apercevait partout, pour elle, que l'immense étendue d'une infortune irréparable.

Puis, elle eut encore le chagrin de reconnaître tardivement l'incapacité particulière de son mari, l'homme le moins propre à ce qui demandait de la suite dans les idées. Il ne comprenait rien au rôle qu'il devait jouer dans le monde ; il n'en saisissait ni l'ensemble ni les nuances, et les nuances y étaient tout. Ne se trouvait-il pas dans une de ces situations où la finesse et la ruse peuvent aisément remplacer la force ? car la finesse qui réussit toujours est la plus grande de toutes les forces.

Mais, loin d'étancher la tache d'huile faite par ses antécédens, Diard se donna mille peines pour l'étendre. Ainsi, ne sachant pas bien étudier la phase de l'empire au milieu de laquelle il arrivait, il voulut, quoiqu'il ne fût que chef d'escadron, être nommé préfet. Alors, presque tout le monde croyait au génie de Napoléon. Sa faveur avait tout agrandi. Les préfectures, ces empires au petit pied, ne pouvaient plus être chaussées que par de grands noms, par des chambellans de S. M. l'empereur et roi. Déjà, les préfets étaient devenus des visirs. Donc, les faiseurs du grand homme se moquèrent de l'ambition avouée par le chef d'escadron, et Diard se mit à solliciter une sous-préfecture. Il y eut un désaccord ridicule entre la modestie de ses prétentions et la grandeur de sa fortune. Ouvrir des salons royaux, afficher un luxe insolent ; puis, quitter la vie millionnaire pour aller à Issoudun ou à Savenay, n'était-ce pas se mettre au-dessous de sa position ?

Juana, trop tard instruite de nos lois, de nos mœurs, de nos coutumes administratives, éclaira donc trop tard son mari. Diard, désespéré, sollicita successivement auprès de tous les pouvoirs ministériels, et Diard, repoussé partout, ne put rien être.

Alors le monde le jugea comme il était jugé par le gouvernement et comme il se jugeait lui-même. Diard avait été grièvement blessé sur un champ de bataille, et Diard n'était pas décoré. Le quartier-maître, riche, mais sans considération, ne trouva point de place dans l'état; la société lui refusa celle à laquelle il prétendait dans la société.

Enfin, chez lui, ce malheureux éprouvait, en toute occasion, la supériorité de sa femme. Or, quoiqu'elle usât d'un tact, il faudrait dire velouté, si l'épithète n'était trop hardie, pour déguiser à son mari cette suprématie dont elle s'étonnait elle-même, et dont elle était humiliée, Diard finit par en être affecté. Nécessairement, à ce jeu, les hommes s'abattent, se grandissent ou deviennent mauvais. Son courage ou sa passion devaient donc s'amoindrir sous les coups réitérés que ses fautes portaient à son amour-propre, et il faisait faute sur faute.

D'abord, il avait tout à combattre, même ses habitudes et son caractère. Passionné Provençal, franc dans ses vices autant que dans ses vertus, cet homme, dont les fibres ressemblaient à des cordes de harpe, fut tout cœur pour ses anciens amis. Il secourut les gens crottés aussi bien que les nécessiteux de haut rang ; bref, il avoua tout le monde, et donna, dans son salon doré, la main à de pauvres diables.

Voyant cela, le général de l'empire, variation de l'espèce humaine dont bientôt aucun type n'existera plus, n'offrit pas son accolade à Diard, et lui dit insolemment : — Mon cher ! en l'abordant.

Or, là où les généraux déguisèrent leur insolence sous la bonhomie soldatesque, le peu de gens de bonne compagnie que voyait Diard lui témoignèrent ce mépris élégant, verni, contre lequel un homme nouveau est presque toujours sans armes.

Enfin, le maintien, la gesticulation italienne à demi, le parler de Diard, la manière dont il s'habillait, tout en lui repoussait le respect que l'observation exacte des choses voulues par le bon ton fait acquérir aux gens vulgaires, et dont les grands pouvoirs peuvent seuls secouer le joug. Ainsi va le monde.

Ces détails peignent faiblement les mille supplices auxquels Juana fut en proie ; ils vinrent un à un. Chaque nature sociale lui apporta son coup d'épingle ; et, pour une âme qui préfère les coups de poignard, n'y avait-il pas d'atroces souffrances dans cette lutte, où Diard recevait des affronts sans les sentir, et où Juana les sentait sans les recevoir ?

Puis un moment arriva, moment épouvantable, où elle eut du monde une perception lucide, et ressentit à la fois toutes les douleurs qui s'y étaient, d'avance, amassées pour elle. Elle jugea son mari tout à fait incapable de monter les hauts échelons de l'ordre social, et devina jusqu'où il devait en descendre le jour où le cœur lui faudrait. Là, Juana prit Diard en pitié. L'avenir était bien sombre pour cette jeune femme. Elle vivait toujours dans l'appréhension d'un malheur, sans savoir d'où pourrait venir ce malheur. Ce pressentiment était dans son âme comme une contagion est dans l'air; mais elle savait trouver la force de déguiser ses angoisses sous des sourires. Elle en était venue à ne plus penser à elle.

Juana se servit de son influence pour faire abdiquer à Diard toutes ses prétentions, et lui montrer, comme un asile, la vie douce et bienfaisante du foyer domestique. Les maux venaient du monde, ne fallait-il pas bannir le monde? Chez lui, Diard trouverait la paix, le respect; il y régnerait. Elle se sentait assez forte pour accepter la rude tâche de le rendre heureux, lui, mécontent de lui-même. Son énergie s'accrut avec les difficultés de la vie, elle eut tout l'héroïsme secret nécessaire à sa situation, et fut inspirée par ces religieux désirs qui soutiennent l'ange chargé de protéger une âme chrétienne: superstitieuse poésie, images allégoriques de nos deux natures.

Diard abandonna ses projets, ferma sa maison et vécut dans son intérieur, s'il est permis d'employer une expression aussi familière. Mais là fut l'écueil. Le pauvre militaire avait une de ces âmes tout excentriques auxquelles il faut un mouvement perpétuel.

Diard était un de ces hommes instinctivement forcés à repartir aussitôt qu'ils sont arrivés, et dont le but vital semble être d'aller et de venir sans cesse, comme les roues dont parle l'Écriture-Sainte. D'ailleurs peut-être il cherchait à se fuir lui-même. Sans se lasser de Juana, sans pouvoir accuser Juana, sa passion pour elle, devenue plus calme par la possession, le rendit à son caractère. Dès-lors, ses momens d'abattement furent plus fréquens, et il se livra souvent à ses vivacités méridionales.

Plus une femme est vertueuse, plus elle est irréprochable, et plus un homme aime à la trouver en faute, quand ce ne serait que pour faire acte de sa supériorité légale; mais si par hasard elle lui est complètement imposante, il éprouve le besoin de lui forger des torts. Alors, entre époux, les riens grossissent et deviennent des crimes.

Mais Juana, patiente sans orgueil, douce sans cette amertume dont les femmes savent teindre leur soumission, ne laisait aucune prise à la méchanceté calculée, la plus âpre de toutes les méchancetés. Puis elle était une de ces nobles créatures auxquelles il est impossible de manquer; son regard, dans lequel sa vie éclatait, sainte et pure, son regard de martyre avait la pesanteur d'une fascination.

Diard, gêné d'abord, puis froissé, finit par voir un joug pour lui dans cette haute vertu. La sagesse ne lui donnait point d'émotions violentes, et il souhaitait des émotions.

Il se trouve des milliers de scènes jouées au fond

des âmes, sous ces froides déductions d'une existence en apparence simple et vulgaire. Entre tous ces petits drames, qui durent si peu, mais qui entrent si avant dans la vie, et sont presque toujours les présages de la grande infortune écrite dans la plupart des mariages, il est difficile de choisir un exemple. Cependant il est une scène qui servit plus particulièrement à marquer le moment où, dans cette vie à deux, la mésintelligence commença. Peut-être servira-t-elle à expliquer le dénouement de cette histoire.

Juana avait deux enfans, deux garçons, heureusement pour elle. Le premier était venu sept mois après son mariage. Il se nommait Juan, et ressemblait à sa mère.

Elle avait eu le second deux ans après son arrivée à Paris. Celui-là ressemblait également à Diard et à Juana, mais beaucoup plus à Diard, dont il portait les noms.

Depuis cinq ans, Francisque était pour Juana l'objet des soins les plus tendres. Constamment la mère s'occupait de cet enfant. A lui les caresses mignonnes, à lui les joujoux; mais à lui surtout les regards pénétrans de la mère. Juana l'avait épié dès le berceau; elle en avait étudié les cris, les mouvemens; elle voulait en deviner le caractère pour en diriger l'éducation. Il semblait que Juana n'eût que cet enfant.

Le Provençal, voyant Juan presque dédaigné, le prit sous sa protection; et, sans s'expliquer si ce petit était l'enfant de l'amour éphémère auquel il devait Juana, ce mari, par une espèce de flatterie admirable, en fit son Benjamin.

De tous les sentimens dus au sang de ses aïeules, et qui la dévoraient, madame Diard n'accepta que l'amour maternel. Mais elle aimait ses enfans et avec la violence sublime dont la Marana qui agit dans le préambule de cette histoire a donné des exemples, et avec la gracieuse pudeur, avec l'entente délicate des vertus sociales dont la pratique était la gloire de sa vie et sa récompense intime. La pensée secrète, la consciencieuse maternité, qui avaient imprimé à la vie de la Marana un cachet de poésie rude, étaient pour Juana une vie avouée, une consolation de toutes les heures. Sa mère avait été vertueuse comme les autres femmes sont criminelles, à la dérobée; elle avait volé son bonheur tacite; elle n'en avait pas joui. Mais Juana, malheureuse par la vertu, comme sa mère était malheureuse par le vice, trouvait à toute heure les ineffables délices que sa mère avait tant enviées, et dont elle avait été privée. Pour elle, comme pour la Marana, la maternité comprit donc tous les sentimens terrestres. L'une et l'autre, par des causes contraires, n'eurent pas d'autre consolation dans leur misère. Juana aima peut-être davantage, parce que, sevrée d'amour, elle résolut toutes les jouissances qui lui manquaient par celles de ses enfans, et qu'il en est des passions nobles comme des vices : plus elles se satisfont, et plus elles s'accroissent. La mère et le joueur sont insatiables.

Or, quand Juana vit le pardon généreux imposé chaque jour sur la tête de Juan par l'affection paternelle de Diard, elle fut attendrie ; et, du jour où les deux époux changèrent de rôle, l'Espagnole prit à Diard cet intérêt profond et vrai dont elle lui avait donné tant de preuves, par devoir seulement.

Si cet homme eût été plus conséquent dans sa vie, s'il n'eût pas détruit par le décousu, par l'inconstance et la mobilité de son caractère les éclairs d'une sensibilité vraie, quoique nerveuse, Juana l'aurait sans doute aimé. Malheureusement il était le type de ces méridionaux spirituels, mais sans suite dans leurs aperçus ; capables de grandes choses la veille, et nuls le lendemain ; souvent victimes de leurs vertus, et souvent heureux par leurs passions mauvaises : hommes admirables d'ailleurs quand leurs bonnes qualités ont pour lien commun une constante énergie.

Depuis deux ans, Diard était donc captivé au logis par la plus douce des chaînes ; il vivait, presque malgré lui, sous l'influence d'une femme qui se faisait gaie, amusante pour lui ; qui usait les ressources du génie féminin pour le séduire à la vertu, mais dont l'adresse n'allait pas jusqu'à lui simuler de l'amour.

En ce moment, tout Paris s'occupait de l'affaire d'un capitaine de l'ancienne armée qui, dans un paroxisme de libertinage, avait assassiné une femme. Diard, en rentrant chez lui pour dîner, apprit à Juana la mort de cet officier. Il s'était tué pour éviter le déshonneur de son procès et la mort ignoble de l'échafaud. Juana ne comprit pas tout d'abord la logique de cette conduite, et son mari lui expliqua la belle jurisprudence des lois françaises, qui ne permettaient pas de poursuivre les morts.

—Mais, papa, ne nous as-tu pas dit, l'autre jour, que le roi pouvait faire grâce? demanda Francisque.

— Le roi ne peut donner que la vie, lui répondit Juan, à demi courroucé.

Diard et Juana, spectateurs de cette scène, en furent bien diversement affectés. Le regard humide de joie que sa femme jeta sur l'aîné révéla fatalement au mari les secrets de ce cœur impénétrable jusqu'alors.

L'aîné, c'était tout Juana; l'aîné, Juana le connaissait; elle était sûre de son cœur, de son avenir; elle l'adorait, et son ardent amour pour lui restait un secret entre elle, son enfant et Dieu. Juan jouissait instinctivement des brusqueries de sa mère, qui le serrait à l'étouffer quand ils étaient seuls, et paraissait le bouder en présence de son frère et de son père.

Francisque était Diard, et les soins de Juana trahissaient le désir de combattre chez cet enfant les vices du père, et d'en encourager les bonnes qualités.

Juana, ne sachant pas que son regard avait trop parlé, prit Francisque sur elle et lui fit, d'une voix douce, mais émue encore par le plaisir qu'elle ressentait de la réponse de Juan, une leçon appropriée à son intelligence.

— Son caractère exige de grands soins, dit le père à Juana.

— Oui, répondit-elle simplement.

— Mais Juan!

Madame Diard, effrayée de l'accent dont ces deux mots furent prononcés, regarda son mari.

— Juan est né parfait, ajouta-t-il.

Ayant dit, il s'assit d'un air sombre; et, voyant sa femme silencieuse, il reprit:

— Il y a un de *vos* enfans que vous aimez mieux que l'autre.

— Vous le savez bien, dit-elle.

— Non! répliqua Diard, j'ai jusqu'à présent ignoré celui que vous préfériez.

— Mais ils ne m'ont encore donné de chagrin ni l'un ni l'autre.

— Oui, mais qui vous a donné le plus de joies?

— Je ne les ai pas comptées.

— Les femmes sont bien fausses, s'écria Diard. Osez dire que Juan n'est pas l'enfant de votre cœur.

— Si cela est, reprit-elle avec noblesse, voulez-vous que ce soit un malheur?

— Vous ne m'avez jamais aimé. Si vous l'eussiez voulu, pour vous, j'aurais pu conquérir des royaumes. Vous savez tout ce que j'ai tenté, n'étant soutenu que par le désir de vous plaire. Ah! si vous m'eussiez aimé...

— Une femme qui aime, dit Juana, vit dans la solitude et loin du monde. N'est-ce pas ce que nous faisons?

— Je sais, Juana, que vous n'avez jamais tort.

Ce mot fut empreint d'une amertume profonde, et jeta du froid entre eux pour tout le reste de leur vie.

Le lendemain de ce jour fatal, Diard alla chez un de ses anciens camarades, et y retrouva les distractions du jeu. Par malheur, il y gagna beaucoup d'argent. Alors il se remit à jouer. Puis, entraîné par une pente insensible, il retomba dans la vie dissipée qu'il avait menée jadis. Bientôt il ne dîna plus chez lui. Quelques mois s'étant passés à jouir des premiers bonheurs de l'indépendance, il voulut conserver sa liberté, et se sépara de sa femme. Il lui abandonna les grands appartemens, et se logea dans un entresol. Au bout d'un an, Diard et Juana ne se voyaient plus que le matin, à l'heure du déjeûner.

Enfin, comme tous les joueurs, il eut des alternatives de perte et de gain. Or, ne voulant pas entamer le capital de sa fortune, il désira soustraire au contrôle de sa femme la disposition des revenus. Un jour donc, il lui retira la part qu'elle avait dans le gouvernement de la maison. A une confiance illimitée, succéda le silence le plus absolu. Puis, relativement aux finances, jadis communes entre eux, il adopta la méthode d'une pension mensuelle dont ils fixèrent ensemble le chiffre. La causerie qu'ils eurent à ce sujet fut la dernière de ces conversations intimes, un des charmes les plus attrayans du mariage. Le silence entre deux cœurs est un vrai divorce accompli, le jour où le *nous* ne se dit plus.

Juana comprit que de ce jour elle n'était plus que mère, et elle en fut heureuse, sans rechercher la cause de ce malheur. Ce fut un grand tort. Les enfans rendent les époux solidaires de leur vie, et la vie secrète de son mari ne devait pas être seulement un texte de mélancolies et d'angoisses pour Juana.

Diard, émancipé, s'habitua promptement à perdre ou à gagner des sommes immenses. Beau joueur et grand joueur, il devint célèbre par sa manière de jouer. La considération qu'il n'avait pas su s'attirer sous l'Empire lui fut acquise sous la Restauration, par sa fortune capitalisée qui roulait sur les tapis, et par son talent à tous les jeux dont chacun parlait. Les ambassadeurs, les plus célèbres banquiers, les gens à grandes fortunes, et tous les hommes qui, pour avoir trop pressé la vie, en viennent à demander au jeu ses exorbitantes jouissances, admirent Diard dans leurs clubs, rarement chez eux, mais ils jouaient tous avec lui. Diard devint une célébrité.

Par orgueil, une fois ou deux pendant l'hiver il donnait une fête pour rendre les politesses qu'il avait reçues.

Alors Juana revoyait le monde par ces échappées de festins, de bals, de luxe, de lumières; mais c'était pour elle une sorte d'impôt mis sur le bonheur de sa solitude. Elle apparaissait, elle, la reine de ces solennités, comme une créature d'un monde inconnu. Sa naïveté, que rien n'avait corrompue; sa belle virginité d'âme, que les mœurs nouvelles de sa nouvelle vie lui restituaient; sa beauté, sa modestie vraie, lui acquéraient de sincères hommages. Mais, apercevant peu de femmes dans ses salons, elle comprenait que si son mari suivait, sans le lui communiquer, un nouveau plan de conduite, il n'avait encore rien gagné en estime.

Diard ne fut pas toujours heureux. En trois ans, il dissipa les trois quarts de sa fortune. Mais sa passion lui donna l'énergie nécessaire pour la satisfaire.

Il s'était lié avec beaucoup de monde, et surtout avec la plupart de ces roués de la Bourse, avec ces hommes qui, depuis la révolution, ont érigé en principe qu'un vol, fait en grand, n'est plus qu'une *noirceur*, transportant ainsi dans les coffres-forts les maximes effrontées adoptées en amour par le dix-huitième siècle.

Diard devint homme d'affaires, et s'engagea dans ces affaires nommées *verreuses* en argot de palais. Il sut acheter à de pauvres diables, qui ne connaissaient pas les bureaux, des liquidations éternelles qu'il terminait en une soirée, en en partageant les gains avec les liquidateurs. Puis, quand les dettes liquides lui manquèrent, il en chercha de flottantes, et déterra, dans les états européens, barbaresques ou américains, des réclamations en déchéance qu'il faisait revivre. Lorsque la Restauration eut éteint les dettes des princes, de la République et de l'Empire, il se fit allouer des commissions sur des emprunts, sur des canaux, sur toute espèce d'entreprises. Enfin, il pratiqua le vol décent auquel se sont adonnés tant d'hommes habilement masqués, ou cachés dans les coulisses du théâtre politique ; vol qui, fait dans la rue, à la lueur d'un réverbère, enverrait au bagne un malheureux, mais que sanctionne l'or des moulures et des candelabres. Diard accaparait et revendait les sucres, il vendait des places, il eut la gloire d'inventer *l'homme de paille* pour les emplois lucratifs qu'il était nécessaire de garder pendant un certain temps, avant d'en avoir d'autres. Puis, il méditait les primes, il étudiait le défaut des lois, il faisait une contrebande légale. Pour peindre d'un seul mot ce haut négoce, il demanda *tant pour cent* sur l'achat des quinze voix législatives qui, dans l'espace d'une nuit, passèrent des bancs de la Gauche aux bancs ministériels. Ce n'étaient plus des crimes ni des vols, c'était faire du gouvernement, commanditer l'industrie, être une tête financière.

Diard fut assis par l'opinion publique sur le banc d'infamie, où siégeait déjà plus d'un homme habile. Là se trouve l'aristocratie du mal ; c'est la chambre haute des scélérats de bon ton. Diard ne fut donc pas un joueur vulgaire, ce joueur que le drame représente ignoble et finissant par mendier. Ce joueur n'existe plus dans le monde à une certaine hauteur topographique. Aujourd'hui ces joueurs meurent brillamment attelés au vice et sous le harnais de la fortune ; ils vont se brûler la cervelle en carrosse et emportent tout ce dont on leur a fait crédit. Du moins Diard eut le talent de ne pas acheter ses remords au rabais, et se fit un de ces hommes privilégiés. Ayant appris tous les ressorts du gouvernement, tous les secrets et les passions des gens en place, il sut se maintenir à son rang dans la fournaise ardente où il s'était jeté.

Madame Diard ignorait la vie infernale que menait son mari. Satisfaite de l'abandon dans lequel il la laissait, elle ne s'en étonna pas d'abord, parce que toutes ses heures furent bien remplies. Elle avait consacré son argent à l'éducation de ses enfans, à payer un très-habile précepteur et tous les maîtres nécessaires pour un enseignement complet. Elle voulait en faire des hommes, leur donner une raison droite, sans déflorer leur imagination. N'ayant plus de sensations que par eux, elle ne souffrait donc plus de sa vie décolorée. Ils étaient pour elle ce que sont les enfans, pendant long-temps, pour beaucoup de mères, une sorte de prolongement de leur existence. Diard n'était plus qu'un accident; et depuis que Diard avait cessé d'être le père, le chef de la famille, Juana ne tenait plus à lui que par les liens de parade socialement imposés aux époux. Néanmoins, elle élevait ses enfans dans le plus haut respect du pouvoir paternel, quelque imaginaire qu'il était pour eux; mais elle fut très-heureusement secondée par la continuelle absence de son mari. S'il était resté au logis, Diard aurait détruit les efforts de Juana. Ses enfans avaient déjà trop de tact et de finesse pour ne pas juger leur père.

Cependant, à la longue, l'indifférence de Juana pour son mari s'effaça. Ce sentiment primitif se changea en terreur. Elle comprit un jour que la conduite d'un père peut peser long-temps sur l'avenir de ses enfans. Or, sa tendresse maternelle lui donnait parfois des révélations incomplètes de la vérité. De jour en jour, l'appréhension de ce malheur inconnu, mais inévitable, dans laquelle elle avait constamment vécu, devenait et plus vive et plus ardente. Aussi, pendant les rares instans durant lesquels Juana voyait Diard, jetait-elle sur sa face creusée, blême de nuits passées, ridée par les émotions, un regard perçant dont il ne soutenait jamais la clarté. Alors la gaieté de commande affichée par son mari l'effrayait encore plus que les sombres expressions de son inquiétude quand, par hasard, il oubliait son rôle. Il craignait sa femme comme le criminel craint le bourreau. Juana voyait en lui la honte de ses enfans; et Diard redoutait en elle la vengeance calme, une sorte de justice au front serein, le bras toujours levé, toujours armé.

Après quinze ans de mariage, Diard se trouva un jour sans ressources. Il devait cent mille écus et possédait à peine cent mille francs. Son hôtel, son seul bien visible, était grévé d'une somme d'hypothèques qui en dépassait la valeur. Encore quelques jours, et le prestige dont l'avait revêtu l'opulence allait s'évanouir. Après ces jours de grâce, pas une main ne lui serait tendue, pas une bourse ne lui serait ouverte. Puis, à moins de quelque événement favorable, il irait tomber dans le bourbier du mépris, plus bas peut-être qu'il ne devait y être, précisément parce qu'il s'en était tenu à une hauteur indue.

Il apprit heureusement que, durant la saison des eaux, il se trouverait à celles des Pyrénées plusieurs étrangers de distinction, des diplomates, tous jouant un jeu d'enfer, et sans doute munis de grosses sommes. Il résolut aussitôt de partir ; mais il ne voulut pas laisser à Paris sa femme, à laquelle quelques créanciers pourraient révéler l'affreux mystère de sa situation, et il l'emmena avec ses deux enfans, en leur refusant même le précepteur. Il ne prit avec lui qu'un valet, et permit à peine à Juana de garder sa femme de chambre. Son ton était devenu bref, impérieux, il semblait avoir retrouvé de l'énergie. Ce voyage soudain glaça Juana d'un secret effroi dont elle ne s'expliquait point les causes. Son mari fit gaiement la route ; et, forcément réunis dans leur berline, le père se montra chaque jour plus attentif pour les enfans et plus aimable pour la mère. Néanmoins, chaque jour apportait à Juana de sinistres pressentimens, les pressentimens des mères, qui tremblent sans raison apparente, mais qui se trompent rarement quand elles tremblent ainsi. Pour elles, le voile de l'avenir semble être plus léger.

A Bordeaux, Diard loua, dans une rue tranquille, une petite maison tranquille, très-proprement meublée, et y logea sa femme. Cette maison était située, par hasard, à un des coins de la rue, et avait un grand jardin. Ne tenant donc que par un de ses flancs à la maison voisine, elle se trouvait en vue et accessible de trois côtés. Diard en paya le loyer, et ne laissa à Juana que l'argent strictement nécessaire pour sa dépense pendant trois mois. A peine lui donna-t-il cinquante louis. Madame Diard ne se permit aucune observation sur cette lésinerie inaccoutumée.

Quand son mari lui dit qu'il allait aux Eaux et qu'elle devait rester à Bordeaux, Juana forma le plan d'apprendre plus complètement à ses enfans l'espagnol, l'italien, et de leur faire lire les principaux chefs-d'œuvre de ces deux langues. Elle allait donc mener une vie retirée, simple et naturellement économique. Pour s'éviter les ennuis de la vie matérielle, elle s'arrangea, le lendemain du départ de Diard, avec un traiteur pour sa nourriture. Or, sa femme de chambre lui suffisant, elle se trouva sans argent, mais pourvue de tout jusqu'au retour de son mari. Ses plaisirs devaient consister à faire quelques promenades avec ses enfans. Elle avait alors trente-trois ans. Sa beauté, largement développée, était dans tout son lustre. Aussi, quand elle se montra, ne fut-il question dans Bordeaux que de la belle Espagnole. A la première lettre d'amour qu'elle reçut, Juana ne se promena plus que dans son jardin.

Diard fit d'abord fortune aux Eaux ; il gagna trois cent mille francs en deux mois, et ne songea point à envoyer de l'argent à sa femme, il voulait en garder beaucoup pour jouer gros jeu. A la fin du dernier mois, vint aux Eaux le marquis de Montefiore, déjà précédé par la célébrité de sa fortune, de sa belle figure, de son heureux mariage avec une illustre Anglaise, et plus encore par son goût pour le jeu. Diard, son ancien compagnon, voulut l'y attendre, dans l'intention d'en joindre les dépouilles à celles de tous les autres. Un joueur armé de quatre cent mille francs environ est toujours dans une position d'où il domine la vie, et Diard, confiant en sa veine, renoua connaissance avec Montefiore. Celui-ci le reçut froidement, mais ils jouèrent, et Diard perdit tout.

— Mon cher Montefiore, dit l'ancien quartier-maître après avoir fait le tour du salon, quand il eut achevé de se ruiner, je vous dois cent mille francs; mais mon argent est à Bordeaux, où j'ai laissé ma femme.

. Diard avait bien les cent billets de banque dans sa poche; mais avec l'aplomb et le coup d'œil rapide d'un homme accoutumé à faire ressource de tout, il espérait encore dans les indéfinissables caprices du jeu. Montefiore avait manifesté l'intention de voir Bordeaux. En s'acquittant, Diard n'avait plus d'argent, et ne pouvait plus prendre sa revanche. Néanmoins, ces brûlantes espérances dépendaient de la réponse du marquis.

— Attends, mon cher, dit Montefiore, nous irons ensemble à Bordeaux. En conscience, je suis assez riche aujourd'hui pour ne pas vouloir prendre l'argent d'un ancien camarade.

Trois jours après, Diard et l'Italien étaient à Bordeaux. L'un offrit revanche à l'autre. Or, pendant une soirée, où Diard commença par payer ses cent mille francs, il en perdit deux cent mille autres sur sa parole.

Le Provençal était gai comme un homme habitué à prendre des bains d'or.

Onze heures venaient de sonner; le ciel était superbe, et Montefiore devait éprouver autant que Diard le besoin de respirer sous le ciel et de faire une promenade pour se remettre de leurs émotions; celui-ci lui proposa de venir prendre son argent et une tasse de thé chez lui.

— Mais madame Diard, dit Montefiore.

— Bah! fit le Provençal.

— Ils descendirent.

Avant de prendre son chapeau, Diard entra dans la salle à manger de la maison où il était, et demanda un verre d'eau. Mais pendant qu'on le lui apprêtait, il se promena de long en large, et put, sans être aperçu, saisir un de ces couteaux d'acier très-petits, pointus et à manche de nacre, qui servent à couper les fruits au dessert, et qui n'avaient pas encore été rangés.

— Où demeures-tu? lui demanda Montefiore dans la cour. Il faut que j'envoie ma voiture à ta porte.

Diard indiqua parfaitement bien sa maison.

— Tu comprends, lui dit Montefiore à voix basse en lui prenant le bras, que tant que je serai avec toi je n'aurai rien à craindre; mais si je revenais seul, et qu'un vaurien me suivît, je serais très-bon à tuer.

— Qu'as-tu donc sur toi?

— Oh! presque rien, répondit le défiant Italien. Je n'ai que mes gains. Cependant ils feraient encore une jolie fortune à un gueux; certes, il aurait un bon brevet d'honnête homme pour le reste de ses jours.

Diard conduisit l'Italien par une rue déserte où il avait remarqué une maison dont la porte se trouvait au bout d'une espèce d'avenue garnie d'arbres, et bordée de hautes murailles très-sombres. En arrivant à cet endroit, il eut l'audace de prier militairement Montefiore d'aller en avant. Montefiore, comprenant Diard, voulut lui tenir compagnie. Alors, aussitôt qu'ils eurent tous deux mis le pied dans cette avenue, Diard, avec une agilité de tigre, renversa le marquis par un croc-en-jambe donné à l'articulation intérieure des genoux, lui mit hardiment le pied sur la gorge, et lui enfonça le couteau à plusieurs reprises dans le cœur, où la lame se cassa. Puis il fouilla Montefiore, lui prit portefeuille, argent, tout. Quoique Diard y allât avec une rage lucide, avec une prestesse de filou; quoiqu'il eût très-habilement surpris l'Italien, Montefiore avait eu le temps de crier : — A l'assassin! à l'assassin! d'une voix claire et perçante qui dut remuer les entrailles des gens endormis. Ses derniers soupirs furent des cris horribles.

Diard ne savait pas que, au moment où ils entrèrent dans l'avenue, un flot de gens sortis des théâtres où le spectacle était fini se trouvèrent en haut de la rue, et entendirent le râle du mourant, quoique le Provençal tâchât d'étouffer la voix en appuyant plus fortement le pied sur la gorge de Montefiore, et en fît graduellement cesser les cris.

Ces gens se mirent donc à courir en se dirigeant vers l'avenue, dont les hautes murailles, répercutant les cris, leur indiquèrent l'endroit précis où se commettait le crime. Leurs pas retentirent dans la cervelle de Diard. Mais ne perdant pas encore la tête, l'assassin quitta l'avenue et sortit dans la rue, en marchant très-doucement, comme un curieux qui aurait reconnu l'inutilité des secours. Il se retourna même pour bien juger de la distance qui pouvait le séparer des survenans. Il les vit se précipiter dans l'allée, à l'exception de l'un d'eux, qui, par une précaution toute naturelle, se mit à observer Diard.

— C'est lui! c'est lui! crièrent les gens entrés dans l'allée, lorsqu'ils aperçurent Montefiore étendu, la porte de l'hôtel fermée, et qu'ils eurent tout fouillé sans rencontrer l'assassin.

Aussitôt que cette clameur eut retenti, Diard, se sentant de l'avance, trouva l'énergie d'un lion et les bonds du cerf, il se mit à courir ou mieux à voler. A l'autre bout de la rue, il vit ou crut voir une masse de monde, et alors il se jeta dans une rue transversale. Mais déjà toutes les croisées s'ouvraient, et à chaque croisée surgissaient des figures ; à chaque porte partaient et des cris et des lueurs. Et Diard de se sauver, allant devant lui, courant au milieu des lumières et du tumulte ; mais ses jambes étaient si activement agiles, qu'il devançait le tumulte, sans néanmoins pouvoir se soustraire aux yeux qui embrassaient encore plus rapidement l'étendue qu'il ne l'envahissait par sa course. Habitans, soldats, gendarmes, tout dans le quartier fut sur pied en un clin d'œil. Des officieux éveillèrent les commissaires, d'autres gardèrent le corps. La rumeur allait en s'envolant et vers le fugitif qui l'entraînait avec lui comme une flamme d'incendie, et vers le centre de la ville où étaient les magistrats. Diard avait toutes les sensations d'un rêve à entendre ainsi une ville entière hurlant, courant, frissonnant. Cependant il conservait encore ses idées et sa présence d'esprit. Il s'essuyait les mains le long des murs.

Enfin, il atteignit le mur du jardin de sa maison. Croyant avoir dépisté les poursuites, il se trouvait dans un endroit parfaitement silencieux, où néanmoins parvenait encore le lointain murmure de la ville, semblable au mugissement de la mer. Il puisa de l'eau dans un ruisseau et la but. Voyant un tas de pavés de rebut, il y cacha son trésor, en obéissant à une de ces vagues pensées qui arrivent aux criminels, au moment où, n'ayant plus la faculté de juger de l'ensemble de leurs actions, ils sont pressés d'établir leur innocence sur quelque manque de preuves.

Cela fait, il tâcha de prendre une contenance placide, essaya de sourire, et frappa doucement à la porte de sa maison, en espérant n'avoir été vu de personne. Il leva les yeux, et aperçut, à travers les persiennes, la lumière des bougies qui éclairaient la chambre de sa femme. Alors, au milieu de son trouble froid, les images de la douce vie de Juana, assise entre ses fils, vinrent lui heurter le crâne comme s'il eût reçu un coup de marteau. La femme de chambre ouvrit la porte, que Diard referma vivement d'un coup de pied.

En ce moment, il respira; mais alors, il s'aperçut qu'il était en sueur, il resta dans l'ombre et renvoya la servante près de Juana. Il s'essuya le visage avec son mouchoir, mit ses vêtemens en ordre comme un fat qui déplisse son habit avant d'entrer chez une jolie femme; puis il vint à la lueur de la lune pour examiner ses mains et se tâter le visage, et eut un mouvement de joie en voyant qu'il n'avait aucune tache de sang. L'épanchement s'était sans doute fait dans le corps même de la victime. Mais cette toilette de criminel prit du temps.

Enfin il alla chez Juana, dans un maintien calme, posé, comme peut l'être celui d'un homme qui revient se coucher après avoir été au spectacle. En montant les marches de l'escalier, il put réfléchir à sa position, et la résuma en deux mots : sortir et gagner le port. Ces idées il ne les pensa pas, il les trouvait écrites en lettres de feu dans l'ombre. Une fois au port, se cacher pendant le jour, revenir chercher le trésor à la nuit; puis se mettre, comme un rat, à fond de cale d'un bâtiment, et partir sans que personne se doutât qu'il fût dans ce vaisseau.

Pour tout cela de l'or avant toute chose! Et il n'avait rien.

La femme de chambre vint l'éclairer.

— Félicie, lui dit-il, il y a du bruit dans la rue; j'entends des cris; allez voir ce que c'est, vous me le direz....

Habillée pour la nuit, dans un vêtement blanc, sa femme était assise à une table, et faisait lire Francisque et Juan dans un Cervantes espagnol, où tous deux suivaient le texte pendant qu'elle le leur prononçait à haute voix. Ils s'arrêtèrent tous trois et regardèrent Diard, qui restait debout, les mains dans ses poches, étonné peut-être de se trouver dans le calme de cette scène, si douce de lueur, embellie par les délicieuses figures de cette femme et de ces deux enfans. C'était un tableau vivant de la Vierge entre son fils et saint Jean.

— Juana, j'ai quelque chose à te dire.

— Qu'y a-t-il? demanda-t-elle, en devinant sous la pâleur jaune de son mari le malheur qu'elle avait attendu chaque jour.

— Ce n'est rien, mais je voudrais te parler.... à toi....

Et il regarda fixement ses deux fils.

Juana comprit.

— Mes chers petits, allez dans votre chambre et couchez-vous. Dites vos prières sans moi.

Ses deux fils sortirent en silence et avec l'incurieuse obéissance d'enfans bien élevés.

— Ma chère Juana, reprit Diard d'une voix caressante, je t'ai laissé bien peu d'argent, et j'en suis désolé maintenant. Écoute, depuis que je t'ai ôté les soucis de ta maison en te donnant une pension, n'aurais-tu pas fait, comme toutes les femmes, quelques petites économies ?

— Non, répondit Juana, je n'ai rien. Vous n'aviez pas compté les frais de l'éducation de vos enfans. Je ne vous le reproche point, mon ami, et ne vous rappelle cette omission que pour vous expliquer mon manque d'argent. Tout celui que vous m'avez donné a passé en maîtres, et...

— Assez, s'écria Diard brusquement. Sacré tonnerre ! le temps est précieux. N'avez-vous pas des bijoux ?

— Vous savez bien que je n'en ai jamais porté.

— Il n'y a donc pas un sou ici, cria Diard avec frénésie.

— Pourquoi criez-vous ? dit-elle.

— Juana, reprit-il, je viens de tuer un homme.

Juana sauta vers la chambre de ses enfans, et en revint après avoir fermé toutes les portes.

— Que vos fils n'entendent rien, dit-elle. Mais avec qui donc avez-vous pu vous battre ?

— Montefiore, répondit-il.

— Ah ! dit-elle, en laissant échapper un soupir, c'est le seul homme que vous eussiez le droit de tuer...

— Il y avait bien des raisons pour qu'il mourût de ma main. Mais ne perdons pas de temps. De l'argent, de l'argent, de l'argent, nom de Dieu ! Je puis être poursuivi. Nous ne nous sommes pas battus. Je l'ai... tué.

— Tué ! s'écria-t-elle, mais comment...

— Mais comme on tue. Il m'avait volé toute ma fortune au jeu. Moi, je la lui ai reprise. Vous devriez, Juana, pendant que tout est tranquille, puisque nous n'avons pas d'argent, aller chercher le mien sous ce tas de pierres que vous savez, ce tas qui est au bout de la rue.

— Allons ! dit Juana, vous l'avez volé.

— Qu'est-ce que cela vous fait ? Ne faut-il pas que je m'en aille ? Avez-vous de l'argent ? Ils sont sur mes traces !

— Qui ?

— Les juges !

Juana sortit et revint brusquement.

— Tenez, dit-elle, en lui tendant à distance un bijou, voilà la croix de dona Lagounia. Il y a quatre rubis de grande valeur, m'a-t-on dit. Allez, partez, partez... partez donc !

— Félicie ne revient point, dit-il avec stupeur. Serait-elle donc arrêtée ?

Juana laissa la croix au bord de la table, et s'élança vers les fenêtres qui donnaient sur la rue.

Là, elle vit, à la lueur de la lune, des soldats qui se plaçaient, dans le plus grand silence, le long des murs.

Elle revint en affectant d'être calme, et dit à son mari : — Vous n'avez pas une minute à perdre, il faut fuir par le jardin. Voici la clef de la petite porte.

Par un reste de prudence, elle alla cependant jeter un coup d'œil sur le jardin. Alors, dans l'ombre, sous les arbres, elle aperçut quelques lueurs produites par le bord argenté des chapeaux de gendarmes. Elle entendit même la rumeur vague de la foule, attirée par la curiosité, mais qu'une sentinelle contenait aux différens bouts des rues par lesquelles elle affluait.

En effet, Diard avait été vu par les gens qui s'étaient mis à leurs fenêtres ; et, bientôt, sur leurs indications, sur celles de sa servante que l'on avait effrayée et arrêtée, les troupes et les gendarmes avaient barré les deux rues, à l'angle desquelles était située la maison. Puis, une douzaine d'entre eux l'ayant cernée, d'autres grimpaient par-dessus les murs du jardin et le fouillaient, autorisés par la flagrance du crime.

— Monsieur, dit Juana, vous ne pouvez plus sortir. Toute la ville est là.

Diard courut aux fenêtres avec la folle activité d'un oiseau enfermé qui se heurte à toutes les clartés. Il alla et vint à chaque issue. Juana resta debout, pensive.

— Où puis-je me cacher ? dit-il.

Il regardait la cheminée, et Juana contemplait les deux chaises vides. Depuis un moment, pour elle, ses enfans étaient là.

En cet instant, la porte de la rue s'ouvrit, et un bruit de pas nombreux retentit dans la cour.

— Juana, ma chère Juana, donnez-moi donc, par grâce, un bon conseil.

— Je vais vous en donner un, dit-elle, et vous sauver.

— Ah, tu seras mon bon ange.

Juana revint, tendit à Diard un de ses pistolets, et détourna la tête. Diard ne prit pas le pistolet. Juana entendit le bruit de la cour, où l'on déposait le corps du marquis pour le confronter avec l'assassin, elle se retourna, vit Diard pâle et blême. Se sentant défaillir, cet homme voulait s'asseoir.

— Vos enfans vous en supplient, lui dit-elle, en lui mettant l'arme sur les mains.

— Mais, ma bonne Juana, ma petite Juana, tu crois donc que... Juana? Cela est-il bien pressé... Je voudrais t'embrasser....

Les gendarmes montaient les marches de l'escalier. Alors Juana reprit le pistolet, ajusta Diard, le maintint malgré ses cris, en le saisissant à la gorge, lui fit sauter la cervelle, et jeta l'arme par terre.

En ce moment, la porte s'ouvrit brusquement. Le procureur du roi, suivi d'un juge, d'un médecin, d'un greffier, les gendarmes, enfin toute la Justice humaine apparut.

— Que voulez-vous? dit-elle.

— Est-ce là monsieur Diard? répondit le procureur du roi, en montrant le corps courbé en deux.

— Oui, monsieur.

— Votre robe est pleine de sang, madame.

— Ne comprenez-vous pas pourquoi, dit Juana en allant s'asseoir à la petite table, où elle prit le volume de Cervantes, et resta pâle, dans une agitation nerveuse tout intérieure que rien ne trahissait.

— Sortez, dit le magistrat aux gendarmes.

Puis il fit un signe au juge d'instruction et au médecin, qui demeurèrent.

— Madame, en cette occasion, nous n'avons qu'à vous féliciter de la mort de votre mari. Du moins, s'il a été égaré par la passion, il sera mort en militaire, et rend inutile l'action de la justice. Mais, tout en ayant le désir de ne pas vous troubler en un semblable moment, la loi nous oblige de constater toute mort violente. Permettez-nous de faire notre devoir.

— Puis-je aller changer de robe? demanda-t-elle en posant le volume.

— Oui, madame. Mais vous la rapporterez ici. Le docteur en aura sans doute besoin...

— Il serait trop pénible à madame de me voir et de m'entendre opérer, dit le médecin, qui comprit les soupçons du magistrat. Messieurs, permettez-lui de demeurer dans la chambre voisine.

Les magistrats approuvèrent le charitable médecin; et, alors, Félicie vint aider sa maîtresse.

Le juge et le procureur du roi se mirent à causer à voix basse. Les magistrats sont bien malheureux d'être obligés de tout soupçonner, de tout concevoir. A force de supposer des intentions mauvaises et de les comprendre toutes pour arriver à des vérités cachées sous les actions les plus contradictoires, il est impossible que l'exercice de cet épouvantable sacerdoce ne dessèche pas à la longue les émotions généreuses qu'ils sont contraints de toujours analyser. Si les sens du chirurgien qui va fouillant les mystères du corps finissent par se blaser, que devient la conscience du juge obligé de fouiller incessamment les replis de l'âme ?... Premiers martyrs de leur mission, les magistrats marchent toujours en deuil de leurs illusions perdues, et le crime ne pèse pas moins sur eux que sur les criminels. Un vieillard assis sur un tribunal est sublime, mais un juge jeune ne fait-il pas frémir.

Or, ce juge d'instruction était jeune, et il fut obligé de dire au procureur du roi : — Croyez-vous que la femme soit complice du mari? Faut-il instruire contre elle? Êtes-vous d'avis de l'interroger?

Le procureur du roi répondit en faisant un geste d'épaule fort insouciant.

— Montefiore et Diard étaient deux mauvais sujets connus. La femme de chambre ne savait rien du crime. Restons-en là.

Le médecin opérait, visitait Diard, et dictait son procès-verbal au greffier.

Tout-à-coup il s'élança dans la chambre de Juana.

— Madame...

Juana, ayant déjà quitté sa robe ensanglantée, vint au-devant du docteur.

— C'est vous, lui dit-il, en se penchant à l'oreille de l'Espagnole, qui avez tué votre mari.

— Oui, monsieur.

—..... *Et, de cet ensemble de faits...* continua le médecin en dictant, *il résulte que le nommé Diard s'est volontairement et lui-même donné la mort.*

— Avez-vous fini? demanda-t-il au greffier, après une pause.

— Oui, dit le scribe.

Le médecin signa. Juana lui jeta un regard, en réprimant avec peine des larmes qui lui humectèrent passagèrement les yeux.

— Messieurs, dit-elle au procureur du roi, je suis étrangère, Espagnole. J'ignore les lois, je ne connais personne à Bordeaux, je réclame de vous un bon office. Faites-moi donner un passeport pour l'Espagne....

— Ah! s'écria le juge d'instruction. Madame, qu'est devenue la somme volée au marquis de Montefiore?

— Monsieur Diard, répondit-elle, m'a parlé vaguement d'un tas de pierres sous lequel il l'a cachée....

— Où?

— Dans la rue...

Les deux magistrats se regardèrent.

Juana laissa échapper un geste sublime et appela le médecin.

— Monsieur, lui a-t-elle dit à l'oreille, serais-je donc soupçonnée de quelque infamie? Le tas de pierres doit être au bout de mon jardin. Allez vous-même, je vous en prie. Voyez, visitez, trouvez cet argent.

Le médecin sortit en emmenant le juge d'instruction, et ils retrouvèrent le portefeuille de Montefiore.

Le surlendemain, Juana vendit sa croix d'or pour subvenir aux frais de son voyage. En se rendant avec ses deux enfans à la diligence qui allait la conduire aux frontières de l'Espagne, elle s'entendit appeler dans la rue. Sa mère mourante était conduite à l'hôpital, et, par la fente des rideaux du brancard sur lequel on la portait, elle avait aperçu sa fille.

Juana fit entrer le brancard sous une porte cochère. Là eut lieu leur dernière entrevue.

Quoique toutes deux s'entretinssent à voix basse, Juan entendit ces mots d'adieu,

— Mourez en paix, ma mère, j'ai souffert pour vous toutes!

Novembre 1832.

FIN DE LA DEUXIÈME SÉRIE.

TABLE.

www.ingramcontent.com/pod-product-compliance
Lightning Source LLC
LaVergne TN
LVHW020610110826
845149LV00002B/436

* 9 7 8 2 0 1 2 1 5 6 3 8 8 *